༄༅། །ཁ་རྗེ་དཔལ་འབྱོར་གྱི་གཏམ་རྒྱུད།

雪域求法记

一个汉人喇嘛的口述史

[修订本]

邢肃芝【洛桑珍珠】口述

张健飞　杨念群　笔述

生活·讀書·新知 三联书店

Copyright © 2008 by SDX Joint Publishing Company
All Rights Reserved.

本作品版权由生活·读书·新知三联书店所有。
未经许可，不得翻印。

图书在版编目（CIP）数据

雪域求法记：一个汉人喇嘛的口述史／邢肃芝口述；
张健飞，杨念群笔述．—2版（修订本）．—北京：生活·读书·新知三联书店，
2008.11（2024.10重印）
ISBN 978–7–108–02951–5

Ⅰ．雪… Ⅱ．①邢…②张…③杨… Ⅲ．喇嘛教－僧侣－回忆录－中国－现代
Ⅳ．B949.92

中国版本图书馆 CIP 数据核字（2008）第 050697 号

责任编辑	郑　勇　唐明星
装帧设计	陆智昌
责任印制	卢　岳
出版发行	生活·讀書·新知三联书店
	北京市东城区美术馆东街22号
邮　　编	100010
经　　销	新华书店
印　　刷	北京隆昌伟业印刷有限公司
版　　次	2003年1月北京第1版
	2008年11月北京第2版
	2024年10月北京第9次印刷
开　　本	635毫米×965毫米　1/16　27.5印张
字　　数	250千字
图　　片	162幅
印　　数	59,001～62,000册
定　　价	59.00元

目 录

修订版序　　邢肃芝 1
前　言　　　张健飞　杨念群 5

第一章　　　童年记趣

　　　　　　乱世记忆 15
　　　　　　初入佛门 19
　　　　　　大明寺出家 20
　　　　　　种善寺的香火 22
　　　　　　太平庵的小主人 25
　　　　　　新式佛学教育 29
　　　　　　初闻密法 32

第二章　　　入藏缘起

　　　　　　汉藏教理院 41
　　　　　　传法上师 44
　　　　　　太虚大师 50
　　　　　　准备入藏 56
　　　　　　成都小住 60
　　　　　　本光法师传奇 63
　　　　　　福缘轮上的向领江 66
　　　　　　二十五个比丘尼 69

第三章　　步入西康

　　嘉定遇贵人 ……………… 71
　　雅安风情 ……………… 73
　　炉城观俗 ……………… 76
　　紧要关头贵人相助 ……………… 81
　　骑马抵达折多塘 ……………… 86
　　泰宁的喇嘛寺和农业实验区 ……………… 89
　　道孚素描 ……………… 91
　　炉霍的奇人趣事 ……………… 94
　　闻名西康的女土司 ……………… 99
　　大金寺的战火 ……………… 102
　　独一无二的甲喇嘛 ……………… 106
　　德格求法 ……………… 108

第四章　　藏地风情

　　两个不寻常的徒弟 ……………… 121
　　金沙江的关卡 ……………… 124
　　江达受阻 ……………… 129
　　查验香疤的烦恼 ……………… 132
　　藏兵护送登山 ……………… 136
　　藏军司令的款待 ……………… 138

第五章　　走近拉萨

　　西藏纸币 ……………… 149
　　从谭兴沛的遭遇说起 ……………… 152
　　山中奇趣 ……………… 153
　　在洛隆宗巧遇刘曼卿 ……………… 155

硕督汉人的生活 …………… *156*
康藏人的区别 …………… *159*
夏工拉雪山中的神庙 …………… *161*
牛厂娃讲笑话 …………… *162*
难以入眠的荒原之夜 …………… *164*
工布江达见闻 …………… *167*
拉萨河中沐浴 …………… *170*

第六章　　喇嘛生活

进三大寺当喇嘛的学问 …………… *181*
在康村的布施 …………… *187*
喇嘛寺的管理机构 …………… *191*
铁棒喇嘛与习武喇嘛 …………… *195*
五部大论与四种格西 …………… *200*
上下密院与噶丹赤巴 …………… *204*
拜师学经 …………… *212*
结场辩经 …………… *217*
喇嘛寺的生活 …………… *222*
默朗钦摩——传昭大法会 …………… *227*
降神的习俗 …………… *231*
三大寺的汉人喇嘛 …………… *238*

第七章　　汉藏关系

拉萨的汉族商人和居民 …………… *243*
西藏的贵族 …………… *250*
噶厦和西藏的官吏制度 …………… *257*
达赖喇嘛 …………… *264*
中央政府的驻藏办事处 …………… *276*

第八章　　　杂日山朝圣

　　　　　　圣山的传说 ……… 283
　　　　　　山南路途中的见闻 ……… 286
　　　　　　辅政大臣的款待 ……… 292
　　　　　　米及顶的遭遇 ……… 296
　　　　　　深山遇袭 ……… 300
　　　　　　莲花生大师显圣 ……… 304
　　　　　　尧西朗顿的趣闻 ……… 306

第九章　　　后藏考察

　　　　　　从拉萨到聂塘 ……… 309
　　　　　　曲水到龙蚌宗 ……… 312
　　　　　　巴朗宗的贵族之家 ……… 315
　　　　　　前藏统治的日喀则 ……… 323
　　　　　　那塘寺的风貌 ……… 330
　　　　　　达拉与朗拉 ……… 332
　　　　　　朝拜神奇的萨迦寺 ……… 334
　　　　　　农产区至拉孜 ……… 342
　　　　　　彭措林——觉囊巴的今昔 ……… 345
　　　　　　江孜的英国势力 ……… 348
　　　　　　金刚亥母寺的传闻 ……… 354
　　　　　　返回拉萨 ……… 358

第十章　　　西藏办学

　　　　　　重返内地 ……… 361
　　　　　　蒋介石见到了一位汉人喇嘛 ……… 368
　　　　　　衔命返藏 ……… 373
　　　　　　入关涉险 ……… 376

国立拉萨小学小史 379
藏兵被殴风波 390
应邀访问尼泊尔 392
他心通喇嘛的预言 398
驱汉事件和噶厦政府的通牒 402
恐怖笼罩的城市 407
撤出拉萨 410

后记 曲终人散以后　邢肃芝 415

修订版序

本书自二〇〇三年一月第一次出版后，即引起了国内外广大读者的兴趣及出版界的关注，购书者甚为踊跃，两岸三地的诸多学者及专家们就此书提供了精彩的书评。两年多内，本书在书市销售一空，陆续有很多读者询问何时会再版。本人因此于二〇〇七年八月与三联书店接洽再版事宜，蒙三联书店欣然允诺，令本书得以顺利再版。再版书中，大部分的人名与地名经过重新核对，尽量改用现今的标准汉语翻译，同时对书中部分内容进行了修订。本书的笔述者张健飞与杨念群二位先生为此付出辛勤劳动，三联书店编辑郑勇先生为本书的出版及再版鼎力支持，始终如一，对此我一并致谢。

出乎我的预料，远在欧美的读者亦对本书产生了浓厚的兴趣。不少读者相继打电话来要求访问我，我一一谢绝了。其中有一位英国读者两次飞来洛杉矶登门拜访，其诚意令我无法拒绝。二〇〇六年八月他初次登门拜访，告诉我他本人爱好西藏的宗教及文化，曾是黎吉生（H. E. Richardson）的学生。这使我回想起一九四八年我从西藏回南京参加中国边疆教育会议时，曾到当时英国驻拉萨商务处申请路经印度过境哲孟雄的签证，黎吉生即是当时英国商务处首席代表。他在西藏居住多年，能讲一口流利的藏语，是当时英国驻西藏政界的名人。他听说西藏拉萨小学办得很出色，希望和我这位校长见上一面。为此他专门设宴邀请我及国民政府驻藏办事处全体官员参加。我们见了面，从此相识。他于一九四七年印度独立后退休。时至一九五九年我来到美国，他正在美国弗吉尼亚州的一所大学任客座教授，以后回到英国继续教学工作。交谈中，这位英国读者小心翼翼地询问我：当年英国势力企图入侵西藏，你恨不恨？我说当时我们都是热血青年，有志振兴边疆建设，故看到英国人有侵藏之心当然十分气愤。

  第二次来洛杉矶时，这位英国读者随身带来了很多他收集的上世纪三十年代的旧西藏照片给我看。我们谈到了十四世达赖喇嘛的坐床大典，那是在一九四〇年的二月七日和八日两天。西藏地方政府将中央政府特派主持坐床仪式的吴忠信委员长排在第一日参加，也就是大典的正日，而把英国驻锡金省长古德（Sir Basil J. Gould）排在了第二日。事后这位英国代表在向英国政府的报告"Report on the discovery, recognition and installation of the 14th Dalai Lama"中，流露出被西藏地方政府冷落安排之愤愤不平之鸣。更有趣的是这位英国读者还去访问了当年拉萨的英国商务处办的小学的校长，这位校长依然健在，住在匹兹堡。当他们翻着泛黄的照片，回忆那段尘封的历史时，这位耄耋老人竟未能忘记当年他的竞争对手，他回忆说我当时"很年轻"，"学校办得很好"，并委托这位读者在见到我时问上一句：恨不恨他？我听了抿嘴微笑。其实振兴边疆教育是我们办学的目的，而使英国人所办的学校关门，倒也并非我的本意！回顾历史兴衰，我对他强调：西藏永远是中国的一部分，从唐代文成公主与松赞干布联姻始，汉藏关系从未中断，盛清时代并设有驻藏大臣。尽管以后因满清衰落、中国革命，汉藏关系曾一度中断，但自黄慕松代表国民政府致祭十三世达赖喇嘛后便设立了中央驻藏办事处，恢复中央政府在西藏的主权地位。如今在中国共产党领导下，西藏进入了新时代。英国读者听了我的这番话，频频地点头表示同意。

今当本书再版之际，略书旧事，作为本书再版序。

邢肃芝

二〇〇七年十二月于美国洛杉矶

前　言

　　一九九八年八月的一天,我们来到美国洛杉矶郊外一所宅子,拜访隐居在此的邢肃芝老人。在此之前,我们早就听说这位老人精通汉藏佛教,是一位修道有成的高人,一生充满了神奇不凡的经历。这便是此书的缘起。

　　邢肃芝老人虽年过八旬,但身体康健,思维敏捷,记忆力十分惊人。我们初次的交谈从邢老在西藏的经历开始。讲到半个多世纪前的往事,老人家取出了一本厚厚的照相册,他告诉我们,这里面的照片全部是他自己拍摄的,记录着自一九三七年从他进入西藏开始,入藏沿途的所见所闻,以及在西藏十三年的求法和探险中所遭遇的各种人物。相册的封面已然褪色,翻开它,一帧帧微微发黄的黑白照片按照年代的顺序排列着。从这些照片,邢老向我们展开了他多姿多彩的一生,道出一段段传奇的经历。

　　以后的三年,在整理这部口述自传的过程中,我们始终为能有这样的一次难逢的机缘而庆幸。在近现代史上,邢肃芝老人虽不是一位著名的大人物,但他的一生始终处在历史的风口浪尖上,是一位二十世纪上半叶中国大动荡年代中亲身参与了汉藏两地错综复杂的历史演变的枢纽式人物。他出生于一九一六年，九岁皈依佛门，少年时便接受了严格正规的佛学教育，十六岁时进入四川重庆汉藏教理院学习西藏语文，同时成为中国佛学会会长、近代佛教界的泰斗太虚大师的秘书，负责整理太虚大师的演讲。一九三七年他只身赴西藏，访求藏传佛教密法，决心将西藏密法取回汉地，做一名现代的唐玄奘。入藏途中，他遍访康藏地区的高僧大德，在四川甘孜自治州之德格县学习藏传密教萨迦派密法三百余种；随后他渡过金沙江进入西藏，沿途得到国民政府考试院院长戴季陶、四川军阀刘文辉、昌都藏军司令索康札萨和军粮官阿沛·阿旺晋美的赞助和支持。抵达拉萨后，进入哲蚌寺学习藏传佛教五部大论，曾拜多位著名活佛为师，包括达赖喇嘛的教经师领苍活佛。经过七年的刻苦学习及辩经，于一九四五年通过在西藏摄政王面前举行的辩经考试，成为第一个获得藏传佛教最高学位——拉然巴格西——的汉人，历史上获得这一学位的汉人仅有两位。其间他四处参访高僧大德，先后从师于一百多位藏传佛教各派的活佛，接受密法灌顶六百多个。一九四四年藏历铁猴年的二月，他前往藏南杂日山藏传佛教祖师莲花生大师的道场朝拜考察，其经历惊心动魄，成为进入此山而得以生还的唯一汉人。一九四五年，他携带着大量藏传佛教密典满载而归，回到了重庆，此外，他随身还携带着一封促成他一生重大转折的文件——西藏摄政王达龙扎活佛委托他带给蒋介石的一封亲笔信。

　　历史的现象与演变离不开因缘二字，世上的万事万物无一不是因缘和合而生，这是佛教世界观的基本思想。细观大千世界，芸芸众生，每个人在偶然的冲动中，或在他人的影响下，或经深思熟虑后所做的每一项决策，往往形成事物发展的因，而外在的影响，各种客观条件的聚合则是促成事物的缘，因缘的结合与离散形成万事万法的始与终，主导着每个人一生的命运，而这些无数个人因缘与命运的汇合，又形成了演变历史的大事因缘，主导着社会变革的轨迹。对于邢老来说，冥冥中因缘奇妙的结合，促成了他一生中的重大转折，使他从一个近代汉藏关系发展历史的单纯见证人变成为主动的参与者。在这次命运的转折中，他本人对发展汉藏民族关系的强烈使命感成为转折的因；而摄政王的亲笔信、与蒋介石的会面、太虚大师的鼓励和影响、国民党政府处理西藏问题人才的短缺等种种因素的聚集则是缘；因缘和合，促成了他的入世参政，成为国民政府的官员，落实"教育治藏"政策的关键人物。一九四五年他再次返回西藏，此时他具有其他人无法具备的两重身份：既是一位汉人喇嘛，西藏三大寺的格西；又是一位奉蒋介石之命入藏发展教育的国民政府蒙藏委员会专门委员，教育部委任的国立拉萨小学校长。拉然巴格西的身份使他得到西藏噶厦政府、僧侣们和上层贵族的尊重和信任，能够与西藏的政府官员和把握权力与资源的贵族阶层建立良好的私人关系，完成连中央政府都难以做到的事情。而他的官员身份，则使他能够直达中央政府，获得在西藏发展教育事业所需的各种资源，成功地完成他的使命。

　　一九四九年七月，西藏噶厦政府乘国民党军队在国共战场上节节败退之际，发动了震惊中外的"驱汉事件"，在这次事件中，邢老再次以他的特殊身份，参与中央政府驻藏办事处与西藏地方政府的谈判，努力协调汉藏之间各种错综复杂的矛盾，最后成功地组织了中央政府全体驻藏人员平安地撤离西藏。一九五〇年他移居香港，开始讲经说法，并将藏传佛教的重要经典——宗喀巴大师的《菩提道次第广论》翻译成汉文。一九五九年，他应美国西雅图华盛顿大学的邀请赴美国讲授藏学，并定居美国至今。几十年来，不论是化外为僧，还是入世参政，他始终保持着一个佛教徒的信仰，从未放弃佛法的修行。据说他的禅定功夫高深，在密法的修持上获得了很高的成就。他对往事惊人的准确记忆，对各种人物和事件的敏锐观察，以及对历史变革内在轨迹的分析与体悟，给我们留下极其深刻的印象。在多次的访谈中，邢老向我们展现出那种只有修行有成的人才能具有的定力和一种洞彻人心的能力，常常在我们还没有开口提问之前，他似乎就已经知道了我们的问题。这种神奇的力量令人折服，却又难以言喻。

邢老一生横跨汉藏两地，涵盖僧俗二界，独特的多重身份，使他的经历具有极其丰富的历史内涵。在地域空间上，他曾是汉地的法师和西藏的喇嘛，在汉藏两地的寺庙中各自生活多年，对于两地佛学思想与制度上的演变、交流与互动，了解得细致深入，而且善于研究比较，有自己的见解与心得。对于西藏三大寺的体制、喇嘛的学经过程、密法的传承和传授、寺庙的生活等这些令今人最感兴趣而又知之甚少的部分，他的描述十分细致动人，极富历史动感。此外，对于旧西藏政教合一的政治体制和官吏制度、西藏贵族阶层的生活方式和彼此间的明争暗斗、汉藏之间错综复杂的关系、外国势力对西藏的渗透、国民党政府治藏政策的得失等各个层面，他都提供了大量真实的细节性记述，足以弥补正史的不足。

邢老又是一位具有冒险精神的探险家，一生经历险情无数。难能可贵的是，他在每一次的考察探险中，对所见所闻都做了详细的笔记，拍摄了大量的照片，并尽可能地收集各种相关的历史资料。老人在他的家中曾向我们展示了当年入藏途中的游记手稿和在四川、西藏、云南各处考察探险时的原始日记，以及他所收集的西藏早年发行的银票和邮票，西藏和印度边境的通行证，地方政府签发的马牌等等。他所拍摄的近千张照片，内容包罗万象，其中有世上仅存的一张年幼的十四世达赖喇嘛入主布达拉宫前在拉萨郊外休息的照片；汉藏双方的军队为解决大金寺武装冲突事件的谈判会议现场；西藏寺庙中高僧活佛们日常起居的情形；传昭大法会时的跳神仪式；藏南杂日山内"野人"部落生活实录；国民政府驻藏办事处官员们的留影；拉萨小学的学生生活素描；甚至连三大寺中"武僧"的训练场面都被拍摄了下来。这些照片尽管已经年久变色，画面却仍显清晰生动，尤其是与口述记录、游记手稿相互参照时，给人以强烈而又逼真的触摸鲜活历史的感觉。

从一九九八年开始，我们先后对邢老进行了二十多次的采访，录成四十多盘录音带。将录音初步整理成文字后，再根据整理情况摘录出一些需要补充的细节问题，进一步采访，经过多次反复的挖掘和追忆，做最大限度的补充。声音记录转换成文本后，我们再参照相关的历史文献，对口述文字与原有的游记、日记及大量的珍贵照片进行合理的穿插编排，使得口述记录能够与历史文献达到相得益彰的互证效果。

邢老的经历所涵盖的时空广阔，人物众多，尤其是涉及佛学及藏传密教的部分，需要参证大量的文献，才能达到真实地复原当时佛教活动的历史面貌的目的。往往为了一项细节的查证，要经过洛杉矶—北京之间横跨太平洋的数次联络，三年内点点滴滴的工作持续不断，直至各项因缘俱足，方才功德圆满，使这部口述自传得以问世。我们希望这本书能为近代政治史、社会史、宗教史、民俗学、社会学、人类学的研究提供一份真实可靠的历史记录。这也是邢肃芝老人的心愿。

张健飞　杨念群
二〇〇〇年四月初稿于北京
二〇〇〇年六月定稿于洛杉矶

江苏南京

江苏南京

第一章

童年记趣

乱世记忆

我于一九一六年十一月十九日出生于南京,在家中排行第三,上有两位兄长,下有两个弟弟和一个妹妹。我的父亲是个商人,在南京和宝应县城经商,母亲在家中操持家务。我的全家祖辈虔信佛教,父母亲常年拜佛,叔父也是出家人,在扬州平山堂大明寺担任方丈。小的时候母亲带了我去看望外祖父,外祖父见我聪明伶俐,十分喜爱,于是将我带在他的身边,就这样我跟随外祖父度过了自己的大部分童年。

外祖父的家离我们住的地方不远,只相隔几条街。外祖父姓沈,在宝应县城开了一间衣店,买卖旧衣服。那时这是一门不错的生意,大部分的衣服来源于县里的当铺,当铺给顾客三个月的时间赎回所当的衣物,如果三个月过后顾客不来赎取,当铺还可以再延期三个月,到了六个月时还没有人来赎,当铺就可把衣服自行处理,卖给衣店,衣店把这些衣服转手零卖。因此每当宝应县城当铺中的衣服到期没有人赎回时,当铺就将这些衣服交给外祖父的衣店。这些衣服有不少是质地上等的货色，因为不好的和不值钱的衣服当铺是不会随便接收的。

在我的记忆中，外祖父是个十分守旧的人，他思想非常保守，而且为人很固执。外祖母则为人和蔼，勤劳贤惠，是一位典型的中国妇女。外祖父有两个儿子。长子，也就是我大舅，从小在家受尽了外祖父严厉的家教，终于有一天到了忍无可忍的地步，离家出走逃到了上海，从此不再回家。次子，即我的小舅舅，不是我外祖母所生养，而是外祖父早年在外面有外遇时的结果。他长得很英俊，但喜欢成日在外面游荡，或许是受不了外祖父的管教。大舅出走后，外祖父为了防止小儿子步老大的后尘，将一条铁链子拴在他的脚上，只让他在屋子里活动，不准出屋半步。

我那时只有四五岁，不明白为什么小舅舅脚上要戴锁链。去问母亲，母亲告诉我小舅舅因为不听话到处跑，所以外公要把他锁起来。那时候还是军阀割据的旧时代，父母可以随便管教子女，没有任何法律的限制。到了小舅舅该结婚的年龄，外祖父为他迎娶了一位苏州姑娘。新娘子容貌漂亮，也十分贤惠。但尽管成了家，小舅舅却依然被外祖父强制锁在家里，没有活动的自由，只能与妻子相伴，终日生活在自己的小房间内。眼看着小舅舅被关在家中无所事事，外祖父便要他练习裁缝手艺，白天给人家缝制衣服，到了晚上就和妻子睡在同一个房间里。我这位小舅母为小舅舅生了一个女儿，可是产后没有多久，她便一病不起，离开了人间，就死在和小舅舅朝夕相处的房间里。那时我年纪还很小，记得小舅母去世的时候，我坐在小板凳上，好奇地向小舅舅住的屋里张望，只见小舅母很安详地躺在床上，邻居们来来往往，为她换上寿衣，准备装入棺材。发丧时小舅母的娘家没有任何人来，大概她是个穷困家庭的女子。小舅母去世以后，外祖父心里明白他再也拴不住小儿子的心了，于是主动去掉了小舅舅脚上的锁链。

获得了自由，小舅舅如出笼之鸟，远走高飞，从此就杳无音信，留下了自己幼小的女儿与外祖父相依为命。当时我的外祖母已经去世，接二连三的打击使外祖父一下子苍老了许多。

尽管外祖父对自己的儿子十分严厉，但对我这个外孙却非常宠爱。他教我认方块字，读《百家姓》，是我的第一个启蒙老师。我的记性好，有时外祖父不记得把东西放在什么地方了，就来问我，我准能帮他找出来。自从外祖母去世，小舅舅出走以后，外祖父便不再做买卖，靠放债收利钱生活。附近做买卖、开饭店的人都喜欢向他借钱，于是外祖父每个礼拜就要出去转一圈到各家收债。靠着利钱的收入，我和外祖父生活过得相当不错。记得不少饭店欠外祖父的钱到期不还，外祖父收不到钱，于是就干脆带了我去这些饭店吃饭，爷孙俩吃完了也不用付钱，抹一抹嘴就走，饭钱从饭店欠的债里扣除。到了我八岁的那年，外祖父去世了，临终前他一把火烧掉了手上所有的债据，从此与乡亲们两不相欠。

我童年的时候，中国正处在军阀割据的混乱时期。我的家乡是军阀孙传芳的势力范围。

大约在我六岁那年，北伐军打到了江苏，与孙传芳的军队在运河一带激战。这一仗打下来，孙传芳大败，记得那时国民革命军使用的武器非常落后，不少士兵手里拿的是长矛或钩镰枪，全凭湖南人强悍勇猛的士气冲锋陷阵，打败了强敌。孙传芳曾经就读于日本士官学校，懂得军事，占据了江南富庶之地，号称五省总司令，势力强大。当时他的一部分军队驻扎在宝应县，我和外祖父出门时常看到军队在操练。

不久，孙传芳联合了山东军阀张宗昌的力量反攻国民军，一直从徐州打到瓜州。这时南京的指挥官是白崇禧，指挥国民军在南京与镇江之间的龙潭再次大败孙传芳的军队。这一次孙传芳的部队被打得溃不成军，潮水般地日夜兼程向北方落荒而逃，路过宝应时，我看到团长坐在轿子上被人抬着，士兵则是一路抢劫而来，可以说是遇店便抢。这天我父亲正好出门办事，劈面遇到一伙刚抢完布店的败兵，正在把抢来的布匹装在一辆黄包车上准备拖走，见到我父亲，不由分说便当场抓了壮丁，强迫他拉着载满布匹的黄包车随军撤退。父亲脑子机敏，没走多远就推说肚子痛要上厕所，乘机钻入一条小巷溜回家中，逃脱了与家人离散的命运。后来我听说有的乡亲被抓壮丁后，被迫拉着抢劫的钱财从上海随军一直到了山东。

孙传芳经过这一次失败，再也无力东山再起，以后隐居在天津居士林学佛，最后被一位女子暗杀。这位女子的父亲早年被孙传芳杀害，女子为父报仇，一时轰动了全国。

外祖父去世后，父母把我接回到自己的家里。那时父亲经营煤和铁的批发，将外地批发来的钢铁在当地零售。家里还拥有一百亩左右的田地，苏北运河一带自古就是中国的粮仓，以前所打的粮食都要运往北京，年成好的时候，家中每年可收一百担上下的稻谷，年成不好，收入就要打折扣，如遇荒年还有可能颗粒无收。靠着父亲的生意和收地租，家里的生活还算宽裕。

不知为什么，自从回到了自己的家，我便开始生病，接二连三地打摆子，父亲要经常带了我找城里的医生看病。医生开了方子，我们便去药铺抓药。那时候的药铺可以记账，抓药时不必付现钱。布店也是一样，如果一家人孩子多，可以先把布拿回家缝制衣服，到了年底布店才来上门收账。因为城里的居民不多，左邻右舍彼此认识，相互赊账比较放心。药吃得多，对中药材就慢慢熟悉了，走进中医铺，只要看到台子上放的药，我便知道大概是哪几味。

中药吃了不少，我的身体却不见起色，依然是三天两头地生病。眼看着我的病总是医不好，父母亲于是请来了一位算命先生为我打卜算卦。算命先生告诉父母亲说，你们这个孩子在家里是养不大的，如果想要他活下去，除非送到庙里。我们全家祖辈信奉佛教，我的二哥和叔父都出了家，叔父还在扬州平山堂大明寺做方丈。我父亲认为，出家本是很有功德的事情，如果到私庙出家，将来可以把庙继承下来，庙里有财产，不必为生活担忧，而且受人尊敬。于是父母亲听了算命先生的劝说，在我八岁那年，把我送到了兴化县的安乐寺。

初入佛门

我的第一个师父名叫脱老，人长得很高大，他原来是安乐寺的方丈，退居后庙子专门建了一栋带花园的洋房供他居住，就在寺庙的旁边。我是脱老的第一个徒弟，老人家一见我就十分喜爱，为我这个小徒弟缝制了许多新衣服。我和师父一起住在花园洋房里，地方宽旷而幽静。安乐寺是个大庙，住有不少和尚。庙里的新方丈非常严厉，对于和尚的行走坐卧都有各种规矩，比如走路时不可把袍子大袖甩起来行走，不可昂首阔步，要抄着两手慢慢行走，等等。这些严格的清规戒律对于我这个刚刚入门的小孩子一时很难适应，好在脱老师父对我十分慈祥，百般照顾，从不呵斥。师父将我送去读书，学费由他支付，每天早上佣人背着我去镇上的私塾，到了下午三点放学以后再把我背回寺庙，凡事都有人服侍，把我当成小少爷。

算命先生的话果然很灵验，自从进了安乐寺，我便不再生病了。

兴化县是个鱼米之乡，乡民生活比较富庶，经常来请庙子的和尚去做各种法事，比如念经超度等。安乐寺因此香火旺盛，几乎每天晚上和尚们都要外出做佛事，连佣人也要随同和尚一起做帮手打杂。中国人的习惯是人死了在家停放七天，每天要请和尚念经，帮着照看尸体，另外每个人死后的周年纪念日，常常也会请和尚上门为过世的亲属念经。安乐寺庙子上有几十个和尚，每天晚上都要出去念经，每次念经每个和尚都有收入，记得似乎是每人一吊钱，服侍和尚的佣人也有收入，他们有一套分配收入的方法。比较流行的一种法事叫作放焰口，为死去的人超度亡魂。一次放焰口需要五个和尚，一个和尚做主持，其余四个帮手念经。外出做法事时，一组和尚再加上几个负责抬法器的佣人做挑夫，佣人除挑法器外还负责法事的搭台及撤台等工作。这些佣人在庙子里的时间长了，懂得不少做佛事的规矩，被称作道人，意思是有道之人。因为每次随同和尚外出打杂都能够分到一份酬劳，他们自然很愿意外出打杂。这一类的和尚被人称为"赶忏和尚"，他们每日白天睡觉，晚上外出为人做法事，常年如此，根本没有时间去认真地学习经论和修行。

就这样，每天到了傍晚时分，安乐寺的和尚和道人便全部出动，偌大的庙子顿时变得冷冷清清，只剩下师父脱老和我一老一小两个人。天黑以后，庙子里更加寂静，四下无人，一有风吹草动或者什么声响，我便觉得心惊胆战。睡觉时，整个身子缩在被子里，头也不敢伸出来。三个月后父亲到庙子来看望我，我请求他一定要带我回家，父亲被我缠得没有办法，只能带我走。师父脱老见留不住我，知道法缘不顺，但心里依然十分难过，听说他从此以后再也没有收过徒弟。

怪得很，离开了庙子，刚刚回到了自己的家，我便又开始生病。父母亲记起了算命先生的话，只好再一次为我找庙子出家。经过了一番打听，扬州平山堂大明寺的方丈自坛老和尚正好想收个徒弟。于是，家里便把我送到了扬州的大明寺。

大明寺出家

大明寺是个有名的寺庙，它的历史悠久，鉴真和尚是唐朝时这里的方丈，后来他东渡日本，成为日本佛教的一代宗师。寺庙坐落在扬州瘦西湖边，风景秀丽，吸引了不少的游客。寺内有一座琼花园，很有名气，园里种满琼花，当年隋炀帝看琼花正是在扬州，所谓"琼花一现"，指的就是这个地方。

大明寺没有多少田产,因此算不上是富裕的寺庙。我刚刚到那里的时候,庙子的很多地方已经荒芜而残破,只有招待游客的那一边还比较热闹。寺里有座大殿,殿内三尊大佛,十六罗汉。除琼花园之外,寺的东面有放鹤亭,有个七彩玻璃厅,厅的后面就是方丈室。我常在招待游客的地方看书,那里有两三间房子,夏天可以纳凉,环境很好。大明寺不对外做佛事,主要的收入来自游客。庙里有一眼泉水,号称天下第五泉,水味清甜,用它泡出的茶清香可口。游客到了这里,一般都会要上一壶茶,一面品茶歇息,一面观赏瘦西湖的美景。庙子也向游客提供素斋,素斋的名菜有口外蘑菇,用张家口内蒙古一带出的蘑菇,菜一上桌,香味扑鼻。其他还有素火腿、素鸡等。素斋的价钱不定,由客人随意,有的给多,有的给少,但一般的游客都不会太吝啬,有时遇到上海来的有钱人,出手更大方。

历史上不少名人曾经来此一游,在寺庙留下很多墨宝,比如乾隆皇帝下江南时,就在这里留下了不少的诗文。庙子出售名人的墨宝字帖,购买的游客也很多,靠了这些游客,大明寺每年能够得到一笔可观的收入。

中国的寺庙大体分为两种类型,一种叫作十方丛林,另一种叫作私庙。十方丛林的庙子财产属于寺庙所有,不属于方丈或哪个私有,方丈只是寺庙的管理人,不拥有寺庙的财产。一旦方丈退休或离去,寺庙会从本庙的法师中推举一位新的方丈,或从外面请来一位有声望的和尚来担任。这叫作传贤不传子。另一种寺庙是属于私人拥有的,叫作私庙,它是方丈私人的财产,方丈可以把它传给自己指定的徒弟,徒弟再传给徒弟的徒弟,就这样如同一个家族世代相传,被称为传子不传贤。从清代以来,传贤与传子都有各自的系统。

大明寺是一座十方丛林的寺庙,自坛和尚是大明寺的方丈,除了管理寺庙,他自己还拥有一座私庙,坐落在宝应的泛水镇,叫作太平庵。这个庙子是他用自己的钱从别人手中买下来的,准备退休以后移居到那里。我做了自坛和尚的徒弟，但人并不住在大明寺，除了夏天时到大明寺消夏以外，大部分的时间都住在他的私庙太平庵，以及自坛和尚早年出家的庙子，叫作种善寺。这个庙子也是一间私庙。

太平庵地处乡下，周围没有学校，上学要步行三十里路到泛水镇。为了方便我接受教育，自坛师父安排我到镇上的种善寺去住，学校放假时再回到太平庵。种善寺是他当年出家的地方，方丈名叫脱凡老和尚，是他的师父，我的师公。由于我的师父是这座庙子的当然继承人，而我又是我师父将来的继承人，住进庙子是理所当然的。师公脱凡老和尚一见我就很是喜欢，百般照顾，每天派人送我到镇上去读私塾。

泛水镇上的这间私塾是由一位前清举人，名叫张小湖的先生兴办的。张先生在本乡才学出众，教书认真，对学生管教严格，在泛水镇远近闻名。他对学生的收费不便宜，每年要十二个大洋，在那个年代这是一笔不小的费用。我的学费自然是由种善寺来支付。我从小经过外公的启蒙，教我读书写字，打下了很好的基础，跟随张先生学习，进步很快，一年下来，已经能读《古文观止》了。就这样，我每天去跟张小湖先生读书，放学回到庙子后凡事有人侍候，不需劳动，每日三餐，早上吃粥，有小菜，有时也有烧饼油条，中午吃米饭，几样小菜，午饭过后又去上学。我喜欢寺庙的生活，和庙里的人都相处得很好，庙子里安详而恬静，晚上睡觉也不必再担惊受怕。从此以后，我的身体一天天地好了起来，再没有生过病。

种善寺的香火

种善寺的庙子不算大，但是香火旺盛，左邻右舍上门进香求签的人很多。种善寺的旁边有个小庙，庙里有一尊铁铸的观世音菩萨像，传说是许多年前被大水冲来的。江水怎么能把一尊偌大的铁菩萨冲上岸呢？

没人能够解释它。总之这尊菩萨像很灵验,每天都有不少前来进香的善男信女,到了六月十九日观世音菩萨诞辰的这一天,上香的人更多,为庙子带来一笔不小的收入。

庙子请了一个专人,负责引导香客们向菩萨像进香,也帮进香的人解签。这个人姓纪,没有人记得他的名字,只知道他在家里行三,于是庙子里的人都称他为纪三。听说这个纪三曾经是个秀才,读书用功过了头,变成了书痴,脑子出了毛病,做事迟钝,没办法谋生。庙子上收留了他,管他的吃住,派他去菩萨殿帮人进香解签。纪三虽然做事不灵,时常会颠三倒四,可满脑子四书五经,却是一句不忘,随便你问他哪一段,都能倒背如流。他每天不停地为人解签,收到钱分文不留交给老和尚,作为补偿庙子为他提供的饭菜和住宿。

中国的佛教和庙宇到了晚清末年已经是衰败不堪,民国成立后,连年的军阀混战,使得国运衰微,社会混乱,佛教事业更是一落千丈,早已失去了一个宗教应有的地位和尊严。在乡下地方,庙宇遭人占用,寺庙财产被人侵吞的事情常常发生。警察局的人、地方民团的人、各路军阀的军队都到庙子来强驻,一旦驻进来就赶不走。政府没有足够的钱发给警察局,于是警察局就去占庙子的地方来用,民团、军队也是一样,觉得寺庙的和尚好欺负,他们可以随心所欲地霸占寺庙的财产。在地方上有很多人是专吃佛教的,连新闻记者也来吃佛教。这些记者来到庙子上张口便说,和尚,搞一桌素斋来吃吃嘛!有时候还带了妓女一起上门。寺庙一不小心没有招待好,这班记者便会在报章上写上一篇文章胡乱诽谤。大明寺后来的方丈止安法师就是没有招待好上门的记者,惹了大祸,被一个记者在报纸上写文章说这个和尚是共产党,结果被当局不分青红皂白地抓了去坐牢,一关就是几年,后来庙子上走了很多关系才把他放出来。

寺庙为了生存下去必须仰仗地方政要和豪绅们的支持,偶然不小心得罪了地方上的哪一方势力都可能为寺庙带来灭顶之灾。正因为如此，大多数寺庙的方丈不一定是修行最好、证德最高的和尚；当方丈必须懂得世间法的应酬，要善于交际，能够八面玲珑，和各方人士处好关系，这才能够将寺庙维持下去。

记得我的师父自坛和尚经常去和地方的政要名人交际，有时还要陪乡董打牌，一种当时在乡下很流行的小纸牌，过年过节时也要上门送送礼，或请他们吃顿素斋，靠了这些关系维持着寺庙不遭人侵扰，求得平安。所以说中国大多数庙子里真正有扎实佛学基础、有道行的和尚并不多，一般只是接受过一些佛学教育。只有大的寺庙，如北京、上海、天津和山西等地的庙子有不少具有学识修养、证德证境甚深的法师，地方上的小庙子的和尚多数时间用在应酬上，哪里还有多少时间修行呢？

我小的时候，乡下掀起了一股办学运动。各地纷纷开始办学校，一时蔚然成风，办学校找不到校舍便去强占寺庙来用。泛水镇有一户姓芮的人家，是当地的大户，财大势大，是个"学霸"。芮家想要在镇上办一所学校，找不到合适的地方，就来打种善寺的主意。一天，脱凡老和尚接到了一份芮家派人送来的租约，租约上说要租庙子的地方用，讲明从何日开始起租，付多少租金。不等老和尚表态，芮家的人便硬是搬了进来，一下子强占了庙子三分之一的地，办起了学校。租金只是在开始时象征性给了一点，以后就再也没有付，明说是租用，实在是强占。老和尚生性懦弱，不敢得罪芮家，连个不字也不敢讲。没有多久，芮家看到老和尚太好欺负，于是变本加厉，又把庙子强占了三分之一。这一次连租约也省了，索性半夜三更时派人把庙子大殿上的佛菩萨像搬了出来，堆在院子里。第二天早上和尚们从睡梦中醒来时，庙子的大殿已经变成了学校的教室。老和尚再一次忍气吞声，敢怒而不敢言。

看着寺庙遭人强占，师公被人如此欺负，我的心里十分气愤。离开种善寺的时候，我发愿将来长大成人有了本事，一定要为庙子讨回公道,把姓芮的家伙赶走,但这个愿望始终没能实现。后来听人说,芮家的学校办得很好,是一间县立小学,为当地培养了不少学生。这个"学霸"也算是为泛水镇的乡亲们做了件好事。

太平庵的小主人

每年到秋收的时候,学校便放假了,这时我便离开种善寺,回到乡下的太平庵,在那里度过假期。

太平庵是我的师父自坛和尚买下来的,属于他自己的庙子,我作为他的徒弟,将来可以继承下来。庙子地处乡下,四周是农田,后面有一片竹林。庙的周围有一条小河环绕,小河与一条大河相连,每年到了秋天收获的季节,运送稻谷的船只从大河顺流而下进小河,一直到达庙子的门口。由于太平庵是私庙,除了过年,平时是不对外开放的。庙子的门口有一座吊桥,平时拉起来,有人上门时,庙子里的人先看清来人,再放下吊桥。环绕寺庙的小河成了一道屏障,将寺庙与尘世隔离。

太平庵周围有一百多亩的农田,原本是属于当地一位姓华的大地主所有。华家有几个兄弟,为了争这片田地吵得不可开交,最后家族决定把这块地捐给太平庵,免得兄弟为此而不和。庙子接受了这块田产,将它租给佃户,每年向佃户收租,因此能够自给自足。佃户姓徐,是两兄弟,庙子里的人称他们徐大、徐二。他们常年耕种太平庵的土地,向庙子缴租,有时也为庙子做些杂事。

自坛师父本是大明寺的方丈,平时大部分的时间在大明寺,不住在太平庵,庙子就交给了两个老佣人打理,一个佣人负责种植庙南的菜田,另一个负责管理寺庙。从我来到太平庵,便成了庵里的小主人,每天看着佣人打理寺庙和田产,很快就学会了不少这里面的诀窍。

江苏一带的农田每年收获两季,一是麦季,另一个是稻季。麦季在四月，稻季在八月。那时乡下的习惯是，租税由主人向县政府支付，春天的小麦和田埂附近所种植的蔬菜及黄豆、蚕豆等杂粮，甚至附近空地上种的菜，收获后全部归佃户所有。他们把大部分的农产品拿到市场上去出售，余下一些自用。佃户到春收秋收的时候要往田地中施肥，他们所使用的一些农具，如供灌溉用的木制水车等等归主人家修理。每年要把水车搬进庙子，由庙子请木匠涂上桐油进行保养。稻季收获了以后，佃户要向主人缴租。收租的时候就有很多名堂，乡下一石米约为一百斤重，十斗为一石；两斗半为一斛，四斛为一石；一石为十斗，十升为一斗。用斛是有讲究的，当把稻子往斛里倒的时候，中间是不实在的，看上去满了，实际上中间是空的，只要用脚一踢，稻谷马上就会下沉一大截，一般来说至少会沉下去一升，以斛顶的木杠为准，斛里的稻谷就显得不那样满了，这时必须再往上补，直到补满为止。每年到了佃户上门缴租时，我们做主人的要备下饭菜，好好地招待佃户，菜有四大碗，有肉有鸡，全部是荤菜，因为乡下人可不稀罕素菜，还要加上一个汤，让佃户们吃得满意开心为止。

为了图一点小利，农民有时候会玩一些小花样。我们的家乡出产菜籽，到了收购菜籽的那一天，有的农民就把菜籽放在大坝子上铺平，然后在菜籽上泼上几担水，这样菜籽的分量加重了，便可以多卖些钱，我亲眼看到他们在做手脚。菜籽被泼上几担水一般不容易发现，可是泼了水的菜籽是不能榨油的，时间一久便会发霉。我们庙子的后面有一片竹林，每到冬天，庙子周围的小河结了冰，这时就有人在夜里踏冰过河，偷砍庙里的竹子，防也防不住。

农民耕地的时候往往会向外扩展，这样逐年累月，地就慢慢地多了出来。每隔若干年，地主就会要求清丈，即重新丈量土地的面积。这是农民最不情愿的事情，因为第一，清丈要办酒席请客，由佃户负责，这是一笔不小的花费；第二，清丈后量出的土地多了，就意味着要多缴租，对于佃户当然是不利的事情，因此佃户不会轻易答应。但是由于利益关系，主人也不会放弃，一旦主人坚持要求清丈，佃户们是无法拒绝的，往往就产生了矛盾。每次清丈时要由佃户办酒席，由地主请出当地乡绅做公证人，以及清丈的工作人员负责丈量。丈量的方法是把滕子连接起来测量田地的面积。

记得有一年太平庵上提出要清丈，佃户徐大、徐二两兄弟心里万分地不乐意，但是主人的要求不能不答应。庙子请来镇上姓胡的乡绅做公证，这胡家是泛水镇上最有名的家族，胡老太爷是当地的乡董，讲话很有分量，地方上打官司闹纠纷时，通常先请他来调解，他往往说句话就能将事情摆平。我们的自坛老和尚时常去拜访胡老太爷，陪他打小纸牌，大家相处熟了，庙子上一旦有什么事情他自然会照应，为了寺庙的生存，这些世间法的事情不得不做。这胡家又是我的私塾先生张小湖的儿女亲家，张先生把自己的女儿嫁给了胡家的大少爷，于是镇上最有学问的人家与最有钱财的人家便结了亲。胡老太爷应了庙子上的请求，为这次清丈担任公证，派了几个手下的人来监督清丈，清丈的结果使徐家兄弟破费了不少：要办酒席招待乡董，清丈多出的土地以后还要多缴租，自然少不了一肚子的怨气。

每到秋天的收获季节，送稻谷的船沿着大河顺流划进小河，一直抵达庙子的门口。稻谷运进寺庙后，庙上并不立刻出售，而是先囤积在庙中，到了庙里要用钱的时候再把粮食卖出去。乡下有专门的人打听谁家要卖稻子，然后前来收购。由于寺庙里储存有充足的稻米，不但不用去市场上购买粮食，还可以用米去交换别的食物，比如说遇到卖豆腐的小贩来了，庙里便用米去和他交换豆腐，彼此以物易物，而不需付钱。庙里的一个老佣人负责管理粮食，他用一种叫砻子的工具，把稻谷的外壳去掉，然后再碾成细米。筛出来的稻米外壳可以用来喂庙里饲养的鸡鸭，庙里是不养猪的。

由于是私庙，太平庵平时是不对外开放的，只有在过年的初一到十五的这段时间敞开大门，让左邻右舍的乡亲前来进香，唱戏的、要饭的都来，热闹非常，一直到正月十五为止。每年初一第一位来上香的便是将田地捐给了庙子的华家，由于是大施主，每年的第一炷香照例是留给他们来上。到了这一天，华家全家老少一大早就来到庙子，敲锣打鼓而来，来上第一炷香。从前的大施主来了，庙子上自然要特别招呼。华家的人平时是不来的，初一这天来了就要待上一整天。全家人先是恭恭敬敬地礼佛上香，祈求佛菩萨保佑合家平安，福报增长；然后到庙子后面休息，赌钱作乐。他们用六粒石子，分成庄闲，大家都有输赢，这种赌法在乡下很流行。华家的人用铜板赌，来的时候腰里绑了腰带，腰带里装满了铜板，沉甸甸的。过年在乡下是最大的节日，每到此时，男女老少总要玩到尽兴，华家人要在庙子里待到天色差不多黑了，人也觉得疲倦了，一家人才慢慢离去。到了正月十五那天全家再来进香一次。

庙子虽然不对外开放，但偶尔也会接待一两个熟人朋友。有件事情很有意思，我的师父有个朋友，也是和尚，欠了人家的钱还不出，过年时就带了徒弟跑到我们的庙子躲债，这叫作躲年，因为债主一般是在过年的时候上门讨债。和尚在我们这里一直住到正月过了才走，这样就不用还账了。出家人也免不了要躲债的，有时和普通在家人一样也会债务缠身，为了躲债藏在庙子里。

在泛水镇我度过了三年多的时光，平日在镇上跟随张小湖先生读书，放假的时候便到太平庵消暑。张先生教学认真，要求严格，几年下来，我读书进步很快，已经通读了《古文观止》和《四书》等，能作对联、作文了。

在十二岁的那年，为了使我早日开始学习佛教理论，我的师兄，即我的师父自坛和尚的大徒弟雪松法师将我送到扬州附近的放生寺，这是一座属于天台宗的寺庙。在那里我开始学习佛教的基本理论以及天台宗的四教仪、大小止观等，同时跟随一位前清贡生马老先生继续学习国文。又过了一年，我收到了师兄雪松法师的来信，他本人在九华山接受了系统的佛学教育，对于因明学有很深的造诣。在信中他告诉我说在乡下受的教育属于旧式教育，是没有什么前途的，他要我去镇江接受新式的佛教教育，那时他正在镇江超岸寺的玉山佛学院任教，希望我能去那里学习。于是，我听从了师兄的建议，告别了放生寺，前往镇江求学。

新式佛学教育

镇江的超岸玉山佛学院是超岸寺的方丈蕙庭法师创办的，蕙庭法师非常欣赏我师兄的才华，请他来参加佛学院的教学，为学生教授因明学，蕙庭法师自己教授唯识学，另外请了一位章太炎先生的高足来讲授国文。佛学院由于师资优秀，一时吸引了来自江苏各地的一百多名学生。我在佛学院的学习收获很大，系统地学习了《成唯识论》《因明论》《俱舍论》等，为我以后研究经论打下了十分坚实的基础。在国文方面由于有名师指点，进步也很快，作文常拿第一名，不久就成了学校里名列前茅的学生。蕙庭法师一直很喜欢照顾我，不仅因为我学习的成绩好，也因为我是雪松法师的师弟，而雪松法师又是他最心爱的弟子。每次上殿时，作为与方丈最亲近的弟子，总是由我来为蕙庭法师捧香炉。在我十四岁那年的年三十晚上，我照例手捧香炉跟随蕙庭法师上殿，就在我将香炉放到供桌上时，香炉却翻了，这是从未发生过的事情，我立刻将香炉重新安放好，心中十分不安。蕙庭法师并没有对我呵斥，他知道我平时做事一向小心。谁知这却是个不祥的征兆。过了年蕙庭法师开始生病，不久便圆寂了，由我的师兄雪松法师接任了超岸寺的方丈。

超岸寺位于镇江小码头，北固山的后面，庙宇依山而建，位置在金山和焦山二山之间。镇江这个地方是个佛教中心，有名的寺庙不少。金山的寺庙叫江天寺，离三国时刘备招亲的甘露寺不远，寺后有浮玉堂，山上有钓鳌亭，从那里遥望长江波涛汹涌，风帆点点。天气晴朗的时候，还可以眺望瓜州，风景极为秀美。我那时寄居超岸寺内，而且又是方丈的亲近之人，因此有机会认识了当地佛教界不少大德，如金山江天寺当时的方丈宽静和尚，以及当时在江天寺担任监院的太仓和尚，他负责管理寺庙的财产，如收租等事项和做水陆道场，以后他接任了江天寺的方丈。解放以后，太仓和尚带了一些钱去了香港，恰好我从西藏撤退到印度，又从印度到香港，在香港与他相遇。太仓法师后来去了台湾，做了台湾玄奘寺的方丈。我也曾亲近超岸寺的守培老和尚、焦山定慧寺的智光法师、南郊竹林寺的振华和守芝法师等，其中守培老和尚是近代佛教界颇有名望的一位大德，当时已退休，他的文字书画俱佳，著有很多佛学著作，时常与印顺法师在《海潮音》杂志上就佛学上的问题辩论。我那时跟随老和尚参禅学习书法，每天临帖诗词一首，守培老和尚要我不要更换字帖，专心写好一种字。他也喜欢陪我们学生写文章，国文老师出了作文题目，他有时也随兴写上一篇。老和尚的起居简朴，每遇别人求字时，写好了，便放入袖中，亲自乘黄包车送去，从不差遣佣人去送，以免让对方破费赏钱。

超岸寺是一所十方丛林，有近百个和尚，寺庙有严格的丛林清规，这里的生活起居与私庙截然不同。每天清晨五点，钟声敲响，和尚们就要起身，然后上殿。做早课，早课结束后，我们立刻换上便装赴斋堂吃早饭，然后开始上课。每日上下午都有课，生活紧张而丰富。

超岸寺、竹林寺和金山寺等都是大庙，属十方丛林。有的庙子很富有，比如金山寺，每年收租几千担，可以养活一百多个和尚。这一类的寺庙一般不派和尚出去念经做法事，要做法事的人到庙上来，庙子告诉你做什么样的法事要花多少钱。上门来求法事的差不多都是大施主,有时为了办一次水陆道场要花上几千,甚至几万块钱。水陆道场的仪式通常有一百来个和尚参加,分内外坛,内坛里边分主坛、副主坛和正表三个人,主坛中和尚要念经和念咒,还有音乐伴奏,总共有十来个人,内坛只有施主可以进去,外人是不可以进去的。外坛则由和尚分坛念经,如华严坛专门念《华严经》,法华坛专门念《法华经》,超度死者的亡魂。法会上使用的乐器主要有笛子、板鼓等中国传统乐器,奏乐的人很有讲究,这些法师大部分都在江苏龙潭隆昌寺接受过正规训练。水陆道场一般要诵经三十几天,和尚们的体力消耗很大,因此饭菜的质量要求很高,还备有参汤、莲子汤等等,这些都是要施主供养的,由此可知这一场法会的耗费有多么巨大。

隆昌寺又叫宝华山,是中国佛教八大宗之一律宗的基地,以传戒而享有盛名,寺庙每隔一两年传一次戒。从前江浙一带的和尚都在那里受戒。宝华山的规矩很严,凡到宝华山的僧人都要接受严格的唱、念训练,以前到宝华山受戒的和尚都要烧戒疤,现在免去了。原始佛教在印度时本没有这一项规矩,这是中国特有的产物。

大的寺庙里一般都设有知客室,有专人负责,称为知客,招待各地来的客人。当时社会上有许多行脚僧,自己挑着担子四处游历,参访禅师。这些行脚僧从来不住旅馆,走到哪里,就在哪里的庙子歇息寄宿,这叫作挂单。寄宿的时间没有限制,随便他们住多长时间都可以。离开的时候,行脚僧要向知客辞行,感谢庙子上的招待,这叫作起单。比如某个行脚僧知道金山寺在做法事,那里素菜做得很好,于是就到金山寺去吃素斋,金山寺自然也会按规矩免费招待他。不过传子的私庙是不管招待行脚僧的,私庙里不设知客室。只有属十方丛林的大庙才能招待游方僧人。

我那时有空常去南京,去拜访在南京支那内学院学习的朋友,内学院地址在公园路一号。另外,在南京还有一个金陵刻经处,是在辛亥革命以后由杨仁山先生创办的。那时候,支那内学院的院长是大名鼎鼎的欧阳竟无居士,他的儿子就是中山舰舰长欧阳格。我见到欧阳竟无先生的时候,自己才十几岁,而先生已是名满天下的佛学大家。他为人谦逊,毫无架子,而且十分乐意提携后进。欧阳先生推荐我去向他的学生吕澂(字秋逸)先生学习唯识宗。欧阳竟无的门生众多,其中不乏名人,如后来成为大学者的熊十力等。学生中最为刻苦耐劳而不贪着到外面闯世界立身扬名的要算是吕秋逸,他聪明过人,学贯中西,年轻时曾在日本留学,通晓巴利文、德文、法文、藏文、日文等。欧阳竟无先生对他十分器重,死后就把学院事务交与他掌管。记得那时欧阳先生一般在吃早饭和中饭的时候向学生讲课,其他时间不授课。在内学院中有几个大学毕业后在那里念研究生的学生,内学院向他们提供房子,不收房钱,伙食费则需自己支付。

在镇江和南京支那内学院的学习为我的佛学理论和国文打下了扎实的基础,在十六岁那年,通过一次难得的因缘,使我初次接触了藏传佛教。

初闻密法

藏传佛教又被人称为密宗,是佛教中的一个重要宗派,是从印度直接传入西藏的。西藏佛教的发展晚于汉地,唐朝初期,西藏王松赞干布统一了西藏的各个部落,建立了吐蕃王朝,并迎娶唐朝文成公主及尼泊尔公主为王后。两位王后都是虔诚的佛教徒,在她们的影响下,西藏王也开始信奉佛教,使得佛教在西藏开始生根。这时的西藏还没有文字,西藏王派遣贵族图弥桑波扎带领一批青年赴印度学习创制文字。图弥等参考当时在印度流行的梵文字体而创立了以三十个字母组成的西藏文字，并模仿乌尔都文创制了草书体，这时大约为公元七世纪的中叶。当赤松德赞接任藏王后，佛教在西藏开始有了长足的发展。赤松德赞从印度请来了著名的高僧寂户法师到西藏弘扬佛法，帮助西藏建立寺庙体制。但当时西藏的原始教"苯教"盛行，苯教的巫师们用各种巫术破坏佛教的建立，同时西藏的贵族唯恐佛教会伤害到他们的利益而暗中百般阻挠，寂户法师的弘法遇到了各种障碍，难以进行。于是寂户向藏王建议请印度著名密宗的大成就者莲花生大师入藏降魔弘法，藏王接受了他的建议。莲花生大师应藏王的邀请由印度进入西藏，只身一人，坐骑白马，以无上甚深的佛法神通击败了沿途所有的外道邪魔，并使他们皈依佛教，成为佛教的护法。莲花生大师因此被西藏人尊为藏传佛教的祖师，他使得密宗在西藏得以发扬光大。

在这一时期，汉地的禅宗也传到了西藏，以大乘和尚为首的一批汉地法师来到了西藏弘扬禅宗。不久藏王赤松德赞请大乘和尚以及来自印度在西藏弘扬密法的莲花戒大师在王宫举行御前辩论，这场辩论持续了两天，传说大乘和尚在辩论中引述经论八十余处，批评密宗的修法为"渐修"，而禅宗则是"顿悟"。莲花戒大师本是印度那烂陀寺的著名高僧，深通经论，针对大乘和尚提出的论据一一引经据典给予反驳。这一场有名的"顿渐之辩"最后以大乘和尚败北而告终，使得西藏王室对于印度传入的密宗更加崇尚。大乘和尚于是率领所有的禅宗法师返回汉地，禅宗也因此失去了在西藏发展的机会。

西藏佛教的发展大致分为两个时期，即前宏期及后宏期。公元八世纪末至九世纪初是藏传佛教发展的前宏期，西藏的第一个寺庙桑耶寺在赤松德赞统治期间建成，开始有藏人剃度出家。到九世纪初，佛教的发展迅速，僧侣的数目不断增加。僧侣们享有一定的特权，由人民供养，这就不可避免地要损害到一些贵族的利益，与贵族发生冲突，于是在公元八三八年发生了藏王郎达玛发动的灭佛。这一次灭佛使得佛教在西藏的中部地区被禁了约一个世纪,西藏流行的传说是,从灭佛时在拉萨看到最后一个穿袈裟的法师,到穿袈裟的法师又在拉萨出现,这中间共七十五年。

差不多在西藏发生灭佛的同时,佛教在印度正在走向衰微。印度佛教开始受到原印度教和后来伊斯兰教的双重迫害,寺庙被关闭,僧人遭到驱逐,不少印度佛教法师出走逃亡,这却在一定的程度上促进了佛教在西藏的再兴。

吐蕃王朝在公元八四二年崩溃,西藏陷入长达四百多年的分裂混战局面,出现许多地方割据势力。

西藏的灭佛实际上只影响了中部地区,佛教在边远的地区仍然照常传播。公元八六六年,吐蕃王室的后裔在阿里地区建立起古格王朝,并开始发展佛教。由于在灭佛时期佛教经典被大量地焚毁,使得经书缺乏。公元九七○年,古格国王意希奥派遣仁清桑波到邻近的迦湿弥罗求教,当时迦湿弥罗已经受到阿拉伯人的入侵,佛教僧人都愿意到西藏来弘法,因此仁清桑波不仅取回大量的经典,而且还迎回一批高僧到西藏弘法。古格王室出巨资建托林寺,用以供养僧人翻译经典,仁清桑波成为西藏历史上的大译师,对佛教在西藏的再兴做出了卓越的贡献。他不仅翻译了大量的经典,同时也译出大批的医书,为藏医的形成和发展奠定了基础。

西藏佛教的后宏期,一般认为是从阿底峡尊者入藏开始的。阿底峡尊者,法名吉祥燃灯智,将印度佛教的体制完整地引进到西藏,使那烂陀寺、鹿野苑的僧侣制度开始在西藏实行。阿底峡尊者先是在阿里,后又应邀到了拉萨聂塘,讲经,说法,修订经典,传法等,在西藏弘法共十七年,对西藏佛教后宏期的兴盛起了重要的作用。

在前宏期时,西藏的佛教没有产生教派,佛教的传承以莲花生大师所传的金刚乘为主。到了后宏期开始情况发生了变化。这是由于西藏那时没有一个统一的王朝，各地封建割据势力自行发展佛教，各自派人赴印度取经和投师，这样便出现了不同的传承，形成各自的教派。尊奉前宏期旧传承的称为宁玛派，藏文是古旧的意思，同时由于这一派的喇嘛多戴红色的僧帽，在汉地俗称红教。公元十一世纪中期，著名的大译师玛尔巴多次赴印度拜师求法，从大德那洛巴学得大手印等法，创立了噶举派，藏文的意思是口授。据传这一派的祖师修法时穿白色僧裙，因此俗称白教，白教后来又分成了至少八个支派，有四大八小之称。在同一时期，后藏萨迦地区一位名叫昆·贡却杰布的贵族创建了萨迦寺，在此传法，被称为萨迦派。又因为这一派的寺庙围墙有象征文殊、观音、金刚手三菩萨的红、白、蓝三色彩条，俗称为花教。而阿底峡尊者的教法为其弟子仲敦巴所继承，仲敦巴建热振寺弘法，创立了噶当派。公元十五世纪，宗喀巴大师以噶当派的教义为基础，针对当时西藏佛教各派存在的种种弊端，制定了一套严谨、次第分明的教义和严格的戒规，创立了格鲁派。格鲁在藏文里的意思是善规，即善守戒规。这一派的喇嘛头戴黄色僧帽，因此被称为黄教。除了红教、白教、黄教、花教四大教派以外，西藏佛教还有一些小的教派，如觉囊派、希解派、霞卢派等，它们的规模一般较小，有些后来渐渐失传。

密宗在唐朝时也传入了汉地，唐玄宗开元年间，有印度大德善无畏、金刚智及其弟子不空等先后来华，翻译密宗经典，灌顶传法，创了中国密宗，被人称为"唐密"，或"真言宗"。密宗在唐朝曾兴盛一时，门人颇多，但在会昌灭法以后开始衰微，到了五代战乱时已渐渐失传，只有一些密咒流传于各派的寺院。密宗在唐朝兴盛时，以空海为首的一批日本僧人来大唐学法，学成归国后在日本创立了日本真言宗，并且逐渐发展，自成一系，被人称为"东密"。本世纪初，东密从日本传回中国，吸引了不少门徒。

自古以来，为了维护汉藏关系及中央政府对边疆地区的控制，历代王朝都对西藏佛教的各派领袖实行拉拢和安抚，多次加以封赐，保持友好关系。元朝时，蒙古人崇信密宗，萨迦派第五祖八思巴大师被忽必烈奉为国师，迎请到南京为元朝皇室传授密法。传说八思巴在说法时显现神通，身子升在空中，这时天上降下纷纷花雨，雨花台便从此得名。噶举派在元明清三代均很受皇室的推崇，噶玛噶举的领袖第五世噶玛巴银协巴曾被明朝永乐皇帝请到南京传法，为皇后荐举，被封为大宝法王，以后代代世袭。黄教的达赖、班禅喇嘛更是多次受到明清朝廷的封赐，被邀请至皇室讲经传法。这些西藏佛教领袖与汉地的交流和来往，在很大程度上加强了中央政府与西藏地方政权的联系和汉藏两族之间的交流。尽管不少的密宗大德曾应邀造访汉地，但密宗的传授大多局限在皇室和达官贵族的范围内，密法的法本多为皇室所收藏，普通老百姓很难有机会接触。此外，由于汉藏语言的不同及地域的隔阂，加上汉地有相当一部分佛教对于密宗所怀有的成见，藏传密法一直未能在汉地广泛弘扬，这种情形一直延续到晚清。

从晚清以来，藏传佛教逐渐从青藏高原传入汉地，先后有不少康藏的活佛喇嘛来到汉地传法。这一时期来传法的喇嘛包括诺那活佛、九世班禅喇嘛、白普仁尊者、章嘉呼图克图和多杰格西等。其中红教的诺那活佛是最早来到汉地弘扬密法的。继他们之后，又有贡噶活佛、根桑活佛、圣露活佛、安钦活佛、荣增堪布和阿旺堪布等前来弘扬密法，使得密宗在汉地的影响日益扩大。那时中国一些地区的佛教界开始了一股崇尚西藏密宗的热潮，无论是红教、白教、黄教或花教均受人欢迎，人们热衷学习密宗，凡有康藏来的喇嘛，就有一批人踊跃前往皈依，请求传法，其中不乏政府高级官员，如戴季陶、何应钦、居正等人。当时学习密宗的多为在家居士，出家人反而不多，因为汉地的不少和尚法师对于西藏密宗一向抱有成见。一九三三年五月，第九世班禅喇嘛从北京到达杭州，在杭州举行了时轮金刚法会。法会的发起人有杜月笙、梅兰芳、戴季陶等，当时一班上海的名人均来到杭州担任法会的护法，一时声势浩大。

这次法会的缘起是为了江苏发生的水灾，我听到了这个消息，也前往杭州参加法会，求受灌顶。在法会上担任班禅喇嘛的藏语翻译为超一法师，他曾是当年大勇法师率领的赴藏求法团成员之一，大勇法师未能到达西藏便在西康甘孜去世，此后，超一自己前往西藏，学得不少密法，这次由他来担任班禅喇嘛的翻译。法会之后，超一法师来到镇江，主持由镇江海关税务司张伯烈——人称张莲菩提——所发起的大白伞护国息灾法会。张莲菩提是湖南长沙人，一位虔诚的佛教徒，当时担任镇江密教协会的领导人，这次的法会由他做大施主，在寺庙里设一法坛，请超一法师修密法念经，法会的地点就设在超岸寺。我因为写得一手好字，被聘为法会的书记，书写荐亡超度的牌位，红匾也是我写的。来参加这个法会的有几百人，法会持续了近一个月。参加了这两次法会之后，我对西藏的密教产生了浓厚的兴趣，立志深入地学习西藏密教的奥秘，我决定先学习西藏的语文，然后前往西藏求法。

因缘凑巧，我在支那内学院结识了一位研究员，法名叫德潜。认识他不久，他便应聘到重庆的汉藏教理院任国文教师，他的国文很好。到了重庆以后没有多久他便写了封信给我，信中说汉藏教理院以研究汉藏佛教为主，聘请西藏喇嘛教授西藏语文，学习西藏语文实际上并不特别困难，和学习其他的文字没什么区别。他在信中还告诉我学校正在设立一个藏文专修科，招收二十多名高中毕业的有志青年专修西藏语文，暂定三年毕业，食宿一律由校方免费提供，学生只需要自备赴重庆的旅费，他极力推荐我去参加这个专修班。这以后，我连续接到他的几封信，都是催促我尽快赴重庆。那时从重庆发一封航空信到镇江可不便宜，邮票要两三个大洋。听了他的描述，我觉得赴重庆学习是个很难得的好机会，于是向母亲报告了我的心愿，母亲同意了。

在我十一岁的时候，父亲就因肺癌去世了，年龄还不到四十岁。父亲刚去世时，因为还有田租可收，家中的生活不是很困难，那时大米才不过三四块钱一担，到了最便宜的时候，十块钱可以买到三担。父亲去世后不久，佃户便开始拒绝交粮，把田地据为己有，母亲不懂得如何打官司，只能被佃户们欺负，因此有段时间家里生活相当清苦。好在我的母亲很能干，继承了我外祖父的本事，把家里积蓄下来的钱拿出去放债，收取利钱维持着家用。

那时母亲住在苏北高邮县，由镇江到高邮要搭乘小货轮，先横渡长江到瓜州，再沿大运河经扬州仙女庙、邵伯、界首到达高邮，时间要整整一天。轮船公司为了多载一些客货，多赚上一些钱，小货轮的后面还拖着一条拖船，因此船速缓慢。实际上沿运河航行船速不能太快，因为运河两岸有很多木船，经不起大浪冲击，如果将小船冲翻，轮船公司要吃官司。我回到家里，向母亲辞行，母亲拿出了二十多块大洋，交付我作为赴重庆的路费，小小年纪离开家乡，母亲自然少不了一番叮咛嘱咐，母子依依离别之情油然而生。

一九三四年的二月十四日，农历的年初一那天，我辞别了母亲，搭乘三北公司的长江轮从镇江溯江而上赴武汉，开始了我的西行求法之路。

左起：竹摩、六和塔方丈和尚、止安、慧云、碧松（邢肃芝），一九三四年摄于汉口公园

第二章

❖

入藏缘起

汉藏教理院

告别了母亲,我乘长江轮溯江而上,辗转奔波到达了汉藏教理院。汉藏教理院创立于民国十九年(一九三〇),是在四川省主席刘湘的建议下创办的,民国二十年十二月正式开学,有学生六十余人,主要招收青年学习西藏语文,以达到沟通汉藏文化的目的。由于四川邻近康藏地区,又居住着不少藏族人,汉藏民族之间接触频繁,因此需要大批通晓汉藏双语的人才。学校的长年经费除了靠自己的产业收入之外,不足之数由四川省政府补助。学校设在缙云山上的缙云寺内,寺是个空寺,没有和尚居住。缙云山是北碚三峡试验区著名的风景区,山有九个峰,其中以狮子峰的风景最美。缙云山山麓为北碚,北碚又称三峡试验区,是卢作孚开辟的,这里街道整洁,商店林立,还有发电厂、织布厂、医院、学校、科学馆、图书馆等设施,我们到达此地时,试验区已由卢作孚的弟弟掌管,继续发展,获得当时中央和地方政府的好评。

北碚邻近重庆，地点适中，水陆交通都很方便，陆路是乘汽车从璧山而行，水路是由重庆乘川江小轮沿嘉陵江而行，五小时可以到达。北碚附近有温泉公园，地处嘉陵江畔，茂林修竹，鸟语花香，有飞泉，有瀑布，有客舍可以住宿，有饭店可以饱餐，有宽大的温泉池可以游泳和沐浴。温泉公园的前身是温泉寺，殿堂中仍有数尊古佛被人膜拜。太虚大师曾有一首诗描述此地："温泉辟幽径，斜上缙云山。岩谷喧飞瀑，松杉展笑颜。汉经融藏典，教理扣禅关。佛地无余障，人天自往还。"

汉藏教理院第一任代院长是遍能法师。他是一位对俱舍论很有造诣的法师。创办初期没有什么进展，直到一九三四年法尊法师从西藏学法归来，当了院长，才将学校的教务重新整顿，增聘师资，扩大招生。教导员方面聘用苇舫组织教务，密严主持总务，教员有严定、悦西格西、根桑活佛、本光、陈健民等人。后来由于武汉撤退，太虚大师、法舫、印顺、尘空等法师也相继来到这里，这时候的教理院人才济济，进入了鼎盛时期。一九三六年，法尊法师再次回藏，邀请他在西藏学法时的师父安东格西来校任教，不幸当他赶到西藏时安东格西已经圆寂。最后请来了哲蚌寺著名的东本格西来到教理院，这是很不容易的事情。按西藏人的说法，西藏的活佛多数不愿来内地，因为他们在西藏的地位名望很高，弟子众多；而在汉地，他们大多不能适应当地气候及生活习俗，加上语言的隔阂，佛法奥义往往无从表达，所以很少有人愿意来。东本格西来到汉地后，可能是不习惯汉地的生活和水土，一年多以后便圆寂了，十分可惜。

藏文专修科设在双柏精舍内，精舍位于校总部西面，样子是四合院式的，院前有两棵柏树，因此叫作"双柏"。院子两侧排列着十几间宿舍，每个学员一间，我就住在大门右手朝南的一间房子里，左手一间为同学大定法师居住。宿舍的房间面积十分宽大，空气新鲜，阳光也很充足，唯一不方便的地方是没有电灯，校方供给每人一盏油灯，我刚到时觉得很不习惯，住久了也就慢慢习惯了。法尊法师住在院后一间两室的房子里，一间摆放他从西藏带回的大量藏文经书，另一间是起居修法的地方。严定法师借住后面的一间，后院其余的房间作为课舍使用。太虚法师到来后，院方为他在双柏精舍的后面建了一栋新居，太虚大师自己题名叫作"那伽窟"。

进入汉藏教理院后，我即参加刚成立的藏文专修科的学习。专修科初期由常光法师教授藏文拼音，法尊法师教语法和造句，后来由严定法师用藏文原文教授月称论师的《入中论》，悦西格西用藏文教授《现观庄严论》，法尊法师则使用宗喀巴大师的《菩提道次第广论》的原文讲授汉藏文的对译。他先是用藏文将经文读出，然后让学员讨论如何翻成准确流畅的汉语，通过反复的研读练习，学员们的收获很大。我在此期间学习进步神速，仅仅半年的时间就已基本掌握了藏文的语法，三年下来，对西藏黄教喇嘛所必修的五部经论已了解了一个轮廓。

专修科的教员还有德潜，在汉藏教理院任国文教师，由南京支那内学院转来。职员中有满度、隆果、隆兴三位法师，均由厦门闽南佛学院转来。满度在四川嘉定乌尤寺出家，曾经是峨眉山洗象池的方丈。汉藏教理院藏文专修科第一期学员共十三人，其中有大定、心恺、传玺、憬钟、陈学勤等人。憬钟毕业以后到了延安，进入抗大，到解放的时候已经是中级干部，派驻广州，属林彪部下。本光法师与他交往密切，他投奔延安就是由本光从中介绍的。陈学勤以后从超一法师出家，法名勤正，后又由杨质夫介绍，担任来自西藏哲蚌寺的著名大德喜饶嘉措大师的秘书，跟随大师在各处讲演。学员中还有邓明渊，后来在中央研究院气象研究所担任气象员，也曾被派驻拉萨工作；胡志明，原武汉大学学生，专门到汉藏教理院学习西藏文。在教理院中，我一边学习，一边开始筹划毕业后赴西藏继续求学。

教理院的学员来自各地，有相当一部分是四川本地人，很多是出了家的和尚。彼此相处长了,我便发觉大多数四川本地的学员不如来自江浙一带的学员守规矩,他们平时在学校老老实实地吃素,可到了星期天便三五成群地溜到校外的饭馆大开荤戒,对于我们来自江浙的学员来讲,这简直是不敢想象的行为。

传法上师

在学习佛学理论的同时,教理院也从康藏地区请来著名的活佛大德们任客座教授,为我们传法灌顶。他们当中有阿旺堪布、诺那活佛、多杰格西、贡噶活佛、根桑活佛等。阿旺堪布是西藏黄教的著名大德帕邦喀大师的弟子,曾任西藏色拉寺的堪布,也是刘文辉将军的上师。他向我们传授了《上师瑜伽法》,这是一部密宗弟子必学的基本大法。诺那活佛是西藏宁玛派数一数二的大德,因为得罪了十三世达赖喇嘛,曾经被关在布达拉宫的地牢中长达六年。他以深厚的定力在地牢中修《绿度母法》,以其功德和精进得到佛菩萨加持,达赖喇嘛的人几次想置他于死命都未能得手,最终逃出了地牢。以后他来到汉地弘扬佛法,弟子众多,备受尊敬,很多人拜他为上师。我十分幸运地得到了活佛传授《绿度母法》,这是一部非常殊胜的密法,历史上修习此法而得成就的行者不计其数,龙树菩萨和阿底峡尊者都是修这一法的。我自诺那活佛为我灌顶传授这一无比殊胜佛法之日起,每日修习,从未间断,以后又将《二十一尊度母礼赞经》翻译成汉语。

根桑活佛是西康人,属于萨迦派的活佛,也曾受过国民政府的封号,我们之间结下了很深厚的师生情谊,他为我取了藏文的法名"洛桑珍珠"。活佛为我们传授了《大圆满龙钦心髓》等密法。《大圆满龙钦心髓》即是《大圆满》,这是宁玛派最高深的大法,由莲花生大师传到西藏。据说《大圆满》修到最高的成就时,人能够修成透明身,甚至化成

根桑活佛,一九三六年摄于重庆

第二章 入藏缘起

贡噶活佛,一九三六年摄于重庆

多杰格西,身着便服摄于内地

第二章　入藏缘起

一道红光而去，除了毛发外，不留身体，莲花生大师就是这样离开西藏的。修道有成的行者在圆寂后，能肉身不坏，缩成一二尺高已是很难得了，修证越高，身子缩得越小，甚至缩成几寸，进而化成一道红光。这时你便去了他方世间，不是凡人所能到达的世界，在那里没有娑婆世间的生死与烦恼。据记载，在西藏修成化红光而去的大德为数不少。西藏的密教让西方人以至世界各地的人产生兴趣，正因为它不仅有严谨的理论，更注重实证，有一套循序渐进的修证方法和完美的仪轨。

《大圆满法》本来是有梵文法本的，但是一向不外传，传法时，由上师向弟子秘密传授，法本是不流通的，因为它过于高深。也正因如此，不少的密法容易失传。当某些密法因法缘未成熟而暂时无法传下去时，上师将法本埋藏在山中，他能够在入定中预见到未来在法缘成熟时将由某人将这一法本挖取出来，于是这部密法又可以弘传于世。西藏的很多密法至今仍然埋藏在山窟中，经过多年后，将有大德在观照中得知密法的所在地，将它取出传世。

贡噶活佛则是出自康定贡噶山的噶举派大活佛，国民政府封他呼图克图。我到四川后大约一两年，贡噶活佛应诺那活佛的邀请来到四川传法，皈依他的人很多，其中有政府官员、学者和商人，居士张澄基和陈健民都是他的弟子。活佛的身边有两位秘书，一位通日文和英文，名叫陈济博；另一位是出家人，法号满空。活佛讲经传法时由他们两位担任翻译。贡噶活佛在佛法上证境深入，法力高深，一九三六年在重庆传授噶举派的大法《恒河大手印》时，突然神通展现，腾空而起，跏趺坐于离地两尺高的空中，向众弟子说法。《大手印》是一部无比殊胜的心法，它的原名是"大印"，翻成西藏文时加上了"手"字，为表示尊重佛典，尊称佛之手。"印"是表示佛的二无分别智，至高无上的智慧，又表示印契，一切诸法无不契合佛的妙智。因此"手印"二字并不是结手印的意思，它是十分高深的密法，噶举派著名的祖师密勒日巴就是修此法而即身成佛的。

贡噶活佛在重庆一直住到一九三八年，后来回到西康，他曾要我跟随着去他在贡噶山的庙子，我因准备入藏而没有前往。我的同学张澄基去了，但只在那里住了一个时期便因为寺庙的条件过于艰苦，难以适应而离开了。这些来自康藏的活佛们大多接受过政府颁发的金印及封号，但他们对参政却丝毫没有兴趣，西藏的喇嘛对于佛法的虔诚和信愿超过许多汉地的佛教徒。他们一生在汉地努力化缘，为的是光大他们的庙子，造福庙子里的僧众。根桑活佛在汉地收到不少供养，回到本庙，给每位喇嘛做一套新的衣服，表示他在汉地辛苦地工作化缘是为贡献给庙子。

多杰觉拔格西比贡噶和根桑活佛更早来到汉地传法，他曾到过北京和其他很多地方，弘传密法，广结善缘。在四川他有几位大弟子，对他供养甚多，其中一位名叫潘文华。此人曾是驻藏清军中的小队长，在十三世达赖喇嘛扫荡清军时身上中了一刀，为了保住性命，他将自己埋在死人堆里装死，在夜晚的月光下忍痛步行逃到印度，从那里搭船回国，历尽了千辛万苦。回到四川后，他逐渐发迹，成为地方上的一名小军阀，以后在刘湘的队伍中担任师长。潘文华将军饷的一部分交给他的弟弟潘昌猷办了一间重庆银行，这个银行的业务不断发展，不久在成都甚至香港都设了分行。

潘氏兄弟每年通过重庆银行向多杰格西供养两三万美金，两兄弟不仅自己供养，还要求银行的每一个职员都捐一些，凑在一起供养给格西。多杰格西在全国各地收到的供养不计其数，北京故宫博物院的院长曾向他赠送了一千多尊小的金铜佛像。以后多杰格西回到西藏，将自己在汉地化缘到的大部分财产供养给了三大寺，又将故宫所赠送的佛像全部重新镀金，送给哲蚌寺供养在大殿。

民国二十五年（一九三六年），我毕业于汉藏教理院藏文专修科。经过了三年的学习，我已经掌握了藏文的阅读、对话和写作，而且能将藏文经典翻译成汉语。同年，我应好友张莲菩提的要求将贡噶活佛所传授的《恒河大手印》的法本翻译成汉文，这是我一生所翻译的经典当中最为满意的一部。但也就在这时，由于学习过于勤奋，常常通宵达旦，睡眠严重不足，几年下来身体难以支撑，开始咳嗽，后来发展到吐血，校方得知马上将我送进医院，经医生检查患了严重的肺炎，如果医疗无效，会有生命危险，要求我立刻住院。医生警告说，以后千万不可过于疲劳，否则性命难保。我并没有理会医生的话，心里已经打定主意，在教理院的学业完成后即赴西藏访求密法，将密法带回汉地弘扬，做一名现代的唐玄奘。

太虚大师

我从汉藏教理院毕业不久，太虚大师开始在重庆长安寺佛学社为居士们讲授《辨中边论》，四川的居士们听不懂他的浙江方言，于是大师写了一封信要我去做他讲经的笔录。事实上太虚大师来川后四处讲经说法，大部分的演讲都是由我笔录的，陆续发表在《海潮音》及其他佛教刊物上。这段时间，我与大师朝夕相处，直到后来由于我要筹备赴藏，笔录的工作才由别人接替。

来到重庆后，我来到了太虚大师创办的武汉中国佛学会，大师就住在长安寺佛学社，与我的住处相距很近，我每天晚上将当日的讲经笔记整理抄录后，次日早晨送给太虚大师，请他过目。大师对我整理的讲演稿很满意，很少加以改动，一般是直接交由许止烦先生所创办的《佛化新闻》逐日发表，每日一篇，直至全部经书讲完为止。那时我的法名叫碧松法师，后来陈健民居士和国民党中央委员黄衡秋一起送我一副对联，上书："碧落苍天一色，松风明月同怀。"

一九三一年，我十五岁那年，镇江的红卍字会请太虚大师来讲经，

太虚大师法相,一九三八年大师将这张照片连同他的亲笔信一起寄给在西康德格求法的我。据说这是大师本人最喜欢的一张照片

一九三六年太虚大师（右持手杖者）在重庆讲经结束后与信众合影

我也去了火车站欢迎他老人家,他当时就下榻在我少年学习的地方——超岸寺。那次是我第一次见到他,印象很深,当时自己还是个小孩子,不知道他的名气有多大,也没有机会去亲近他。后来才逐渐知道在武昌有个佛学院,福建南普陀寺还有个闽南佛学院。这两个佛学院办得都非常出色,又都是他老人家创办的,为佛教事业培养出了大批的人才,可以说中国新佛教的干部多是从那里出来的,如后来著名的印顺法师等。到了武汉撤退,大师搬入汉藏教理院后,见大师的机会才多了起来,他时常为我们讲经,每次讲经只讲短的,不讲长的,因为我们有专门设计的课程。他老人家在汉藏教理院的讲经编在他的全书里,第一卷的第一册和第二册都是我做的笔录。那时我已经是教理院的高才生了,所以也有了亲近他的机会,后来更被他选中做记录。抗战时有个参政会,将全国各界的名流集中在一起,作为国家的咨询机构,南开大学的校长张伯苓和天主教的于斌主教都是主席团的成员。太虚大师以中国佛学会会长的身份参加参政会,每次开会期间由我和慧空法师(俗名李子宽,湖北人,国民党老党员,皈依太虚大师后,大师为其取法名慧空)代表太虚大师参加会议。

太虚大师出生于光绪十五年,浙江崇德人。父亲是泥水匠,家中并不富有,幼年时便失去了父母。大师俗姓吕,一生中他用过很多名字,写诗、著书用不同的名字,太虚的名字是最后定下的,这个名字也最广为人知。大师十六岁时就在宁波天童寺受比丘戒,按照僧制是要到二十岁才能受比丘戒的,但他没到年龄就受戒了。他年轻时便聪明过人,过目不忘,许多经文只要看上一遍即能背诵。为了学习佛法他四处参访,去各个寺庙听法师讲经说法。此后他到了普陀寺闭关三年,专心研究《大藏经》,终于大彻大悟。据他自己说,在闭关修习禅定当中他证到了不凡的成就,出现了天眼通、天耳通、他心通等神通境界,如果继续闭关下去,势必证到更大的成就。但他却出关了,为什么呢?他看到中国佛教事业的衰落，人民陷于苦难之中，他以一个佛弟子的悲愿之心，为了救世救民普度众生和振兴佛教事业而放弃个人成就的机会，毅然全心投入社会，投入到佛教所说的"五浊恶世"之中，为弘法利生而贡献自己的全部精力。

大师出关后开始四处讲经，此时对《大藏经》他已通达无碍，任何一部经拿出来，不需要细细准备，便能开讲。应邀去各大学讲经的时候，随时开口就讲，从不起草讲稿，经讲完了，从头至尾记录下来便是一篇流畅的文章。他讲经时语言生动，不仅能将经论旁征博引，融会贯通，更能在宣讲佛法时针对当今社会现实提出自己的见解与看法。大师的字、诗、文俱佳，在佛学上的造诣更是举世罕有，因此他的名声响亮，到处都有信徒，使他成为中国近代佛教史上最有影响力的人物之一。太虚大师发愿要振兴佛教事业，提倡新式的佛学教育和改革庙宇的制度，但在那个时代，中国佛教当中的保守派势力很强，大师改革的努力遇到不少阻力。什么是保守派呢？就是一切要依照祖宗所传的佛教规制办事，一个方丈的使命只是设法把自己庙子发扬光大，而不能涉入世事，更不要讲参加什么政治活动。辛亥革命以后，社会上不少人认为中国的佛教只强调出世，僧侣们只注重闭门修行，不关心社会，由老百姓供养，对于社会却没有什么积极的贡献，是消极迷信而不可取的。针对佛教事业日渐衰落的形势，太虚大师提出佛教面向社会，应该让所有的人，不论是出家人还是在家居士，都能有机会学习佛法，而不仅仅只是僧侣。他一生的宗旨是要建立人间佛教，或称人间净土，号召佛教徒们不要只顾闭门修行不问世事，只为着将来往生西方极乐世界，而应该积极投身于社会，行菩萨行，以实际行动救世度生，为改造社会振兴国家而努力，在这个"五浊恶世"中建立人间的净土。这说明他有改造世界的宏愿。

太虚大师年轻时便积极参政，他曾经是同盟会的成员，直到圆寂以前，他还准备组织佛教党，后来被蒋介石劝止。蒋先生对大师说，如今的党派已经够多的了，你再组个党将来很多事情恐怕不好办。太虚大师参政的目的绝不是贪恋官场，而是希望运用自己的政治地位和影响力来实现他人间佛教的理想，推广佛教的理念和事业。也正是因为他个人的名望和与党政要员们的私交，使得很多本来难以办成的事情在他那里能够迎刃而解。举个例子，太虚大师到陕西时，当地很多庙子的住持争先恐后地将自己的庙子捐给大师，因为这些寺庙常年受到当地驻军或保安队的侵占和骚扰，难以生存下去。大师于是写了个条子，将这些庙子全部接受下来，然后在见到张学良将军时向他提到了这个问题，张学良立即下达命令，今后军队不准骚扰庙宇。大师的一句话，即把这个难题解决了。以他和张学良将军的交情，谁再敢去打扰庙子岂不自讨苦吃？

国民革命军北伐胜利以后，蒋介石曾送太虚大师一笔钱，有七千多大洋，请他到美国、英国、法国各地去考察，周游世界。大师也去过东南亚各国，后来出了本书，叫作《环球弘法记》。他的一生博览群书，除了在佛学上的高深造诣，对于其他各派宗教的理论以及西方和印度哲学思想也很有研究，称得上学贯中西。他曾会见过很多国际文化和哲学界的名人，如泰戈尔等。泰戈尔称他为东方的哲学家。可以说大师的学生遍布世界。

我在太虚大师身边一年多的时间里，观察到他的为人和蔼可亲，没有一点架子，但也绝非随随便便，不论去什么地方，他始终保持着佛教徒应有的谦虚和风度。党政要员上至蒋介石、戴季陶等，下至各个地方的首长，几乎无人不认识大师。蒋先生在奉化有个祖庙，名叫雪窦寺，请太虚大师去做方丈，大师答应了，但只是挂名，偶尔去一去。蒋太夫人是个佛教徒，生前常去雪窦寺念经，念了很多《金刚经》，死后就葬在雪窦寺。雪窦寺后面有个妙高台，蒋介石每次下野，便去雪窦寺，看看母亲的墓，在庙前的高台散步沉思。太虚大师的弟子很多，不少弟子的法名都是以大字打头，如大刚、大勇、大慈、大慧等。他们之中有的曾是国民党的中央委员，有的是军长师长，被太虚大师感化，放弃了世间的名利，随大师出家。除了政府要员，各党各派的人也常来拜访，与他畅谈。诗人也来，希望从他这里得一些灵感。接见这些人时，太虚大师总是不卑不亢，送客时也不远送，送到客堂门口的几步即止。大师对人一律平等，毫无分别之心，不论谁请他讲经他都去。人们写信给他，不论是政要，还是平民百姓，只要抽得出时间他一定亲笔回信。

太虚大师不仅仅精于讲经说法，对世间法也很了解，只不过平常不大讲罢了。记得我曾经请大师看看相。他只说了一句：你的相够了。意思是相貌不坏，福报够了，不需要看了，可见大师是精通相术的。

太虚大师尽管是位显教的大师，但并不反对密教，而且曾受过班禅喇嘛的时轮金刚灌顶。但是当我的朋友张莲菩提翻译红教的《明行道六成就法》时，他写了一封信，表示反对。因为《明行道六成就法》是讲修双身的，大师认为这只适合在家居士，而不适合出家人。

太虚大师的人格是非常伟大的，是一个世纪中难得遇到的大德，他对中国近代佛教事业的发展贡献巨大，影响深远，他的"人间佛教"的思想启发了无数后人。很多人不了解他，称他为"政治和尚"，事实上，他的一生行的菩萨行，发的大悲愿，从不考虑个人的利益，是一位真正的如来弟子。大师圆寂以后，身体在火化时烧出了几百颗不同颜色的舍利，心脏不坏，成为一整块舍利，由此可见他老人家的功德和在佛法上的证境。大师有一首很出名的偈语，深刻地反映了他对于人间佛教的理念，偈语为："仰止唯佛陀，完成在人格。人成即佛成，是为真现实。"

准备入藏

在太虚大师讲经期间，我把自己赴康藏访求密法的志愿告诉了大师，征询他老人家的意见。我对大师说，我赴西藏，不仅学习和研究藏传佛教各派的经论和密法，同时也将考察西藏地方的地理、民俗和社会情形，以后将自己的考察结果著成书，为汉地的人民深入了解西藏提供帮助，如同唐代玄奘法师从印度取经回来后撰写了《大唐西域记》，此书成为后人研究印度历史和地理的重要文献。太虚大师对我的想法十分赞成，并且以中国佛学会的名义向政府推荐。这时中央政府已由南京迁往重庆，重庆一变而为抗战期间的后方基地。尽管此时前方抗战形势吃紧，但国民政府对边区开发还是十分重视的，为达到沟通汉藏文化的目的，政府特别制订了一个方案，即每年由中央政府和西藏地方政府各选派研究员两名，由双方政府拨出奖学金予以资助，分赴西藏拉萨及内地南京进行研究，为期五年，这个方案于民国二十四年（一九三五）开始立案并逐步实施。经太虚大师的推荐，我向主管这个项目的机关蒙藏委员会申请作为赴藏学者，当时蒙藏委员会的委员长是吴忠信，藏事处长是孔庆宗，第一科科长熊耀文。我的申请很快得到通过，按照政策，蒙藏委员会发给了我第一年的生活费和置装费约一千块大洋，我成为第一批第一个被批准的入藏研究人员。

由于抗战期间法币贬值，西藏地区生活程度实际高于内地，蒙藏委员会所发的资助显然是不够用的，我只好到处向朋友求援借钱，写信给张莲菩提及我在四川收的弟子杨学优等人请求帮助。张莲菩提接信后，即刻同根桑活佛商议，接济我大洋五千元，作为赴藏路费，而且答应以后继续接济，当时恰好根桑活佛在沙市传法完毕，返回四川，所以才有这样的机缘。

路费筹到后，接下来的问题便是选择入藏的路线。入藏有三条路线可走：一是海路；一是川康藏大道；一是由青海入藏。到底走哪条路最为便利，我自己一时无法决定。法尊法师是去过西藏的，第一次是由西康入藏；第二次是为迎接安东格西，取道印度，照理最应该向他请教。但他却极力反对我去西藏，说我这种身体肯定受不了入藏途中的种种磨

西康的女活佛

难,何况我不久前还患了肺炎,路上发了病必死无疑。他又表示实在舍不得我走,因为我是他翻译的好帮手,因此希望把我留在教理院翻译佛学经典。他曾对我讲:"我会把我平生所学全部传授给你,这还不够吗?"他还有一个理由是:西藏遍地冰雪,人民茹毛饮血,即便能到那里,你这种娇弱的身体恐怕也不能适应当地的生活。法尊法师对我当然是一片好心,但我已经下定了入藏的决心,因此不能去问他,只能想办法向别人打听。超一法师建议我先到康定,花几百块钱,买两匹骡子,一匹自己骑,一匹驮行李,跟随着运茶的茶商骡帮进藏是个容易的办法。悦西

曾参加入藏学法团的严定法师

格西则说，由康定走路途艰苦，你吃不消，最好是搭船绕道走印度，先到大吉岭，再到噶伦堡，请人雇两匹骡子，随着印藏的商人入藏，这样顶多三个礼拜就可以到达拉萨。我向根桑活佛请教时，他要我先随他回西康木牙乡他的本庙住上一年，因为他也准备到后藏去朝拜萨迦寺，到时可随他一道入藏。三个人三种意见，各不相同，每个人都有自己的理由，还是不知听谁的才合适。我只能继续多方向人打听请教，多数人倾向于我从印度进入西藏，既省事又快速，尤其是张莲菩提希望我与他见面畅谈西藏密教。于是我就委托杨学优先生办理出国手续，因为杨先生

正在成都为张府主人修升迁法的根桑活佛

是重庆银行界有名的会计师,有很多朋友在外交界服务,杨先生告诉我,从领取出国护照到得到英国的签证,中间需要等待一段时期,于是我趁机前往成都一游。

成都小住

我到达成都后,先下榻于少城公园内的成都佛学社,由社长谢子厚居士招待,谢居士是成都的地方绅士,高高的身材,胖胖的面孔,六十多岁,健谈而又风趣,是太虚大师的皈依弟子。佛学社所在地环境幽静,四周风景怡人,加以梵音嘹亮,真有身处人间仙境的感觉。

到达成都的第二天,我就去拜访悦西格西和严定法师,他们二位正在成都讲经,住在刘荫浓先生家中,刘先生原在川军中任旅长,退役后夫妇二人潜心学佛。我在刘家还结识了张少扬先生,曾跟随多杰格西学佛,是四川有名的政治家,历任川康军政要职,与刘文辉主席私交极好,刘正要请他去西康就任西康建省委员会秘书长。在刘府,我还见到了一位来自西康的年轻女活佛,特地为她拍了一张照片。在成都的第三天我就在严定、常光二法师的陪同下参观了武侯祠、杜甫草堂等名胜之地。我们参观这些名胜时既不骑马也不坐轿,而是坐一种独轮车,四川土话叫它"鸡公车",乘客坐在两旁,由一推车人用左右手推动一根横杠向前行走,速度很慢,一小时仅能推行二十里左右,尤其在小路上行走时相当危险。独轮车既可载人又可运货,所以适合在乡村小道上使用。

享受完独轮车的精巧与新奇之后,我又前去游览成都的第一大佛教丛林——文殊院,文殊院建筑宏伟,僧侣众多,僧规极严,常光法师曾是汉藏教理院监院,此时是文殊院监院,招待我素斋,那时根桑活佛也在成都,和他的两个侍者住在东大街的张家,为张家修法会。活佛对我说,张先生是四川省政府的官员,多年没有升迁的机会,所以为他修升迁法,西藏密教中有升官法、财神法等等,种类很多。根桑活佛仍然希望我随他去西康木牙乡,然后一道赴藏,我说我已请人代办赴印度的手续,准备由印赴藏。

在成都我还去拜会了超一法师,几年前初次见到他时,他应邀在镇江主持大白伞护国息灾法会。后来江苏无锡一个寺庙请他去做方丈,因为日本人打仗,结果只能回到他的家乡四川。以后他成为无锡圆通寺方丈,抗战后又移居到成都。超一法师告诉我说,他原是赴藏学法团的成员之一,因领导学法团的大勇法师在甘孜圆寂,于是决定只身赴藏求

曾在汉藏教理院任教的成都文殊院监院常光法师,摄于文殊院大殿前

法,去时是由西康赴西藏,回来时是取道印度返回,希望我能效法于他。我告诉他,我已决定由印度赴西藏。

在成都佛学界还遇见了祥瑞法师,他是扬州人,此时正在修一种法,需要闭关七七四十九天,称之为般舟三昧苦行,这是一种禅宗的法门,修法时二十四小时不睡、不坐、站立直至顿悟,时间长达四十九天,房子里只有一个扶手支撑。他听说我要赴西藏访求密法,预祝我一路顺风,早日返乡,弘扬密教,救度众生。

我在严定法师处又遇见当年跟随大勇法师参加赴藏学法团的天然法师,他没有能进入西藏求法,目前正在华西大学教藏文,此时正为缺乏教材教课而发愁,我向他赠送了几本藏文的教科书,希望能有所帮助,使他能培养出几个通晓藏语的人才来。

本光法师传奇

不久我从佛学社中搬出来,移到本光法师家居住。本光法师家是个四合院,他本是四川成都人,父亲和祖父都在清朝做过官,母亲与他住在一起,这位母亲并非本光法师的生母,而是他父亲的姨太太,但是他们弟兄几个仍然侍奉她。本光法师毕业于北京的柏林佛学院,院长为常惺法师,出家前曾受过高等教育,他虽然不是太虚大师的弟子,但他的佛学思想与太虚大师十分接近,希望改革振兴中国佛教。本光法师口才出众,在一次佛学演讲会上得了第一名。到了四川以后,我才体会到原来四川人善摆龙门阵。不论出家在家,人人皆能言会道。

本光法师在汉藏教理院教授普通班的学生,我们的私交很好,到了成都以后,我开始觉得这位法师总有些地方令人感到神秘莫测。他请我到饭馆吃饭或者到茶馆喝茶,四川茶馆中喝茶不用茶杯而是用碗,两个人一坐下,本光法师就将碗的盖子朝上往桌上一搁,马上就有人过来伺

碧松法师（邢肃芝），一九三七年在重庆讲经时摄

候，显得毕恭毕敬，招待得十分殷勤。用餐完毕，伙计告诉我们茶饭钱已经打点了，不用付账，走到任何一个饭馆都是一样。后来听人讲，本光法师原本是四川袍哥组织中辈分很高的人物，也就是大佬之一，以后虽然出了家，在袍哥组织中依然备受尊重，因此不论在何处都有人招待。还听说，本光法师同情共产党，与共产党的地下组织有联系，而且有内线介绍人到延安去。我几次好奇地向他打听，法师总是笑笑说，这是社会上的事情，你还是不要过问了。

  在本光法师家期间，接到重庆方面的来信，告知出国护照已经拿到，但是必须由我本人到外交部签字才能领取，然后再向英国使馆办理赴印度的签证。同时我又接到张莲菩提来信，他说你去西藏出发前仍可以有时间来沙市一聚，因为在十六岁那年我们在镇江分手以后，一直没有见过面，只是频繁地来往书信。我把一些难以携带的书籍和行李寄放在本光法师的家里，于一九三七年四月二十七日离开成都。四月二十九日下午到达重庆，杨先生到车站来接我，安排住在他家，第二天我们一起去拜访了国民政府外交部驻四川的外交特派员吴南如先生，请他帮忙向英国驻华使馆申请从印度转赴西藏的签证。当时的情形是，如果仅仅到印度，拿到签证不成问题，因为我是出家人，出家人拿签证到印度拜佛是件很容易的事。但是如讲明要从印度到西藏，问题就出来了，因为英国的签证官只能签发到印度的签证，而能不能从印度进入西藏却不是他所能控制的。我赴印度的身份是去那里讲学，申请起来并不容易，所以这次想通过吴南如这个老外交家与英国人打交道，希望求得英方的谅解。吴先生答应尽量帮忙，叫我耐心等候，一旦办妥手续，他会即刻通知我。得到他的允诺，我开始有了信心，于是决定东下赴汉口和沙市会见老友，同时等待签证的消息。

福缘轮上的向领江

这次沿江东下，搭乘的是"福缘号"客轮，正碰上重庆佛学社社长王晓西送他的外甥上船来了。外甥叫方召，是同济大学的教授，那时候同济大学已经搬到了湖南。因为他受舅舅影响，也常常听太虚大师讲经，所以我们之间原来就认识。他为了探望舅父母回到了重庆。王晓西曾对我翻译的佛学经典极为推崇，我所翻译的贡噶活佛所传授的《恒河大手印》在重庆重印了数次，读到的人非常多。此次王晓西和外甥在船上见到我非常高兴，于是把我介绍给了福缘轮的向兴发领江。向领江出身于贫困之家，从小跟父亲在长江上划木船长大，对从重庆到汉口这一带的水路了如指掌，夸张一点说水下的每一块石头他都摸过，因此被英国老板请来做福缘轮的领江。倾谈之下，又了解到原来这位领江是个虔诚的佛教徒，重庆狮子山福缘法师的弟子，"福缘轮"的名字就是他向英国人提议更改的，可见他的影响之大。向领江上了福缘轮后更加虔诚向佛，而"福缘轮"航行于重庆至汉口之间一向平安无事，从未出过事故，因此他常引以为自豪，并向人宣传这是他长期吃斋念佛的感应。

　　与我相识后，向领江立刻命随从把我的行李从统舱搬到他的房间中，以上宾之礼相待。抵达武汉时是五月初，正当台儿庄大战的捷报传来，武汉市民人心振奋，当时的武汉正承担着抗日大本营的使命，无数的抗日战士都是先云集到这里，然后再分赴各个抗日战场，因此武汉的市面显得格外热闹。这是我四年后第二次来到武汉，觉得武汉的市政建设却比几年前改观了很多。

　　我在武汉连续几天等待签证的消息，却迟迟没有音信，再打电报去重庆询问时，杨先生把英国使馆故意刁难的情形告知了我，原来英使馆提出了四个苛刻的条件：

福缘轮的向领江,身穿我的喇嘛服拍照留念

一、申请人必须预交大洋一百元,作为查询印度总督可否允许过境的电报费;

二、到达印度后无论能否进入西藏,申请人都不能在印度逗留过久,停留几个月以后必须要离开;

三、申请人必须保证带够往返的费用,不能以缺乏路费为由逗留在印度;

四、如从印度入西藏时受西藏方面阻挠入境,英方概不负责。

这四个条件杨先生都为我答应了下来,并代我交足了电报费,然而英使馆仍然拖延不签。为此我国外交部专门向英方提出抗议,抗议大意是说,西藏本是中国领土,派遣内地学生赴藏,早经西藏当局同意,英方不应以印藏边境有军事设施不容外人窥视为借口而故意刁难,阻挡

张伯烈（张莲菩提），我的忘年之交与施主，他曾将《那若六法》等英文密法法本翻译成汉文

内地学生经印入藏。可是抗议归抗议，签证还是没有签下来。我心里明白，再等下去恐怕不会有什么结果，于是我打电报给杨先生，请他停止办理。自己下定决心再回四川，经由西康入藏，走这条大家都认为是最艰难的路。

五月下旬，我到达沙市，由好朋友张莲菩提招待。张公馆位于沙市海关旁边，是一栋三层楼的洋房。张莲菩提中英文俱佳，服务于海关多年，又曾当过海关学校的校长，学生遍布各大港口的海关税务司。我们两人当年在镇江护国息灾法会上相识，那时我只有十四岁，而张莲菩提已经三十四岁了，以后彼此虽然没有机会再次见面，但一直保持书信来往。张先生皈依诺那活佛，对红教、白教及花教的密法都有精深的研究，公余之暇，将英文的藏密典籍译成中文出版流通。这些经典印制得十分精美，是张莲菩提自己出钱印制的非卖品，其中有《中阴救度密法》《拙火六种成就法》《恒河大手印》以及《二十一尊度母礼赞经》等。每翻译一部分经典他必定先寄来重庆，请我按藏文进行核对，检查是否有明显的错误，核对无误之后，才正式出版。我到沙市后，张莲菩提设宴招待，席间都是研习密教的人，有一位张纯子先生是武汉大学教授，研究子学的名家，老先生矮小瘦削，精神很好。讲起密宗，他表示自己不太喜欢西藏的黄教，因为黄教对于传授密法的戒律很严，没有精通五部经典或没能受持三昧耶戒的人，不能研究密法，这样必然造成教育行为曲高和寡的局面，对于弘扬密教没有好处。他希望我到西藏后多多学习红教、白教和花教的密法。

二十五个比丘尼

不久我听到新闻报道，前方战事不利，武汉的情形正慢慢变得危急，于是请张先生代购一张船票赶回武汉。本来赴武汉并不需要买船票，由于张莲菩提是海关领导，海关人员只要看到赴武汉的过往轮船，就拦住命它停下，然后用海关的名义把我送上客轮，轮船大副一看是海关送上的人员，马上主动安排在大舱间招待。所谓大舱间就是单人房间，里边西中餐可随意选择食用，相当于头等舱。我在"福缘轮"的时候也是这样，一人住一间房，早饭是西餐，午餐晚餐都是四菜一汤。所以方教授打趣对我说，还是学佛好啊，到哪都是头等舱待遇，我们这些教授住的还是统舱。

这时日军的地面部队和海军的舰艇已经逼近武汉外围，海军已突破马当封锁线，一时间风声鹤唳草木皆兵，武汉的卫戍司令开始强制执行人口疏散的命令。一个一百多万人口的大城市，一旦发出撤退命令就不得了，居民潮水般地四处逃向城外，每天都有数万人撤离武汉，船票如黄金般地珍贵，真可谓一票难求。我一见这种情形也十分着急，赶紧去打听船票售卖的消息，跑遍了所有轮船公司，都说船票早就卖完，没有办法，只有焦急地等待下次从重庆返回武汉的福缘轮。恰在这时，武汉城内正有一批年轻的尼姑，大概有二十五人，听到日寇凶暴残忍，奸淫烧杀，无所不为，个个惊恐万状，急着到四川去避难，正在因为找不到交通工具犯愁。当时苇舫法师正主持武昌佛学院，听说我要回四川，于是委托我务必把这批尼姑带出城去，将她们安全送回四川，这真是个艰巨的任务。福缘轮一抵达武汉，我马上和苇舫法师一起去见向领江，请他无论如何帮忙在福缘轮上腾出舱位，让这批尼姑上船。向领江虽然十分为难，还是即刻答应了下来，本来福缘轮正舱中已经没有任何可以容纳乘客的位子，但向领江灵机一动，想出了一个好办法。原来这次航班中福缘轮准备运送一批棉纱返回四川，向领江设法把底层货舱中堆放的棉纱压平，这样就在货舱中硬是腾出了一块空间，这二十五个尼姑就坐在被压平的棉纱上面，终于解决了座位问题。向领江把位子安排完之后对我们说，一切都妥了，开船的前一天晚上你们来上船吧。上船以后又是因为向领江的关系，轮船公司不但不收船票，而且免费供应伙食，实在是难得的因缘。就这样我带着二十五位尼姑在夜色朦胧中离开武汉，波浪的冲击声和马达的轰鸣声回荡在人们的心头，国难当头，前途渺茫，每个人的心中都是无比地沉重，而自己脑海里只觉得世事无常，不可预料。经过七昼夜的航行，轮船到达了重庆，我辞别了向领江，感谢他一路照应，祝福他诸事如意，平安吉祥。

第三章

❖

步入西康

嘉定遇贵人

在重庆上岸后，我将行李交给四川旅行社托运，向人打听西行的距离和时间，准备顺路去嘉定，一方面朝佛，另外也想找一些关系为我入藏提供方便。这时重庆地方当局为减少日本飞机轰炸造成的伤亡，已发布了疏散人口的命令，居住在重庆下游的人口要分批向邻近地区疏散，嘉定也是疏散地之一，所以往嘉定逃难的人也不少，小小一只几百吨位的浅水轮上挤满了乘客和行李。在嘉定消磨了两天后，第三天遇到了冀范九先生。冀先生曾任二十四军的交通处长，退休以后隐居嘉定，潜心念佛。经他的介绍，我认识了前边防军总司令孙养斋先生。以前曾听说孙先生也是一名佛教徒，大勇法师当年率领赴藏学法团入藏时，他曾帮过不少忙，因此自己入藏也希望见一见他。此时孙先生正在创办一间纸厂，住家则是典居王芳洲的房子。王芳洲曾当过国民党政权最后一任四川省主席，外号"王灵官"。王在晚清时曾任川军总督彭日升的下属，民国六年（一九一七）十三世达赖喇嘛乘辛亥革命满清王朝被推翻、国内形势混乱之际，靠着英国人提供的武器指挥藏军扫荡驻昌都的清军，清军在无后援的情况下被藏军击溃。王芳洲先生于是回到四川，慢慢地成为四川军阀之一。抗战胜利后，他当上了四川省主席，但却好景不长，一九四九年解放军进驻四川，他准备化装逃走，在叙府被俘，成为刘伯承将军的阶下囚，这是后话了。

我由冀先生引见，拜访了孙养斋先生。时间可能太早了一点，孙先生刚起身，经冀先生为我介绍，孙先生一面聆听，一面吸着水烟，我们的谈话引起了他不少对往事的回忆。他说，当年大勇法师的学法团要由此道进入西康时，他的司令部正设在雅州。那时洪雅一带的土匪非常猖獗，为了法师们的安全，他特地派遣一队步兵沿途护送。我听了心里一惊，担心洪雅这条路至今还不太平。接着他又说，现在洪雅这条路已比较好走了，从前可真是匪巢。我这才松了一口气。接着我告诉他，我现在正准备由洪雅这条路到雅州去再转康定，不过沿途道路生疏，可否请先生介绍好友帮忙指点，孙先生满口答应下来，表示将为我写几封介绍信，送到我住的旅馆。

辞别孙先生回到旅馆后，我脑海里不停地涌现出孙先生的形象：瘦削的面孔，中等的身材，唇边留着几根胡须，目光慈祥而柔和，看上去不像个军人，倒是有几分学者风范。正在沉思的时候，孙先生忽然踏进了我的卧室，递给我几封介绍信，并说："我自从辞去总司令之后，迄今已有多年了，很少与政界往来，所以不便多作介绍，这几位是我的好友，他们定会鼎力相助的。"我看了看他为我写的介绍信，一封是给雅安的茶商夏永昌的，一封是给康定县长杜履谦的，再一封是给康定跑马山大刚法师的。这几封介绍信都很有分量，有这样一位贵人的相助让我增加了不少信心，于是立刻由嘉定起身，前往下一站雅安。

雅安风情

由嘉定到雅安本有一条便捷的公路，乘汽车两天可以到达。另外还有一条水路，可以搭乘岷江上游特有的竹筏子。所谓竹筏子，就是将数百支长竹竿绑在一起，编成竹排，后面加一只舵，左右两边有几个人连划带撑，遇到浅滩或逆流，这些人就会一起上岸用力牵挽；等过了浅滩，再跳回竹筏子上，撑筏顺流而下。

但这次我是要走夹江至洪雅这条路，也就是所谓的小川北。小川北过去是闻名的匪区，因为地方偏僻，山岳纵横，加上人民生活困苦，难以谋生，于是便有人铤而走险，干起了拦路抢劫的勾当。这几年来，已经比较平静了。我本是一个穷学生，没有什么好打劫的。但为了安全起见，我还是特意购买了几只麻包，将行李都套上一只麻包；人呢，则穿双草鞋，戴顶草帽，跟在行李后面步行。

经过夹江县城、木城镇，天黑以后才到了洪雅。洪雅城里的市政建设还不坏，虽然是晚上，街上仍很热闹。街边排列着各式小吃摊子，灯火辉煌，顾客熙攘拥挤。我在街上找了一家清洁的旅馆，坐定以后，才想起由嘉定到洪雅一整天还没吃饭，刚准备到外面吃一顿便饭，忽然旅店老板悄悄地对我说：前天县政府下了一道命令，禁止吃肉，说是为了纪念七七抗战，客人你千万不能吃肉啊。我到洪雅的这天是六月三十日，距七月七日还有一个星期的时间，却被禁了肉食，想来实在可笑。回到旅馆后，抚摸着双腿，虽然有点酸痛，但觉得很安慰，因为我这天整整步行了六十七公里。

洪雅距雅安有六十一公里，道路崎岖不平，人力车不能通行，只能以滑竿代步了。我在街上雇了两部滑竿，计划用一部抬行李，一部坐人，以便休息一下疲劳的双腿。可是抬滑竿的苦力都染上了很深的鸦片烟瘾，一拿到我付的定金，马上先去解决黑饭问题。等到这四人过足烟瘾回来，雨已经下得很大了，我只好穿上雨衣，戴上雨笠，冒雨离开了洪雅城。出城还没走到十公里，就在一个小村子上打尖，一个抬滑竿的苦力得了我的五毛钱小费，就乘机溜了。只剩下三个人不能抬两部滑竿，我自己只能步行了。这一路到处河流纵横，这些河流多半是季节性的，夏季山洪暴发或遇上大雨倾盆时，低凹的地方就会积水成河，水并不深，但河面却是波涛汹涌。抬滑竿的人轻车熟路，知道哪里深，哪里浅，哪里可以过河。

　　由洪雅到雅安城一共涉渡了大小河流十几条，也翻越了一座较高的山。渡河没问题，怕的就是过山，因为山岗之中到处分布着土匪的巢穴。这一带的土匪分为两种，其中一种是客串性的，就是那些抬滑竿的和背货的苦力打劫客商。苦力之中，背货的苦力可以说是苦力中最苦的苦力，人称背背子。所谓背背子，就是身子背后背负着各种货物的苦力，有背茶叶、土布、芋叶等土产，运到雅安去加工或销售的，其中多以茶叶为主，刚从茶树上采下来的生茶被装在一个大竹篓中，用苦力背到雅安的茶厂去烘制加工，每背茶的重量在一百五十斤左右。苦力手中拿着一根短棒，长途跋涉途中，休息的时候，就把这根短棒支撑在茶背子下面，伫立在道旁休息，有时因为过度疲劳，站着都可以睡着。就这样休息几分钟后，将短棒抽出，再继续前进。从洪雅到雅安的途中，见到的这种茶背子可以说是不计其数，看着这些当牛做马一般的苦力，让人心酸。幸运的是，我们平安地翻过了山岗，没有遇到打劫的。

　　到达雅安已是中午，正是盛夏时候，天气酷热。我冒着似火的骄阳进入雅安城，直奔夏永昌茶行。老板夏先生曾在二十四军担任过要职，弃军从商已经多年。夏先生看上去约五十开外的年纪，体格魁伟，念完孙养斋先生的介绍信后，他就招待我在他的店中住下。我趁机询问关于进入西康的手续如何办理，并请他协助，他要我放心，一切由他代办。

雅安城区并不大，横躺在两条河中间，周围群山环抱，从南到北，只有一条街道，街的南端比较繁华，也就是雅安县的商业中心。各种商店、旅馆、饭店以及两家银行都在这条街上。另外还有电报局、邮局及一所警察局。平时街道上来来往往的人也不少，还有很多骡马驮着茶叶及土产。很多康藏的商人来到雅安采购货物，使这里的市面非常活跃。小小的雅安城能如此地繁荣有它特殊的原因：第一，雅安是进出西康省的咽喉，凡是要往来康定和宁属八县的人，都必须经过这里，所以这儿的旅馆业、饭店业以及运输业都很兴旺。第二，雅安是水陆交通枢纽，除了有一条直达成都的公路外，还有一条公路和水路可以直达嘉定（乐山），此外雅安到康定的公路此时也正在修建中。第三，由于雅安是西康省货物进出的吞吐口，因此它对于西康的经济格外重要，西康的经济活不活跃，就要依据这儿的商品吞吐量的多少而定。因为西康除宁属八县农产品外，全省没有任何工业，所有的日常用品都要由四川输入，其中川茶及布匹尤其是大宗。雅安人经营茶叶生意的除夏永昌外，还有五六家之多，而且规模都很大。因为川茶是康藏老百姓日常生活必需品，而康藏地方政府、四川省政府每年征收茶税也是一笔很大的数字，这些税收都靠荥经、雅安及小川西所产的茶叶。至于康藏输出的土产，如麝香、鹿茸、兽皮、虫草等各种药材及黄金等等，也经过雅安而运销各省，所以雅安虽小，实际上控制着西康省的经济命脉。

雅安是茶叶加工的大本营，康藏所需要的茶叶，都由这里输出到康藏各地。绝大多数康藏的老百姓虽没有到过汉地，不知道汉地的情形，但都知道打箭炉（康定又称炉城）和雅安这两个地方，正是因为茶叶的关系。当时在雅安经营茶行的，比从前多了好几家，这是因为川茶的色香味普遍受到广大康藏人民喜爱。英国的东印度公司在很多年前就在印度和锡兰种植茶叶，希望打入康藏的茶叶市场，可直到印度宣布独立，都始终不能与川茶竞争，因为川茶在康藏人民的生活中已经成了必不可少的用品，而且印度茶在色香味上都无法与川茶相比。

雅安的几家大茶行，每天都有成千篓的生茶和上万块的熟茶砖输入输出，尤其在春夏两季的产茶期最红火。住在永昌茶行，我每天看他们不断地收购生茶，茶叶堆积得像小山一样；再将生茶摊开，先在阳光下曝晒，晒干后用筛米的筛子将泥土和杂质筛出；然后由女工拣出粗枝及杂叶，接着就开始进行煎炒烘蒸的程序，最后制成茶砖。每块茶砖打上字号及商标，用土黄纸包装，每包约十斤，用人力或牲口运到康定的分行中去销售，也有将生茶运到康定再进行加工的。大多数的康藏茶商因为气候和语言的关系，只到康定而不来雅安。大茶商每年到康定买一次茶，每次采购上千或上万驮的茶叶，每驮约五十斤，用生牛皮打包，接缝的地方用猪血涂抹，防止被雨水浸湿，外包牛皮晒干后，就用牦牛和骡马运往各地。每一个大茶商每次来康定时都带有大批牲畜和夫役，每个夫役身上背着步枪或毛瑟枪，腰间还挎着一把腰刀，用来防盗。康藏地方，人稀地广，政府的势力有限，商人只好想法子自己保护自己。

我到雅安的当天正赶上大热天气，第二天天气突然转凉了，原来这里的气候多变，天晴就热，一下雨就凉，民间的谚语说："清风雅雨旱荥经。"就是说汉源地方风大（汉源县又名清溪县），雅安多雨，荥经少雨所以常旱。天一转晴，我便立即抓住时机，请夏老板代雇一部滑竿，这次我特意嘱咐抬滑竿的人不允许抽鸦片，因为有了上次的教训，知道抽大烟的苦力不但瘦弱无力，而且随时会逃跑。至于行李，就托付给新康合作社运输股代运到康定去。办妥一切，我辞谢了夏老板，直奔康定而去。

炉城观俗

从雅安到康定一共有八个站，当地人告诉我这一路需要走整整八天。我们先到荥经县，越过一条名叫七纵河的河流，据说这里就是当年诸葛亮征南蛮时初擒孟获的地方。继续向前，便是山势险恶的大相岭，山中不仅路窄坡陡，遍地泥泞，而且大雾弥漫，视线最多只有十来尺，令人觉得阴森恐怖。下坡的一段是最危险的地方，常有盗匪和猛兽出没，盗匪抢人，猛兽吃人，路旁到处可见人兽的骸骨。好不容易平安翻过此山，经过了汉源县，前方不远又遇到猛虎岗和乌鸦岭，猛虎岗据说因有猛虎出没而得了这个名字，乌鸦岭则是终年阴雨茫茫，道路沿着峭壁盘旋而上，又险又滑，行人一旦失足，就会摔进万丈悬崖。我连续几晚修大威德金刚法，祈求佛菩萨保佑。就这样经过七天惊心动魄的旅行，到了第八天，康定城终于出现在我的眼前。

康定原名打箭炉，俗称炉城。相传三国时诸葛亮曾派遣将领郭达设炉在此造箭，因此康藏人民多呼此城为打箭炉，而不习惯康定的称呼。即将到炉城时，我见到一种特别的景色，就是周围的山顶上有很多玛尼石堆，上面挂有大大小小五颜六色印有西藏经文的旗帜，随风飘扬，十分别致，让人感到藏族佛教文化的特征。由东门进入城内，景致更是形形色色，一条狭长的中山街上，挤满了各色各样的人物，尤其是康藏男人女人的装束最为引人注目。男人的装束就像中古时代的骑士，头上盘了一条大辫子，两耳戴了很大的松石耳环，身上穿的是很宽大的或红或黑的氆氇袍子，脚踏长筒牛皮靴，腰间佩一把长柄宝刀，雄赳赳地在街上大摇大摆地走动。女人的装束，也很特别，头上盘绕一条大辫子，辫尾用红绿丝线绑牢，或将头发分打成多条小辫子，披在脑后。脖子上佩着项链及金或银制的尕乌小佛盒。内穿粉红色或大红色府绸衬衫，以及布质内裙，外罩呢子或氆氇制的长袍，腰上扎红或黄的各色绸带。西康妇女大多能操持家务及经营买卖，有时丈夫外出经商几个月，家里家外全凭妻子打点，井井有条。初到康定，看到人们的各种打扮感到很奇特，这里的人形形色色，很多人通汉藏两种语言文字，多数信仰喇嘛教，把康定点缀得多彩多姿。

康定不仅藏族人多，汉人也不少，此外还有一些外国人，因康定是西康省的政治、军事、经济和文化中心。省政府及所属各机关都设在这里，二十四军的军部及所属师部也在此驻扎，国民党中央在这里也有分支机构。这里又是川茶外销的中心，西康出产的兽皮、鹿茸、麝香、虫草等药材及黄金等等重要土产，均由康定销到外省各地。所以康定汉族商人中有川帮、滇帮、陕西帮、山西帮等等，川滇帮以经营茶叶为主，陕西帮以山货药材为主要业务，山西帮专做金银汇兑的生意，各有雄厚的资金及根深蒂固的生意基础。

抵达康定以后，找地方住马上成了大问题。康定是抗战时期大后方的边城，这里一切都很落后，全城没有一栋新式建筑，没有一间大旅馆。这时城里所有可以招待过客的客栈都已经爆满，原来是国民政府的专使——考试院院长戴季陶率领的一批党政要员正经过此地，准备前往甘孜，代表中央政府致祭不久前圆寂的第九世班禅。

在西藏的历史上，班禅额尔德尼与达赖喇嘛不论是在宗教或政治上均拥有相等的地位，都是西藏的最高精神领袖。达赖在拉萨统治前藏，而班禅则在日喀则管理后藏。历史上班禅曾几次担任达赖的老师，也曾经在达赖圆寂时主持前藏的事务，负责选择达赖的转世灵童。宣统二年（一九一〇）十三世达赖喇嘛与清军交战失败逃亡印度后，九世班禅额尔德尼由后藏移居到拉萨，代理达赖职权，主持全西藏的政教事务，因此引起达赖的怨恨，以为班禅有意篡夺他的权益。于是达赖回到拉萨以后，便开始不断向后藏施加压力，逼班禅增加纳税。后藏无论在军事上、政治上、还是财力上，都无法与前藏相抗衡。在满清时代，清朝政府为了维持班禅与达赖之间的势力平衡，达到相互牵制的效果，对班禅给予较多的扶持。但辛亥革命后内地的政局混乱，班禅失去了中央政府的靠山，为避免受到达赖的迫害，于一九二三年十一月十五日夜晚化装成平民，率领少数僧俗随员逃亡到内地。当时国内军阀割据，四分五裂，九世班禅先往内蒙古各地传授密法，因内蒙古的老百姓深信黄教，他因此受到当地人民的热烈欢迎，不少老百姓甚至将一生的积蓄奉献给班禅以求得福。国民革命军北伐成功，国民党定都南京以后，中央政府逐渐开始重视西藏问题。一九三四年，十三世达赖喇嘛圆寂，中央希望借此机会恢复九世班禅大师在后藏的权益，同时希望班禅主政，恢复汉藏关系。于是中央政府于一九三五年特派山西军人赵守钰为护送班禅大师专使，率领上千人的仪仗队准备送班禅返回西藏。但这一计划却遭到了英国政府的极力反对，同时西藏地方政府加以重重阻挠，以各种借口阻止班禅大师返回西藏，加上此时国内政局不安，继而抗日战争全面爆发，国民政府已经无暇西顾，班禅大师只能滞留在内地。几年当中他从内蒙古到北京，继而到江南，最后到青海，辗转各地，岁月蹉跎，延至一九三七年十二月一日，班禅大师圆寂于青海的介古多，回到西藏的愿望始终未能实现。

大师圆寂后，赵专使及班禅大师行辕的工作人员将大师的灵躯移到康北甘孜，中央政府特派戴季陶为专使前往致祭。戴先生一向信奉佛教，曾在杭州接受班禅大师传授时轮金刚密法灌顶，以他的身份和与班禅的因缘，确实是中央特使最适当的人选。戴季陶这一行浩浩荡荡，除了几十个随员，还有负责护卫的中央宪兵一个连，军乐队一队，交通部无线电台一架，医疗队一组，声势浩大。于是康定所有汉人经营的旅馆都被他们占用。这样一来，我只有动脑筋去找锅庄投宿了。

所谓锅庄，并不是贩卖烹调用的铁锅，而是康藏人的寄宿旅馆。锅庄有大有小，靠近中山街一带的，是小型的；散布在郊区或背街的，是大型的。小型的只能住几个人及几匹骡马；大型的不仅能招待数十人，还可以堆积货物，拴圈百匹以上的骡马。但不论大型或小型都很简陋，房间内除一两副羊毛垫子、一个火盆、一把泥茶壶而外，不提供其他的物品。康藏人出门旅行都是自带卧具，自备炊具。卧具通常都安放在马鞍子下面，炊具则装在马背袋里面。把身上穿的长袍子脱下来，就可以当被子。锅庄的主人不仅管理旅馆，招待来宾，还代客买卖。客人所要买进或卖出的货物，他从中抽取佣金。

我在锅庄中住了三日，觉得每个锅庄都各有地区特色，例如康北德格一带的客商，大都是投宿白家锅庄，而康定附近木牙乡来的客商，大都是寄居罗家锅庄。其他如南路理塘、巴塘等地，都有自己的锅庄，康藏人民也像汉人一样有很浓厚的乡情观念。住在锅庄的人，客居无聊时，也有一种娱乐方式，叫作跳锅庄。就是召集一班善于歌舞的男女围成一圈，男女一唱一和，载歌载舞，常常闹得通宵达旦。主人则用藏酒及干牛肉、葡萄干、杏脯等物招待，或直截了当给康洋作为酬劳，跳锅庄在西康各地颇为盛行。又有一种叫跳弦子的，弦子是一种西康乐器，好像汉地的三弦，用手指弹拨。女子则随声歌舞，歌声清脆，抑扬顿挫，颇为悦耳。西康人爱好音乐，民间有不少能歌善舞的艺人。西康自满清以来汉藏交流增多。民国以后，各县有县政府、学校、医院、税卡、邮局、保安队等机构，二十四军入康后，为了维持地方治安，在各重要的县都驻扎了军队。各县的公教人员，除少数康人外，大多是汉人。康定又因为是西康省政府及二十四军总部所在地，汉人更多。康定汉人的服装，商人多穿着长衫，公教人员则多穿中山装，一般汉人妇女则多着旗袍，形成了康定的又一特色。

西康在满清时代，已推行汉文教育，但结果并不理想，这是因为受到地区、民族、喇嘛教势力及经费四者的限制。康定汉人虽多，却没有一所高等院校。康定仅有中央政治学校康定分校一所、师范两所，和几所普通小学。这里没有设备完善的中学，学生如想深造，只有转学到成都，非常不便。其他的公共设施如图书馆、体育场、文化活动中心及公园等虽有几处，但设备简陋。康定的宗教有天主教、基督教、伊斯兰教等，而以喇嘛教为主流。康定周围有九所喇嘛寺，其中黄教两所，萨迦教一所，红教六所，寺中喇嘛多时可达一百二十人，少的仅有十几二十人而已，均受西康人民崇拜。西康建省当局不干涉人民信仰，刘文辉的治康方针是尊重康藏人民宗教信仰，并加以赞助，除用金钱补助西康境内喇嘛修建寺庙、刻印经文外，每年还派手下的参事前往拉萨布施三大寺喇嘛，以表示他本人崇信佛教的诚意，也设法赢得当地老百姓的尊敬。西康地区本就民性强悍，同时思想闭塞，再加上语言的隔阂与当地特殊的风俗，各族之间遇到事情，如果沟通不够，很容易发生冲突。满清时总督赵尔丰及尹昌衡的治康政策，民国革命后已不适用于当地，所以我对刘文辉的治康方针颇为赞赏。

我在康定城内外没有看见汉人佛寺，也没有见到穿袈裟的汉人和尚，倒是在街上见到不少为人祈福诵经的喇嘛和为人念经的尼姑。喇嘛们敲着铃鼓法器，坐在居民的佛堂内为主人修法、祈祷、修福、驱魔、荐亡，西藏密法中有这些专门的法。修完一天或几天的法后，主人会献上哈达及供养金钱，作为酬报。如果请的是大喇嘛或大活佛来家修法，报酬会更高，普通人家一般是请不到，也请不起的。至于请尼姑诵经就便宜很多。还有一种是半僧半俗的女尼，不请自到，来你家门口诵经，主人只给一些微薄报酬，然后她再去第二家。

紧要关头贵人相助

康定除了西康人的喇嘛寺外，还有一所汉人喇嘛聚居的跑马山寺，坐落在跑马山山麓。跑马山的得名，是因为西康人每年有赛马的风俗，竞赛的地点就在这座山上。山并不高，但山势险陡，站在半山腰就可以俯瞰康定全城。靠了当地人的指引，我上山找到了这座寺，寺庙的建筑很简单，几栋瓦房，四周有矮墙围绕着，既没有黄瓦，也无金顶。进入寺内，由一位喇嘛引导，见到了大刚法师。

大刚法师原籍湖北，出家前的俗名叫王又农，曾担任过湖北省政府秘书长，后来从太虚大师出家。一九二五年五月，太虚大师的另一位弟子大勇法师在北京发起组织赴西藏学法团，以到西藏学习密教为目的。大刚法师响应大勇法师的号召，参加了学法团，这个团同时得到中国佛教界不少居士的大力支持。支持的人士有汤乡铭、赵恒惕、陈元白、胡子笏等名流。学法团团员包括大刚、超一、法尊、严定、观空、密悟、密慧、密严、密吽、恒演、广润、天然、段克兴及满空法师等。一行人从北京出发浩浩荡荡西行，沿途地方的政要都出来迎接。也正因为他们的声势浩大，惊动了西藏当局，生怕这个团有什么政治目的，于是下令不准他们进入西藏，求法团被迫滞留在西康的甘孜。到达甘孜后，大勇法师因病圆寂，学法团顿时失去了领导，成员只好各谋去向。法尊、超一及段克兴三位法师自己去了西藏。而大刚法师则率领观空、严定、恒演、密吽等返回康定跑马山等候机会。我前往拜访大刚法师时，密吽已返俗，严定已往成都，广润、恒演、密悟三人去了西藏，密慧在甘孜东古寺。留在山上的团员只剩下几个人。大刚法师仿效西藏喇嘛死后转生的仪轨，为大勇法师寻找转世灵童，结果在康定的一个藏族人家找到一个灵童。据我的观察，这个行动包含有三重意义：一是继续大勇法师的生前遗愿；二是在中国佛教界树立一种新形象；三是可以向国内佛教居士继续募捐以支持跑马山的道场。

康定的气候确比四川内地早寒，在康定，当时的季节虽然还是中秋，却已有人穿皮衣、烤火炉了。大刚法师正披着一件皮大氅，坐在一张藏式的短榻上，旁边另一张短榻上，坐着大勇法师的转世灵童，相貌端庄严肃，皮肤白皙，很像汉人家的孩子，正在那儿念诵藏文仪轨。我依照康藏风俗，先递上一条白色的哈达，然后表达了自己对他的敬仰之意，同时递上了孙养斋先生的介绍信。

本来我拜见大刚法师的目的，是想探询一点关于出关的知识，并请他帮我寻找一个出关的同伴。法师向我解释说，从康定西行不比内地，没有滑竿可雇，没有旅店可以打尖歇宿，除按站支取乌拉外，其余一切便利都没有。千里荒原，四下不见人影，肚子饿了，要用石块架起锅灶，捡拾干牛粪烧茶煮食。天下雨了，或落下冰雹，要撑起帐篷或用厚毛毯做成的雨衣雨帽连头带身子从马头到马尾全部覆盖住，以免被鹅卵石大的冰雹砸伤。高原山地因为海拔高，夏季多雷雨，雷电交作，身前身后好像被闪电缠绕，非常危险，因此平时汉人身上穿的不适用于康地。旅行时要置备皮帽、皮袍、皮裤及皮靴，以防寒流袭击；还要准备厚毡帽、毡斗篷，以遮雨遮冰雹；一张熊皮毯子，以防潮湿。此外马鞍子、马辔、马袋这些东西也要自备。还要自己携带锅瓢碗筷、油米盐酱醋茶等以便烹调。一切就像组织一个行军家庭。

我听了大刚法师讲的情况，觉得很为难，关外唯一的交通工具是乌拉，而乌拉的支取，又不能随求随应，驮子多了，在转运上就发生困难。况且一个人经过整天在马鞍子上的辛劳，两腿已是酸痛不堪，到达驿站的时候，哪有体力再烧茶煮饭呢。踌躇了一会儿，我对大刚法师说，自己是孤家寡人西行访求密法，财力和人力都有限，是否能找一个可靠的大骡帮同道出关，这样可以有个照应。康藏的道上，每年六至九月间都有运茶的骡帮，由康北，或由康南前往西藏，和这些骡帮同行可免掉许多麻烦。法师摇了摇头，原来我到康定的时候，这些骡帮已提早离开了。据大刚法师说，唯一的办法只有设法挤进戴季陶院长的行辕队伍中，和他们一起去甘孜，然后再由甘孜转往西藏。但是戴院长行辕在四十八小时以内就要启程了，时间太仓促，恐怕不大好办。我听到这条线索，立刻振奋了起来，不管怎样也要准备试一试。于是请大刚法师写了一封介绍信，亲自去求见戴院长，以期在最短时间里解决我的同伴问题。

在去戴行辕的路上，我的脑海里忽然显现出两个人的影子，一个是蒙藏委员会的藏事处处长孔庆宗先生，另一个是考试院的总务处长陈静修先生。这两个人我在重庆时都会过面,而且陈静修曾答应过我,在我赴西藏时将予以提供便利和帮助。我灵机一动,决定立即去拜访这二位先生。当时戴院长的行辕设在康定南门附近一所小学内。我一踏进行辕大门,就遇到孔庆宗。他见到我很惊讶,问我,你原是走海道到印度去的,怎么又到康定来了?我告诉他,由印度转藏的签证出了问题,而且武汉局势又很紧张,所以我打算由西康入藏。孔先生听我说到武汉局势紧张,生怕我在见到戴院长时说出来,赶忙嘱咐我不要把武汉的情形告诉戴院长,因院长正卧病在床为国事担忧呢。接着孔先生就招呼我和戴季陶的总务处长陈静修见面。当陈先生知道我的要求后,叹口气说道,唉!可惜太迟了,要是早几天,还能想办法。我们现在一切都准备好了,骡马帐篷都已分配就绪。你如果不信,就请看看这幅平面图吧。他指着平面图比比画画给我介绍说,这是院长的大帐篷,这是各部随员的营幕,简直挤得满满腾腾,我实在是帮不了你,真是抱歉极了。于是我只好又望望孔处长,孔处长又去请考试院秘书长许崇灏先生和我见面。许先生对我说,你要出关,我们是应当帮忙的,不过具体的办法,还得和院长商量,待商量定了,我再通知你,或者明晨你到行辕来听消息。

　　第二天清晨八点左右,我就赶到行辕打听消息。因时间还早,先生还未起身,秘书要我下午去大刚法师那里相见。我心中打了个问号,为什么要等到下午才做决定呢?无可奈何,只好等到下午再前往跑马山,我刚坐下不足二十分钟,秘书长和陈天锡先生也到了。先生对我和大刚法师说,我们并非不欢迎碧松法师同道出关,但有几个难处:(一)我们行辕全体人员都是吃荤,碧松法师是素食,饮食上多有不便;(二)我们行辕人员是穿中山装,碧松法师是僧服,服装不一致;(三)戴院长待人很客气,我们不能怠慢了他。以上三条理由使得我们无法帮忙,况且与我们一起,被西藏当局知道了,反而可能增加他入藏的阻碍,所以我与院长商量后,院长嘱我携赠碧松法师大洋一千元,作为资助,并嘱咐慢慢等待机会再出关去。我听了感到非常失望，再读戴季陶的亲笔信，感到语气又非常诚恳，于是我在当晚回复了一函，谢谢他的盛意。

出关的事看来是希望渺茫了，谁知一个偶然的机遇让一切峰回路转，因缘就是这么不可思议。我在康定的街上买日用品时，突然遇见了阔别多年的老朋友钱信予。寒暄之余，得知他已随同他的老师谭祖烈医生到康定来工作了。听说我找不到同伴出关，他便自告奋勇地愿为我去找同伴及乌拉。由他的介绍我结识了省医院的谭院长，西康省党部国学家高明先生，及吴亘园先生等人。谭院长答应如果我能找到乌拉但找不到同伴的情况下，可以挤在他的帐篷内住宿，他这次是率领医药队随戴院长行辕出关的，想到这我心里又充满了希望。同时我也想起，除了戴季陶一行之外，刘文辉主席也指派一三六师师长唐瑛专门代表他率部出关致祭班禅大师。但我不认识唐师长，只能请大刚法师下山与我同到师部去见唐师长陈情。见面之后，唐师长很爽快地答应带我出关，作为师长的贵宾，免费供给膳宿，并指定他的副官负责照料，我真是高兴极了。时间已十分紧迫，还有十几个小时就要出关上路，假如到时仍没有乌拉，那真是万事皆空。戴季陶行辕把康定所有的骡马都征调光了，能否找到一匹乌拉，谁也无法为我担保。恰在这时，我记起嘉定孙养斋先生曾为我介绍的康定县长杜履谦，于是马上找出介绍信，请西康省委黄准高先生带我去见杜县长。杜县长是刘文辉的红人，短小精悍，精通佛学，见面之后不久，我们就大谈起《大智度论》，彼此都感觉一见如故。原来杜县长已由唐师长处得知，我要和唐一道出关，正在那儿和一位西康建省委员会的郑秘书商谈如何解决我的乌拉问题。杜县长说，当时康定县实在没有多余的乌拉可以支取，最后商量出一个最好的办法，就是在西康建省委员会致祭班禅大师的代表人员项下让出一匹马来供我骑，不过要走二十公里路到折多塘后，才能有驮行李的牦牛。我说，走二十公里路没关系，只要这一匹马能靠得住就行。杜县长说，绝对靠得住。他于是将我介绍给郑少成秘书，并说出关后，将由郑秘书照料我，明天一早将有人牵一匹马到我的住处来接我，乌拉的问题终于解决了。

接着还有一个重要问题，需要当天解决，就是我行囊中所有的钱，都是法币。康定市上可用法币、康洋及铜镍二种辅币。但是出关后，就必须用康洋。所谓康洋，是一种等于五毛钱大小的银币，旧康洋，银分多，成色高，而新康洋，却是银分少，成色低。旧币为四川铸造，新币则在西康铸造。关外不用辅币，商人交易时将银币用利斧一劈为二，两个半片合为一元。但实际上不足一元，因为中间约四分之一被抽出作为消耗和工资。交易时，这种半片康洋仅能搭配少数，买卖双方都不会接受全部。当时康定市上康洋与法币折合率是法币四十五元换取康洋一百元，比官价高一些。官价规定康洋一百元，折合法币四十四元八。因戴院长一行的到来，市面康洋已被搜集一空，这样就使康洋涨到了折合法币一兑为二，而且还换不到。我靠了朋友帮忙，以官价四毛四分八厘兑一康元的价，兑到康洋五千多元，随身携带使用，其余所有法币，准备到甘孜后，再设法全部兑成康洋。

骑马抵达折多塘

一切准备妥当，出发这天，天气晴朗，阳光普照，康定各机关、学校、社团，一起集中在南门外飞机场，集会欢送戴院长出关。刘文辉极力利用这个机会，表示自己效忠中央，拥护抗战，希望获得戴季陶的欢心，将来在蒋委员长面前说上几句好话。集会后，队伍开始浩浩荡荡地出发了。我得到的是一匹白马，性情驯服容易骑，就这样夹杂在不相识的马队中，我踏上了出关的征途。

前方第一站叫折多塘，坐落在折多山山麓，是出关要道，有居民十

戴季陶乘轿子到达中谷寺

泰宁寺的汉文碑

多户,并有一个热水塘,距康定城约二十公里,旅客经过都在这里打尖。因为从此向西有两条路可以前往关外:一条是翻山到泰宁、道孚、炉霍、甘孜、德格、邓柯,这是北路,路较平坦,水草丰盛,很少有土匪滋扰。另一条是翻山经雅江、理化、巴塘,到宁静,这是南路,山路崎岖而且有土匪出没。两条路都在折多山顶分道,使折多塘成了控制南北两路的咽喉。我就在这里度过了高原上住帐篷宿营的第一个夜晚。我们这个团体共有四个帐篷,是师长和高级随员的住所,其余的人都到远处的康巴人家去投宿。相比之下,附近的戴院长行辕,就显得十分壮观，中间一个大帐篷是院长的住所，四周围绕着几十个小帐篷，作为行营随员住所，好像一座兵营，中间竖立一根几丈高的旗杆，上面悬挂着国旗，随风飘扬，这不但在这种小地方前所未有，恐怕在康藏历史上也还是第一次。

我们住的帐篷是临时的师本部，面积相当宽大，帐篷内除安置师长的一张行军床外，另外还有六个床位，我是其中之一，其余的都是师部的高级军官。我与他们寒暄后，才知他们也是初次出关，和我一样。有两位随行的同伴，点起了洋蜡烛，坐在地上读书，消磨漫漫长夜。因为第二天要翻折多山了，唐师长命令他的副官说，明天我们要早点出发，戴院长行辕是天亮做饭，八点出发。我们应当五更做饭，七点出发。原来唐师长这次出关，为确保戴院长沿途安全，特地带了最精锐的第一连士兵，全连士兵共一百多人，除连长骑马外，其余人一概步行。好在士兵年轻体壮，加之训练有素，所以步行迅速。经过几天的行军，路经常坝村和中谷，我们来到了下一个大站泰宁。

泰宁的喇嘛寺和农业实验区

泰宁当局在郊外十五公里的地方专门安排了接风仪式。在一个大草坪上，撑起了六七顶帐篷，每个帐篷内都摆上了一张方桌，桌上铺满了各种茶点，有瓜子、花生米、豆沙酥饼、炸麻花等，若是在内地，这些食物看上去都很平常，但在康北的荒原上见到这些东西，就显得珍贵稀有了，大家入座后吃得津津有味。向前约五公里，就遇见一群喇嘛骑着马前来欢迎。这十来个喇嘛都穿着红色及黄色的袈裟，普通喇嘛的头上，戴着类似考克帽的凉帽，堪布及活佛则戴着金盆帽，在太阳的照射下显得金光灿灿。有些喇嘛还拿着乐器如铙钹、唢呐、号筒、海螺等吹奏。接着又遇到许多康巴男女老幼，穿着五颜六色的新衣，在路旁草地上欢迎。向前望去，可以看到泰宁喇嘛寺的宏伟建筑，屋顶用黄金镀成，辉煌耀眼，一眼看去就知道这是个大喇嘛寺。

泰宁喇嘛寺的中文名叫"惠远寺"，雍正年间特为第七世达赖喇嘛所建。寺内殿堂高大，画栋雕梁，周围有许多僧寮，供寺内的喇嘛居住，格式是仿照拉萨三大寺内康村的形式建的。当晚我们被招待在农业实验区内歇宿。泰宁农业实验区的蒋区长是浙江人，与我这个江苏人有同乡之亲，他的部下大多是川康人。他们的主要工作任务是改良农业和畜牧业，并培训康巴人，提高他们的农牧技术和改善产品的质量。康藏高原的农牧业生产十分落后，藏北康北地区因地势高寒、少雨、多风、日照时间短，仅适合于畜牧，不适合耕种。藏南及康南则雨水充沛，日照时间长，比较适宜耕种和畜牧。但康藏人民农牧技术落后，土地又不施足肥料，每年仅仅播种一次，浪费土地资源。常常是今年种甲地，明年则种乙地，粮食产量往往不能满足人民的一般需求，除大小麦及黑豆外，米面全靠外地输入。加上交通闭塞，物资匮乏，使得这一地区的人民生活长期处于贫困状态。实验区建立以后，技术人员为提高康巴人的农牧生产质量，提倡施肥铲草，运用科学方法在同一亩地上每年实行连续播种，以实验区自己经营的农场及牧场作为示范。但是康藏高原人肥及化肥都很缺乏，而且人民保留下来的旧习惯，一时也难以纠正过来，所以改良康藏农牧业的工作，在当时是一项长期艰巨的任务。

泰宁农业实验区附近还有一条小街，有三十多家商户，大多由康巴人所经营，其中有三四家是汉商，买卖茶叶及其他杂货。他们早已听说戴院长要来了，把街道打扫得干干净净，并在各家门前悬挂了国旗。我在这条街上遇到一位年老的汉人，已六十七岁，到关外居住了四十多年，娶了康巴女子为妻，子女都已经成人，他的生意是将康定的杂货运销关外，货物主要是当地的土产如药材、鹿茸、麝香、兽皮等，利润不错。在这条街上还有一家消费合作社，是泰宁农业实验区所创办，以销售社员所需要的生活日用品为主。实验区生产的黄油，比本地人所生产的质量好，但比内地又差了不少。实验区还创办了一所初级小学，学生大多是康巴人子弟，学校设备很简陋，师资缺乏，所以成绩平平。

晚间由实验区设宴招待，这是出关以来第一次受地方当局招待。宴席上有八菜一汤，菜式中有红烧海参、鹿筋蹄髈、脆皮鸡、八宝鸭、卤牛肉、炒双冬、炒三丝及蔬菜等，烹调的手艺都很不错，席上还备有泸州大曲，一班人直吃得酒醉饭饱，称心而归。第二天早晨，又是一顿极丰盛的早餐招待，后由实验区召集当地居民千余人举行了欢送会，场面显得十分热闹。告别了泰宁，我们带着一份美好的记忆前往前方的道孚县。

道孚素描

道孚县境内丘陵起伏，河流纵横，东北是党岭山脉，西南是麦科山脉，道孚县城在群山之间，形状就像一个长条的桌子。这里气候较为温和，在盛夏六七月时，平均每日温度在摄氏二十二至二十四度之间。此地盛产青稞，还出产山货、药材及沙金，有几座金矿。从康定出关以后，很多天来沿途还没见过一座大型的村庄、一条像样的街道，到处是荒山旷野，冰雪遍地。直到抵达道孚后，才发觉塞外竟然有这样人烟稠密的地方。道孚距康定七站，是康北第一个大县，现任县长姓戴，年近花甲，是二十四军唐永晖师长的老师。我们在大队人马未抵道孚前，在戴县长的陪同下参观了道孚县市区。道孚县有一条大街，由东部伸展到西部，沿街有许多小商店出售砖茶、哈达、布匹及各种杂货，还有两家汉人开设的商店，售卖烟酒绸缎、川茶及瓷器等物。此外还有两家茶馆，一家饭店，顾客多是汉人，也有少数康巴人爱饮汉茶和爱品尝汉人的烹调。但大多数康巴人喜欢在家中喝酥油茶，也有用青稞酿成啤酒，在酒面上放一些糌粑粉喝。至于大茶商及大批发商大都居住在后街，拥有深宅大院可以拴牛马，并拥有自己的货栈。

我们又到县政府的南面参观公共体育场，只见场地平坦，中间竖着旗杆，场内有一座演说台，康北地区还有这样规模的建筑，真是难得了。从体育场向东望去，见到有一截断壁残墙耸立在东西丘陵上，据说是清朝大将岳钟琪率军征讨西康时，在一夜之间建立起来的防御工事，人们说清军有神相助。向南望去，只见有一条大江滚滚东流，江面上不时有皮船往来，这里就是鲜曲，河中盛产鲤鱼。县政府的东侧，有一所县立小学，我前往参观时校中空无一人，因为学生和老师都去欢迎戴院长了。康巴人子弟不习惯读汉文，把上学当作苦差事，因此西康教育采取强迫制，凡有子女的家庭，必须督促孩子上学。但有趣的是，富有的康人，宁愿出钱雇穷人家的子弟代替自己的孩子入学，而穷人家子弟呢，又屡屡逃学，所以康北的教育办了多年，一直没什么进展。

第二天中午，戴院长一行抵达道孚，灵鹊寺的喇嘛们成群结队地前往欢迎，他们吹着喇叭，打着铙钹，擂着番鼓，热闹得好像迎神赛会一般。戴院长及其随员抵达道孚后，就寄居在喇嘛寺中。这座喇嘛寺规模比较宏大，据退休堪布麻倾翁介绍，该寺原来长住喇嘛有一千多人，目前还有九百余人，灵鹊寺是黄教寺庙。退休堪布麻倾翁思想开通，喜欢与汉人交往，能说汉语，曾到四川旅行，知道内地的情况。他还与刘文辉主席私交很好，被聘请为西康建省委员会参议。目前他除了弘扬佛法外，又经营买卖，在西康大寨附近投资了一座金矿，黄金年产量不低。道孚灵鹊寺在地方上很有势力，除拥有许多枪支外，属下还控制着大小喇嘛寺七八所，由寺内派遣住持堪布。道孚县最强悍的八保民众，就与喇嘛寺相互串通，凡是未经喇嘛寺或八保人民同意的县政，政令都没办法推行，由此看来，这个道孚县长实在是不容易当。

戴季陶一行到达道孚县的第二天，县政府就在喇嘛寺内设宴为戴院长行辕及唐师部各级将领接风，我也作为贵宾之一出席。宴会是汉席，十人一圆桌，菜式极为丰富，计有鱼翅、海参、鹿筋、熊掌、熏香獐、道孚特产鲤鱼、冬虫夏草炖鸡、宣威火腿、冰蹄髈等等，有八大碗、四小碗、十二碟之多，大家直吃得口角流香，杯盘狼藉，不由得感叹自己身在蛮荒之地，竟然有这样的口福。但这一次招待，却苦坏了当地的百姓和小县长们。他们三个月前就听说戴院长一行要出关西行，赶忙派人到成都采买酒席的材料，接着就是杀猪宰牛，网鱼打猎。谁知一等就是几个月，音信全无。经过打听，才知道院长大人在康定骑马时摔伤了左腿，需要疗养一段时间。等到戴院长康复出关时，已经宰好的猪牛肉、猎到的野味和捕来的鲤鱼全部变了味，没办法只能从头做起。戴县长和我们谈起这件事时感慨万千，因为在物资极度匮乏、消息又很闭塞的关外，遇到这种事情实在是令他头痛不已。院长大人的一顿晚宴，将这样一个边远小县搞得人仰马翻，不知吃去了多少老百姓的民脂民膏。

第二天我听说黄教有名的大德阿旺堪布昨晚已由西藏拉萨抵达道孚，现时正下榻在丁家锅庄，我立刻赶去拜访。阿旺堪布是西藏万人崇拜的帕邦额大师的大弟子，一位大学者和大成就者。刘文辉在康定创立了五明佛学院，培植西康境内各派各教的佛教人才，期望能借此收到统一康省境内佛教，以便为政治服务的效果，所以特意聘请道高德劭的阿旺堪布担任院长。一九三五年我在汉藏教理院读藏文时，曾跟从堪布学过上师瑜伽法，与堪布有师生之谊。于是我准备了一条哈达，藏洋二十元，去拜见堪布。堪布目光炯炯地正在诵经，精神很好，我向堪布询问起关于赴西藏沿途情形，目前前往西藏是否困难等等。堪布说，你是赴西藏访求密法之人，西藏人应该会欢迎你，你只管勇往直前，不必有所顾忌。并答应为我介绍他在西藏沿途各地的信徒。

我接着又去拜访了灵鹊寺的退休堪布麻倾翁。麻堪布年将花甲，白发苍苍，他的佛堂坐落在喇嘛寺的南边，是个四方形的建筑，楼下是拴马的地方和储藏室，楼上是佛堂及卧室、厨、厕等等。我们坐下以后，他的侍者献上汉茶及瓜子，当时我身上恰好带着相机，于是拿出为堪布留影一张，以作纪念。堪布非常高兴，赠我一尊香制度母佛像。我辞别了堪布之后，走出寺庙，望见宏伟庄严的喇嘛寺，一时不忍就此作别，于是又在附近居民屋顶上拍摄了一帧喇嘛寺全景。

炉霍的奇人趣事

离开道孚继续前行，走了二十多公里，在一个叫大寨的小村落歇息了一晚，第二天又走了大约二十五公里，到达了炉霍县。炉霍县的招待站，在山脚下一个草坝子上，共有三顶帐篷，县长黄鹏及其下属已经提前一天抵达，帐篷内备有很多点心。黄县长很健谈，我们刚坐下，他就大谈起这次筹备欢迎戴院长的经过。他说，光准备招待酒席的餐具就伤透了脑筋，以瓷器为例，试想康北一个县城，居民总共不超过百户，每户不过拥有瓷器三五件而已，而且并不成套。如果要搜集数百件成套的茶杯盘碗等等是相当困难的。唯一的办法就是派人到成都去购买。好不容易采购到了，又不幸赶上虾拉沱洪水暴发，驮运瓷器的牦牛被洪水冲走了好几头，遇到这种损失只能自己忍下，根本无处申诉，我们听了都深表同情。中央的大员光临一次，不知给地方上平民百姓带来了多少麻烦。

虾拉沱在外貌上很像内地的一个小村镇，主街由东而西，沿街有几家小店铺，贩卖烟、茶、布匹等日用杂货，市面异常冷落，也正当雷雨之后。在村北还有一所砖瓦建筑物，原本是法国人办的教堂，这在康北并不多见，据称这个教堂过去曾经一度相当兴盛，但自民国十二年（一九二三）该地发生地震，造成房屋倒坍，传教士离开，教堂如今只剩下一座颓败不堪的空房子。

在我未到康北时，就听说虾拉沱有一个疯子喇嘛，名叫益西养噶，

赴炉霍途中与乌拉巴合影

证德证境高深,有大神通,远近闻名,能预卜人的吉凶祸福,不少人不远千里而来向他顶礼求卜,其中有藏人,也有汉人。疯喇嘛终年住在一个山洞中,无论冬夏寒暑身上总穿着同一件单薄而破烂不堪的衣服,而且行为十分怪异,因此被人称作疯子喇嘛。一天,有三个康巴人乘马前去问卜,远远就看见疯子喇嘛手持一根手杖站立在山洞前,没等到三人下马,喇嘛就冲上来,不由分说举杖迎面就打,直到三人被赶回虾拉沱河后才停下脚步。三个人愤愤不平地回到家时,却发现家中正发生火灾,火由马厩开始燃起,浓烟滚滚越烧越猛,妻儿们正在惊恐万分束手无策时,恰巧三人赶到,协力扑灭了大火。这时他们才明白原来疯子喇嘛已预知他们的家中要发生火灾,特意用手杖将他们赶回来救火,救了全家人的性命。

又有一次，两个商人前去求喇嘛算命。刚刚走到桥上就看到喇嘛从对岸怒气冲冲地跑过来大骂，大声警告他们，如果不马上退回就要狠狠地揍他们。两个人只好后退。就在两人刚退到了桥边时，木桥突然开始断裂倒塌。如果不是喇嘛及时把他们赶上岸，这两人必定葬身鱼腹。我到虾拉沱后，本来想前往拜见这位奇人，可惜听人说疯子喇嘛已于前年圆寂，也有人说他根本没有圆寂，而是去了远处云游，心里只能自叹无缘。

晚间师部人员都到齐了，荒凉的虾拉沱顿时热闹了起来。戴院长的行辕在距虾拉沱三里之遥的郊外扎营。当晚由炉霍县政府招待，菜式共八样，脆皮鸡、挂炉鸭、干贝蒜头、烤羊腿、红烧圆蹄、虾子海参、金钩白菜、炒牛肉丝等，虽然饭有些夹生，大家仍是狼吞虎咽，一通风卷残云地饱餐了一顿。

我比大队提前抵达炉霍县城，城内各处冷冷清清，原来全城居民几乎倾城出动赶着去看热闹。我们找到了当天要落脚的喇嘛寺，这座喇嘛寺是炉霍境内唯一的大寺，中文寺名叫寿灵寺，属黄教，当时有喇嘛一千七八百人，最多时有喇嘛两千余人，而且拥有来复枪三百多支，是炉霍境内民间武力最强大的集团。喇嘛寺人多气粗，态度傲慢，对于县官一级的官员根本不放在眼里。黄县长告诉我，当县政府听说戴院长要来康北，因为担心没有足够大的院子招待戴院长及其随员，想起来和喇嘛寺商量借宿。谁知寺中的堪布却不客气地回答说，喇嘛寺不是旅馆，不能招待这些人员，况且清静佛地，本来就不适于外人寄宿。县长万不得已，只能婉转地说明戴院长也是个佛教徒，为了便于礼佛和向喇嘛布施，所以才想借喇嘛寺居住，这时候堪布才勉强答应下来。我听完黄县长的这番话，不由得感叹说，西康喇嘛的这种态度，其实正是西康佛教自主发展的特色。寺庙原是清静佛地，本来就不应该用来作招待所，从道理上讲可以说是理正词严，绝对正确。与他们相比，汉地的寺庙自满清以来，经常被地方土豪用来作为会所，军队用来作为营盘，警察用来作为拘留所，佛殿庄严肃穆的气氛，早已荡然无存，就是因为汉地的僧人懦弱可欺。如果汉地僧人能够向西康喇嘛学习，坚持佛教的寺规原则，保护佛教应有的尊严，那么汉地佛寺一定能保持完整，发扬光大。黄县长听完我这番议论后沉默不语，似乎有所触动。

在到达炉霍的第二天晚上，有人对我说，寿灵寺有一个喇嘛，准备在当晚降神，为人预言吉凶祸福，十分灵验。于是我约了几个朋友前往拜访，想问一问抗日战争的前途如何。一走进佛殿，首先看见五六位喇嘛在诵经，接着就看见降神喇嘛全身抖动，如醉如痴，侍从为他戴上重达五六十斤的头盔，因为头盔太重，要用皮带系在脖子上，以免因为头部摇晃而坠落下来。降神喇嘛手握弓箭，左右由侍从扶持，走入丹墀，先是向空中做出一个弯弓射箭的姿势，表示正在降魔除妖。整套仪式进行完毕后，问卜的人才涌上前去献上哈达或藏酒，询问命运和吉凶，降神喇嘛一一回答，讲话的速度极快，让人难以完全听懂。我上前询问抗日战争的结果，他回答说，过几年便清楚了。接着降神喇嘛轰然倒下，如同失去知觉一般，侍从急忙为他除去铁帽，搀扶进后室，降神也就到此结束。

这天早晨，炉霍县各机关、学校的民众集会欢迎戴季陶院长，寿灵寺的丹墀中挤满了人。仪式开始由军乐队演奏国歌，县长宣读总理遗嘱，然后戴院长登台发表演说，大意是说中国是以三民主义立国，酷爱和平，凡侵略我国领土者，必遭迎头痛击。我国幅员广大，万众一心，抗战的最后胜利必属于我们。演讲词经由藏文秘书译成康语，康巴人初次听到中央大员的演说，都感到十分新奇。欢迎会散后，我与戴胥等人到县政府去拜会黄县长，询问一些关于县政及喇嘛寺的情况，黄县长给我提供了一份炉霍县喇嘛寺庙的统计表。

康人习惯称炉霍为霍尔章谷。炉霍城区的街道是由南到北，沿街有很多汉藏人开的商店，出售日常用品。在县政府对面有四川人开设的一间饭馆，由此北去直达街尾有一家汉商，大名鼎鼎，经常去色耳坝金矿区，收购生金。据说去色耳坝的沿途土匪很多，专门打劫金商。金商乘马除了需佩带毛瑟枪外，还要携带几枚手榴弹，如遇到大股土匪时，就用手榴弹对付他们。这家金商多次独来独往于色耳坝，运出成吨的黄金，却从来没有遭到抢劫。因为当地土匪听说这位商人原本是军人出身，枪法极准，勇敢善战，大多敬畏他三分。

二十四军副军长向育仁先生来向我请教佛像的学问，交谈当中，我们的话题转到一九三五年的一件逸事。他说当时正逢战乱，不少当地的地痞流氓乘乱四处打劫各地的喇嘛寺，许多镀金佛像和金粉书写的经书，都遭到破坏和洗劫，与此同时还留下许多难以处理的纠纷。例如我们现在居住的寿灵寺，大殿正中的大佛顶上有一顶金帽，是用纯金打造成的，有七八公斤重，也被盗走。这顶金帽因为常年被烟熏的缘故，金色的光泽已非常黯淡，打劫人大概不知这是价值连城的宝贝。不久，有人在街市上向人兜售这顶金帽子，恰好被玉龙土司夏克刀登遇上。夏克刀登在康北拥有地方武装，曾经听信地方上几个喇嘛的怂恿，想凭借手下一班康巴士兵与红军对抗，结果受伤被俘。红军对他实行了宽大优待的政策，还让他担任了博巴苏维埃政府财政部长的职务。刀登看到这顶帽子，心里知道是件好东西，于是问这个人要卖多少钱，那人要价一百六十块康洋，刀登二话不说便买了下来。把金帽带回家之后，他仔细查验一番，发现这确实是件难得的宝物，绝不是普通人家所拥有的，考虑了再三，不敢私藏，于是在金帽子上又添加了两公斤的黄金，经过重新打造后送给西康德格县的更庆寺作为供佛之用。不久，寿灵寺喇嘛们开始四处寻找被盗的金帽子，终于查到了它的下落，于是要求更庆寺无条件送还金帽，更庆寺自然是不肯答应。寿灵寺的喇嘛一怒之下扬言，如不送还金帽，将用武力来解决问题，一时之间双方剑拔弩张，互不相让。谈到这里，向军长表达了自己的一些看法，他说，自己是个佛教徒，但对于蛮不讲理的行为却不敢赞同，说句公道话，更庆寺佛顶上的金帽子是由施主赠送的，又不是打劫而得，更不知道这顶金帽原来是寿灵寺的宝物，为什么开口就说要动武？如果真是你们的菩萨有灵，可以显灵来看看，就像南京栖霞山的石头观音，战时被日本人盗走，却在日本大显灵异，要回栖霞山，日本人没有别的办法，只好将石观音送回原处供奉。

我听完向军长所描述的有关金帽子的传奇故事后，一直关心着它的下落。后来我入藏后，听说此事已经和平解决，结果是由刘文辉出钱打制了一顶同样的金帽子，送还给了寿灵寺，这件事才算平息了下来，避免了一场干戈。

闻名西康的女土司

我随同戴院长行辕离开了炉霍向甘孜前进，经过了巴朗，一个只有两户人家的小村，再向前到了朱倭村，一个二十多户人家的村落。这一路走了近两天的时间，接着就到了下一个驿站，名叫卡萨。这里是一个有山有水的风景区，我们当天住的房屋是村里头人的公馆，有佛堂、客厅、卧室。康巴人家的地板十分光滑，不是打蜡，而是用酥油抹擦。到达卡萨不一会儿，甘孜的孔萨土司偕同一批随员来到我们的住处拜访，并献上哈达、牛肉一腿、羊腔一只及酥油等食物以表示欢迎。这位女土司是承袭她母亲的职位，因为孔萨家有女而无子。土司名德钦汪母，二十多岁，面孔黝黑，身材修长，脑后垂着一条长辫，身穿一件紫红色章缎长袍，显得充满活力。女土司带了一群康巴卫兵作为随从，他们每人佩着一支新毛瑟和一柄腰刀，威风凛凛。据说这位女土司办事麻利，她属下地区广大，人口众多，在甘孜还没有实行改土归流前，她是实际上的地方老大。尽管如今甘孜设了县，因为历史上的关系，她仍然有着庞大的势力。作为一个女子，本来自己的婚姻大事应该由自己做主，但由于她的身份特殊，婚姻却成了难题。刘文辉生怕她与藏人联姻，将来与西藏地方势力串通引起地方政局的动荡，所以要求她在选择配偶时，必须首先得到刘文辉的批准，否则不得结婚。因此岁月蹉跎，土司至今仍待字闺中。

女土司德钦汪母走后不久，卡萨村有两位喇嘛土酋前来拜见唐师长。唐师长为郑重起见，在我们的佛堂中接见。两位喇嘛土酋各捧着两张狐皮及一条白色哈达，作为礼物放在唐师长的座前，接着就伸舌、弯腰，开始用康语申述他们的请求，由通译将他们的话转告给唐师长。我听了他们的陈情，才知道二位喇嘛是代表当地民众要求豁免该地的差役，因为这个地区地处大道，乌拉差役十分繁重，老百姓疲于奔命。唐师长答复说："听到你们的陈情，我个人非常同情。不过需要等我返回康定后，将此事面呈刘主席，拟出一个具体的办法，才能决定如何具体实施。"两位喇嘛头人听到此话，又是弯腰伸舌，毕恭毕敬地道谢退出。

由卡萨出发不久，就见到前面的草坝上排列着许多来欢迎的人群。最前一组是甘孜县的保安团，有一百多人，一色的草绿色军服，荷枪列队；接着就是甘孜土司德钦汪母属下的康巴士兵，长袍大袖，持枪佩刀，看上去个个威猛，精神饱满；再下来才是甘孜喇嘛寺的喇嘛代表三四十人及活佛堪布十来个人，吹着喇叭及号筒，声震山谷。我骑着马穿过欢迎的队伍后，继续下坡沿着荒凉的山沟行走，当正午的时候，我们到达了距甘孜县约十五公里的普玉龙。

从普玉龙到甘孜，有一条长约十五公里的公路，这条路是赵守钰专使会同驻军团长章镇中修筑的，路基和桥梁都仿照正常公路的规格，这在当时的康北是非常难能可贵的。唐师长为此特意用四名夫役由康定抬了一辆摩托车到甘孜来，以便在新建的公路上驾驶，让当地的康巴人民见识一下摩登交通工具的快速方便，又有表演的性质。我们的马队走在平坦的公路上，平稳又舒服，直到甘孜县城。

甘孜是康北重镇，这儿是关外几条通道的枢纽，一条是到邓柯、石渠，一条是通德格，一条是通巴塘理化，所以它的地位与康南的巴塘同等重要。二十四军为确保康北平安，在这儿驻有军队，并设有团本部，以便指挥散驻德格、邓柯各地的驻军，驻军所在地还分别设有多座无线电台。驻军团长是章镇中，四川江津人，五十多岁，他的团部就设在官寨子里面。这座官寨子本来是甘孜土司建的，楼高三层，东部由女土司占住，西部则供团部人员居住，也是我在甘孜的临时居所。

甘孜市内的道路是十分陡峻的，民房和商店都是依山而建，最高处是甘孜喇嘛寺，寺中大殿用铜顶镀金，显得金碧辉煌，灿烂夺目。寺中有喇嘛三千多人，信奉黄教，有个大活佛叫香根，是甘孜女土司的叔父，很有声望。因为甘孜寺在地方上极有影响，戴季陶的行辕就设在寺内，此外九世班禅大师的行辕也设在寺内。

合计甘孜县共有四十二所喇嘛寺，有喇嘛及尼姑六千九百二十九人。其中黄教三十一座，红教九座，白教一座，黑教一座。在这些喇嘛寺中，有两所喇嘛寺我最熟悉，早就听到关于这两所喇嘛寺庙的许多情形。第一是札噶喇嘛寺，寺址在甘孜河南，是已故黄教高僧札噶喇嘛的庙子。大勇法师率领赴藏求法团来康北时，就在此挂锡。法师圆寂后，也在此地修建了骨塔。寺中喇嘛不多，还有女尼，都是札噶喇嘛生前所剃度的。当时札噶喇嘛的转世灵童已经有五六岁大了，聪敏英俊，相貌也很端严，再过几年就会送往拉萨三大寺学经。

第二是东谷喇嘛寺，寺内有喇嘛约五百人，属黄教，戒律精严。寺内藏有许多木刻经板，我在四川见到赴藏学法团所读的藏文经典，大多印自此寺。寺中有一位汉僧名叫密慧法师，原籍湖北，跟随大勇法师出家，成为赴藏学法团成员之一，正在这座寺庙学习密教，我久闻他的大名,想前去拜访,但因东谷寺地方偏远,没能成行。

甘孜县城在章镇中团长及章家麟县长两兄弟的合力治理下,看上去街道整洁,公共秩序井然,市政建设在康北可以说是首屈一指了。此外在文教方面有甘孜县立小学一所,学生约六七十人,还有一座公共体育场及一间小型报室,里面陈列着重庆、成都出版的几种大小日报。通讯方面,有一座商用无线电台,直属交通部;仅有的一所邮政局,直属康定总局。甘孜地方还有佛教会及慈善会等社团组织,因不熟悉会址所在地,我没能前去探访。后来有人告诉我,原来甘孜佛教会在大勇法师来甘孜时,就已经成立,至今已有很多年的历史。

大金寺的战火

我们来到甘孜附近白里,在这里需要更换乌拉。护送我的士兵唤来了当地的头人,指着我说:"这是汉人大喇嘛,赶快牵匹马来,不准耽误。"头人弯着腰吐出舌头,唯唯点头马上照办。我骑上乌拉从白里西行约十几里,远远看见一座残破不堪的寺庙在田间若隐若现,这就是林葱乡有名的大金喇嘛寺。

这座破破烂烂的寺庙有着一段不寻常的历史。民国二十年(一九三一)秋,大金寺喇嘛与白里土司为了争夺亚拉喇嘛的产业,互相厮杀起来。大金寺里的喇嘛仗着人多势众,武器精良,又有西藏地方政府在背后撑腰,用武力攻占了白里,到处抢劫烧杀,无所不为。中央政府不想使事件扩大,希望息事宁人,派遣了参谋朱宪文、军法官马昌骥、团长马成龙前往甘孜,会同道孚灵鹊寺、炉霍寿灵寺的喇嘛,以及朱倭、孔萨土司头人,为双方调停,希望和平解决争端。谁知大金寺喇嘛依仗背后有西藏地方政府做后台,蛮横无理,不接受调解。到了八月三十日,竟然向前来平息战乱的二十四军开枪射击,打死了一位名叫李

大金寺堪布,一九三八年摄

哲生的排长,正式向中央政府挑起了战火,汉藏两军的战争随即展开。双方激战了一个多月之后,二十四军收复了白里村,并占领了伸科、荡古两村,大军直逼大金寺。正在准备围攻寺庙的时候,领军的刘文辉却接到中央政府的命令,暂时停止进攻,中央不希望把这次纠纷演变成中央与西藏地区政府的全面战争。这样一来,反而使大金寺获得了喘息的机会。寺庙不久便纠集了藏兵反攻甘孜、瞻化,藏军势力一度延伸到了炉霍的朱倭村及理化的穷霞二坝。中央政府迅速派唐柯三赶来调解,结果再次被大金寺拒绝。到了民国二十一年(一九三二),藏军变本加厅，兵分几路开始进攻。眼看和平的希望破灭，刘文辉军长决定大举反攻。二十四军攻占了甘孜、瞻化，而且进一步收复了从一九一八年开始被藏军占据的德格、白玉、邓柯、石渠等县，把战线一直推进到了金沙江边。

一九三二年秋季，藏军已被刘文辉打得溃不成军，喇嘛逃到西藏要西藏地方政府出钱养活，这给西藏地方政府造成了极大的财务负担，而且大金寺喇嘛大多逃往西藏过着流亡的生活，有的因在藏地生活没有着落，最后沦为盗匪。在这种情况下西藏地方政府决定和解，就这样汉藏双方以金沙江为界，在岗拖签订停战协定。大金寺本来在康北以富有著称，寺中的喇嘛善于经商，大名鼎鼎的商号桑都昌就是大金寺的商业机构，在康定、拉萨以至印度噶伦堡都设有分号。但终归由于喇嘛不依照佛法持戒修善，忘记出家人的本分，又恃勇好斗，最终导致寺庙被毁，喇嘛流亡，令人感慨。

过了大金寺后，当天到达的最后一个驿站是绒巴岔。绒巴岔是甘孜县的一个村子，也是甘孜前往德格的交通要道，从这儿可以前往青海的玉树。在康北草地旅行的人，以此处为起点，可以直达藏北的黑河，或称那曲卡。大帮的康藏骡马商队也喜欢走这条道路，因为沿途水草丰盛，便于放养牲口。我们抵达绒巴岔后，就由当地支差头人招待在官寨子内歇宿。康藏习俗，凡是持有官方发给的乌拉马牌，地方头人按惯例需查验马牌的内容。我的马牌上已经注明寝室内要有全副坐垫及火盆、帐幔、顶篷等物，厨房内要供给柴薪或牛粪作为燃料和灯火，还要求有人代为背水。马牌上还要注明驮牛多少匹，骑马多少匹，牛马都要备齐鞍辔，如有容易打破的东西，就需雇用人力背着，按站传递，不得损坏。当地头人必须在马牌上签字，说明已按照马牌上的要求，一一办理妥当，还要按某月某日某地某某手押的格式予以保证。

清晨，头人将乌拉牵来，我们跨上马背，头人站在路旁弯腰吐舌表示欢送。我们离开绒巴岔后，走了五十五公里到达了德格县境的玉龙村。这里是天然的大牧场，但是气候寒冷，不产五谷。此地海拔高达三千七百米，高过甘孜四百余米，所以四季积雪不化。玉龙村约有二十多户康巴居民，土司的家就在村内。玉龙土司名叫夏克刀登，就是买下了佛顶金帽子，然后供养给了更庆寺的那位土司。他头脑敏锐，办事能力强，是甘孜德格土司群中出类拔萃的人物，而且拥有不少私人武装，还曾经与红军交战过。本来他并不是玉龙土司之子，而是招赘过来的，他原来所拥有的土地和老百姓都分布在金沙江以西，如今在藏人统治范围内。他希望有朝一日能从藏人手中夺回属于自己的土地，因此拼命培植自己的武装。西康建省委员会委任他为西康宣化员兼玉龙区长。当我们抵达玉龙时，他正去德格办事，所以没有机会见面。

离开玉龙后，翻过了雀儿山，再从柯罗洞前进，这里的风景真是美极了，真可以说是万山夹峙，一水中流，两山之间古木参天，到处都是奇花异草。山路多变，有时上行升入半空，有时下降沉入涧底，峻险与秀丽作为两个极端居然集中于同一景致之中，真让人赞叹不止。穿越过这一迷人的景色地带，德格有名的宴达金矿就出现在面前。金矿由一位退伍军人周将军经营，雇用上千个淘金工人，黄金产量较高，上交德格的金税也最多。当晚我们就歇宿在金矿附近的一家农舍里。农家姓包，是德格更庆寺管家包楚楚的内亲，招待得非常殷勤，特意将佛堂腾出来供我居住。要了解康藏人家是富有还是贫穷，首先要看他家是否有佛堂，接着再观察佛堂中有没有贵重的佛像、金银器皿、经书、法器等，这些东西齐全的人家必定富有。康藏人的生活俭朴，但对于布施供佛、供僧，认为是种福田。他们相信今生穷苦是因为前生吝啬，所以一有余财，就广行布施。因此，康藏的寺庙虽多，喇嘛的生活反而好过普通人。

独一无二的甲喇嘛

　　从包家庄骑马约两小时，远远望见两座藏式佛塔耸立在十字路口，同行人告诉我说，前面已近德格县城了。过了一座小山，眼前境界突然开朗，一片柳林映入眼帘。又看见一座几丈高的木制牌坊，上书"金江锁匙"四个大篆字。从牌坊到县府官邸有一条半里左右的整洁甬道，德格县政府就坐落在更庆喇嘛寺内，宣统三年（一九一一）这里改土归流设了县。民国七年（一九一八）十三世达赖喇嘛指挥藏军扫荡汉军时攻占了这里，废除了县治。民国二十一年（一九三二）刘文辉的军队收复德格以后，又再次恢复了县治。县政府官署原是个关帝庙，外面看上去好像一艘轮船，地势及左右环境很是协调，视野也很好。西康建省委员会所设立的康藏交涉坐办公署，也附设在县政府内。坐办的职位由德格县的范县长兼任。这儿距金沙江边的岗拖，大约有二十公里，距柯罗大约二十五公里，是西康最西边邻近西藏防区的一个县，所以地位非常重要。二十四军在岗拖与德格县城间的龚桠驻有陆军一个营，并拥有一座无线电台，以保护地方安全。

　　在县政府对面，中间隔着官寨子及德格印经库两所大厦，这里就是德格土司的公馆。土司名叫泽旺登登，三十多岁，矮个子，爱吸鼻烟。德格自从改土归流后，土司势力已大大减弱，不过他在地方上仍有影响力，当地康巴人还像土皇帝一样尊敬他。因为在未改土归流前，德格土司是西康土司中辖区最大的一个，他控制着辽阔的地盘，康人有天德格、地德格的说法。他的部落东连甘孜、瞻化，西连纳夺、察木多，南接巴塘、乍了，北连西宁、安多。居金沙江的上游，控制范围有几千里，包括现在的德格、白玉、邓柯、石渠四县所辖地区。在德格土司之下，还有许多小土司为他的封建势力效忠。清末赵尔丰做川督时，曾经把泽旺登登的父亲囚禁在巴塘。后来革命爆发,赵尔丰被部下尹昌衡所杀,被囚禁的德格土司逃回德格,联合藏人恢复了统治。目前的泽旺登登土司是他的幼子,嗜酒贪睡,懦弱无能,人们都叫他刘阿斗,也正因为如此能与县政府和平共处。康藏边境是否能维持平静,要看汉藏双方势力的消长。例如民国初年内地爆发革命,中央无暇西顾,藏人乘机鼓动康人造反,并取得英国人枪械弹药的支援,暂时夺取了昌都,还一度挥军直达霍尔章谷。我到达德格后,先住在官寨子中,由县政府拨给一栋房屋居住。我把所携带的现金,除少数外全部存在包楚楚那里,以备不久入藏时使用。包楚楚是德格更庆寺的大管家,掌管全寺的动产和不动产,也是德格县最大的贸易商人,他的身份仍是更庆寺的喇嘛,而且没有娶妻。所有在他商行任职的人,也多半是喇嘛,他全年经商所获得的利润完全奉献给更庆寺。由此可见西康的喇嘛不仅诵经修法,而且利用他们的资金从事商业投资,将所获利润用于佛教事业,所以康藏寺庙大多拥有强大的经济基础。

到德格后我就换上了喇嘛装。喇嘛装包括:内裙、外裙、内衬衫、背心及披肩。内裙是棉织品;外裙是毛织品,有本地货及英国哔叽;背心一部分用中国缎或俄国金丝缎;披肩与外裙是同一品质,都是紫色或酱色。此外头上戴鸡冠帽,脚踏皮靴。遇到天冷不做法事时,在室内可穿棉袄或披上皮大氅取暖。外出旅行时,可穿上有袖子的锦缎棉袄或皮袄,外加披肩。活佛及堪布可戴水獭皮帽或金盆帽,夏季则戴北京制造的凉帽。骑马时一般用北京出产的金鞍或银鞍。至于西藏地区的喇嘛装,又和康地不同,他们所乘的马匹大多是从青海来的,因康藏地区不产良马。

在整个德格县城,只有我一个人是汉族喇嘛,因服装整洁,举止斯文,当地人把我当作活佛一般,都用甲喇嘛称呼我。每当我走在街上时,当地人恭敬地站在路旁,向我弯腰、伸舌并脱下帽子,恳求我为他们摸顶赐福。我在德格住了一个多月，因为听说墨学村宗萨寺将传授萨迦教密法大全，机会难得，于是请求范县长发给乌拉马牌，又请德格土司写信介绍，准备前往宗萨寺求法。

德格求法

德格是康北的文化中心，市中心有一所庞大的印经院，那就是驰名康藏的德格印经院，藏有藏文经板数十万块，最有名的是甘珠尔和丹珠尔两部大藏经板，也就是所谓德格新版大藏经。与后藏的那塘版、前藏的布达拉宫版，以及北京的雍和宫版比较，这个版本更加清楚易读。其他如黄教、花教、白教、红教等显密典籍经板也保存得十分完备。西康有一种风俗，印经的人要自备纸墨，另外还要付给印刷工人工资，就可挑选自己喜欢的经板进行印刷。印经院每年四月开放，十月底关闭。据经库负责人说，国内国外甚至远到英、美、日本研究西藏的学者，每年都有人前来德格印经。德格还是喇嘛教的大本营，全县计有萨迦派寺庙十三所，宁玛派寺庙九所，黄教寺庙四所，白教寺庙三所，苯教（又称黑教）寺庙五所，共计有各派寺庙三十四所。喇嘛人数共有两千八百二十三人。根据德格县政府一九三八年的统计，德格全境人口是九千七百四十四人，村户共三千二百五十六户，喇嘛人数几乎占德格总人口的三分之一，差不多每三个人当中，就有一个是喇嘛。

在这些寺庙中，以下几所喇嘛寺最出名：

一、更庆喇嘛寺，属萨迦教派，有喇嘛六百五十人。所在地是更庆村，也就是德格县及德格土司所在地。寺内有一位活佛，名叫更庆钦哲，精通梵藏语文，修喜金刚，获得了大成就，因有神通而远近驰名，信徒极多。

二、八邦喇嘛寺，属噶举教派，有喇嘛四百余人，所在地为八邦村,在更庆寺西南方的深山之中,是康藏各地及不丹王国噶举派的领导中心之一。寺中有两位大活佛,一为大宝法王噶玛巴;一个是大司徒活佛——泰锡度仁波切。大宝法王曾受明清两朝册封,所以与汉族及满族关系密切。我到八邦寺朝礼时,十六世大宝法王年方十七岁,是阿都土司之子,大司徒活佛五十来岁。

三、宗萨喇嘛寺,属萨迦教派,有喇嘛约二百人,地点在墨宿村。这里的大活佛第二世宗萨钦哲降养却吉罗卓德高望重,是康藏百姓皈依的主要人物,康藏各地的萨迦教徒,来宗萨寺求法的人极多。

四、佐钦喇嘛寺,属宁玛教派,寺在竹青村,有喇嘛约二百五十人,是康藏各地宁玛派的领导中心。寺中喇嘛有很多人因苦修而获得成就。由于位置处在牧场之中,周围荒寒冷寂,人烟稀少,交通困难,生活清苦。汉人喇嘛也有在该地求法的。

以上四个寺庙,分属三个教派,彼此和平共处,没有发生过冲突摩擦。因为喇嘛教在西康没有政治权力,不像黄教在西藏的势力庞大,以至于发生过强迫其他教派改宗的现象。康地各寺喇嘛,多数戒律精严,解行并胜,所以能吸引广大民众信仰。至于汉人中传说,宁玛派及萨迦派因为想即身成佛,修拱火六法,也就是所谓双身法,我不敢说绝对没有此事,可能在偏远的地带存在这种修炼;但我可断言,在寺内不可能存在。康藏各派密教,都有双身修炼法,可很少用女子为明妃,而大多以观想中的空行母代替,特别是黄教在这方面的限制最严。

宗萨寺距更庆寺约有五十公里,而且山路崎岖难走,要两天时间才能到达。第一天从更庆寺经龚桠、再生垛,再到八邦寺。次日由八邦寺至宗萨寺。龚桠原是德格土司的夏季行宫,有广大的宫殿和园林,当时为二十四军一营所占住。营长姓萧,看上去短小精干,营外附近设有一座无线电台,以便和外界联系,台长叫陈治国。当我路过龚桠时,萧营长和陈台长殷勤招待,使我感到盛情难忘。因我到达德格已经有一个多月,每天用糌粑酥油充饥,已有多日没见大米了。在龚垭吃完午饭后,就骑马告辞转入山沟,当时节令虽是凉秋,山上却已积了数寸白雪,下午四点左右行抵八邦寺。

在我所参访过的康藏众多喇嘛寺中,可以说八邦寺的风水最好,可见当地喇嘛在择地建庙时,非常懂得堪舆之学。八邦寺建在一个小山顶上,四面群山环抱,寺前二水合流,如同二龙抢珠。寺庙的正殿坐北朝南,当太阳照射在上面时,顿时金瓦放光,显得气象万千,此地远离尘嚣,真是个人间仙境。我在成都的同学张澄基居士当时正在八邦寺学习密法,他带了两万大洋来到八邦寺,将这笔钱存放在庙子作为学法期间的食宿和各项费用。老朋友见面,自然欢喜异常,我当晚就留宿在八邦寺,与张澄基就佛教中唯识学的几个问题一直讨论到拂晓。第二天,由他帮我引见了大宝法王和大司徒活佛,承两位法王摸顶赐福,祝我早日赴藏成行,并祝旅途平安。

在八邦寺歇宿一晚后,在强烈日光的照射下抵达宗萨寺。此寺依山而建,僧寮直接建筑在悬崖上,初看觉得悬在半空十分危险,住久也就习惯了。第二世宗萨钦哲降养却吉罗卓活佛是名闻康藏的大德,他的前世第一世宗萨钦哲发起了近代藏传佛教史上著名的"利美"运动,即主张融合藏传佛教的各派修法,不分教派地修持和弘扬藏传密法。这一世的宗萨钦哲继续发扬"利美"运动的精神,尽管他本人为萨迦派传承,但通晓各派的密法,证境高深,成为各派喇嘛一致敬仰的上师。宗萨钦哲活佛体格魁梧,相貌庄严,举止神态安详自若,令人一见便肃然起敬。他经堂内布置得也很朴素,大多是些经书法器,不像八邦寺二法王居住的经堂,布置得那般奢侈豪华。活佛因为接到德格土司为我写的介绍信,对我另眼相看,亲自教我密法仪轨。当时悟开法师也在宗萨寺学习密法,对我十分照顾。自从进住寺庙后,一切都需要从头做起。寺庙方面仅免费给我提供一间居室,我须自费购买坐垫、炊具、茶具及食物。

德格县的全部军政要员

西康人吃糌粑，喝酥油茶，但喝酥油茶需要搅茶器，搅茶器就像一门迫击炮发射器，把茶油混合搅拌约十几二十分钟，就制成了酥油茶。这个器皿有贵有贱，也须自己购买。德格市面上买不到米面及杂货，宗萨寺所在地又是偏僻乡村，除糌粑、干牛肉外什么也没有，所以日常生活相当困苦。

我在宗萨寺跟随宗萨钦哲活佛一共学习了一百六十七种密法，其中尤以摩利支天法最为稀有，真可以说是千载罕遇，万劫难逢。

在宗萨寺法会期间，通过宗萨钦哲的介绍，得以结识索康汪钦色古

左：二十四军政治部主任戴烈
右：德格土司泽旺登登

学（色古学在藏文为"贵族少爷"的意思）。汪钦是西藏大贵族，他从昌都来德格，是为参加大金寺会议，解决大金寺悬案的，顺便来宗萨寺参拜宗萨钦哲活佛，并向全寺喇嘛熬茶布施。西藏人大多是佛教徒，不论是贵族还是平民，都喜欢朝拜佛寺，布施喇嘛，或者在佛前供酥油灯，虽然是为个人或家庭修福，有时也竟然会收到意想不到的政治效果。

当我与他攀谈后，他知道我有意去西藏学习密法，于是主动为我写了一封致西藏各地边防关卡的手令，嘱我在赴藏途中，可随时用这张手令晓示西藏边防守军，一定会放行不误。当初我并不知道他的真正身份，也不清楚为什么他会有如此大的权力。后经打听，才知道他当时是西藏当局噶厦（西藏地方政府）设在昌都的秘书长，而昌都边防军司令正是他的父亲。他是以四品官的身份派到昌都工作的，又因为出身于贵族家庭，受过良好的教育，会说汉语，通达汉情，所以派他作为全权代表，来德格参加大金寺会议。索康汪钦色古学先派昌都汉文秘书王廷选前来德格筹备和谈事务。王君是昌都汉人，祖籍陕西，曾受中文教育，汉藏文都很精通，为人也很和善。王君来后不久，索康汪钦也带领大批仆从跟随而来，可是住了很久，刘文辉的代表仍然迟迟没有出现，索康一行只好到各寺庙拜佛，以求加被和谈成功。我却也因此获福，能够顺利入藏。

我因在宗萨寺获得了所有萨迦教的密法灌顶，求法可以暂告一段落，于是在十月上旬返回德格。原先听人说，德格更庆寺有一位活佛，学贯显密，并有大神通，我请德格土司介绍，向更庆钦哲活佛求授密法。大师慈悲为怀，当即答应了我的要求，传授喜金刚大法，每天上午还为我讲解喜金刚生起圆满二次第，内容神奇，不可思议。因此确信无上甚深的密法，如喜金刚生起次第之类，对于密法修习信心不坚定的人，真是不可以随便传授的。

在学习喜金刚密法时，因为有上师的介绍，我结识了玉龙土司夏克刀登，就是那位与红军作战被俘而出任博巴苏维埃政府财政部长，后来又用低价买得炉霍喇嘛寺佛顶金帽，把它改赠德格更庆寺而惹起风波的名人。因为在同一师门下学习，我们成了朋友。他知道我有一架柯达照相机，喜欢摄影，而他正好也有此爱好并拥有全套显影定影的暗房器材，无条件供我使用。因此我时常到他居住的地方冲晒照片，结果我们成了莫逆之交。在结识刀登以前，我的摄影底片必须寄往成都冲晒，往返需要很长的时间。后来因使用他的暗室，冲相片就方便多了，我便将宗萨钦哲活佛的照片印出几张，赠给友人供奉。哪知一传十、十传百，最后竟然有上百个康巴人聚集在我的住处，要求我送给每人一张活佛的照片，我只好说自己没有那么多的印相纸，只能寄往成都加印。据说，一张宗萨钦哲活佛二乘二的半身像，可值十几元康洋！价钱贵，还很难买到，因为甘孜、德格一带，没有一家照相馆。康藏人供奉上师或活佛的画像，多数用布画，上面涂上彩色，俗称"唐卡"。这种画像有大有小，大的有数丈长，小的仅有二三寸见方，可以装在银盒中，出门时也可佩带在身上作为护身符。

十月底，刘文辉主席委派出席大金寺会议的首席代表章镇中团长冒着严寒行抵德格。他带有一排卫队及许多文武随员，这使沉寂已久的德格边城突然热闹了起来。我与章团长在甘孜相识，原以为别后各奔东西，难以再次相聚，没想到分别仅仅数月，又在边城相会，人生因缘真是不可思议。章团长及其随员都寄居在德格官寨子内。官寨子范围很大，除德格县立小学外，德格县的保安团团部也设在里面，大金寺的会议也在此召开。章团长到德格后不久，就召集康方有关的土司、头人，与藏方代表一起召开会议，我也被邀请列席。由于双方开诚布公，经过多次会商之后，终于使多年成为悬案的大金寺事件顺利圆满地得到了解决。

协议要点如下：汉藏双方出资重建大金寺，大金寺喇嘛逃亡西藏境内者，准以回康安居，既往不咎。汉藏双方同意撤退金沙江边驻屯兵，汉方将原驻屯于德格龚垭之驻军一营，撤至甘孜。藏方将原驻屯于岗拖之驻军，撤至江达。中央社记者刘尊棋专门撰写了一篇题为"康藏关系新纪元"的文章，可以参考。我在会议的开幕日，特意拍摄了一张照片，作为历史性的留念。

为了学法方便，并且就近依止上师，我决定搬到德格土司的隔壁，更庆钦哲佛堂中居住。佛堂是一座独院，院中雕梁画栋，布置得很华丽。活佛住在下层，我则住在上层，我住的再上一层还有宽大的月台可以眺望四周风景。上师慈悲为怀，免收房租，并且拨出一名仆人，为我烧茶煮饭。安排妥当以后，我从此心无二用，专心修习密法。

成为一个真正的密宗弟子并不是简单的事情，它有着严格的要求和步骤。密宗不同于显教，要依上师而成就，因此第一步就是找到一位

第二世宗萨钦哲降养却吉罗卓活佛,当地康巴人听说我拍下了这张照片,争相前来索取,摆在家中佛堂供奉

真正具有修证,而且具备菩提心的金刚上师。上师的好坏,对于你的修法影响很大,所以必须多方打听,挑选一个学德俱佳又诲人不倦的良师,然后以师礼侍奉。如何侍奉,在宗喀巴大师所著的《菩提道次第广略论》中有详尽的说明。此外,藏文中有一部法典叫作《上师五十法颂》,其中对于密宗弟子如何依止上师有着详细的规定,每位弟子都必须认真学习,以此为衡量自己行为的标准。密宗弟子要将上师视为佛陀,上师与佛无二无别,这样才能与上师身、口、意三业相应。

宗萨钦哲活佛法相

　　拜了师，第二步就是求受密宗戒。基本戒有十四条，与比丘戒二百五十条、菩萨戒五百条比较要简单很多，但文简而意繁，真正履行起来却并不容易。第三步就是向上师求受密法灌顶。康藏各派的密法，算起来有几千种，学习每一种法都必须由上师灌顶传授。密教学派，注重传承，代代祖师相传，继承不断。求受密法灌顶虽多但不必每种都修，有的仅是为了保持传承，以备以后度众生之用。一般是选择一两种与自己最相应的法米修持，持之以恒，才能成就。初修者应该从仪轨简单、

更庆寺的更庆钦哲活佛

汉藏双方就大金寺事件谈判的会议现场,我应邀列席会议,拍下了这唯一的一张照片

容易起修的法开始，仪轨太繁琐，初修的人往往不易观想，观想不清楚，就不能得到定，而无定则无法生出般若智慧，因此也就难以获得成就。

  在德格期间，还遇到过一起德格县政府民事诉讼案件。事情起因是德格县属龚桠村附近有一个小金矿矿坑，原来由汉人李某开掘。经过一二年的开采，因采不出黄金，李某自愿无条件放弃，表示任由他人采掘。有位姓王的汉人听说后就进入矿坑继续发掘，此君真是吉星高照，不到一个月，居然挖到一个重五十多斤的大金块。李君听到消息，要求均分，王君当然不会答应，两人只好对簿公堂。范县长对这个官司感到十分难断，征询我的意见，我说：李某已经放弃这个矿坑，所挖出的黄金，都应归王某所有，不应该均分。我还说，在人类社会中，纠纷虽多，却总离不开天理、国法、人情三个方面，如果根据这三个原则处理争端，凡事都可迎刃而解。

第四章

❖

藏地风情

两个不寻常的徒弟

我在西康德格学习密法共十个月（一九三八年八月十一日——一九三九年六月六日）。到了一九三九年的六月，天气渐渐转暖，我又开始考虑准备西行入藏，完成求法的长征。我将这个想法与范重三县长商量，范县长十分赞成，并答应提供经济上的援助。我自从抵达德格后，用于缝制喇嘛装、印刷藏文经书、备办骑马用具及供养上师等等的开销，耗费极大。身上带的和存在包楚楚处的现金差不多已经用完。这次入藏除沿途备足用费外，到达拉萨后，还要在三大寺熬茶布施，算下来至少需要大洋三千元左右。除内地好友汇寄来少数资助外，还缺少大洋三千元，范县长听说后慷慨解囊，用此数相赠，这样就解决了我西藏之行后续阶段的大问题。

筹备将要停当，甘孜的友人李栋庭居士来信，信中说特意介绍两个人作为我入藏的同伴。李居士年前因参加大金寺会议前来德格时，听说我不久将只身入藏求法，觉得未免孤单和危险。在他返抵甘孜后，到处为我寻找同伴，结果皇天不负苦心人，他为我找到了谭兴沛与颜俊二人。两人都是湖南籍，谭君是湘潭人，是无线电台报务员；颜俊为益阳人，是无线电机械工。他们两人受国民政府交通部派遣，前往西藏拉萨电台工作，但西藏地方政府没有允许入境，所以暂时寄居在班禅大师的行辕中，想通过别的办法进入西藏。两人自从离开南京以后，历经内蒙古、华北、青海等地，在边疆地区已跋涉了多年，后因班禅大师在青海玉树圆寂，中央政府想借助班禅活佛恢复汉藏关系的计划完全破灭，谭、颜二人正在一筹莫展之时，听说我将赴藏求法，认为机会难得，很想同我结伴而行。然而在当时汉藏关系的形势下，他们如果以公务员的身份入藏是很难通过西藏关卡的。想到这一点，我回信说康藏人民极其尊崇喇嘛教，最好让他们两人作为我的徒弟，穿上喇嘛装混入西藏。

经过二十多天的等候，谭、颜二人终于在一九三九年五月三十日到达德格。这天雨雪纷飞，道路湿滑，我在县政府内猛一见到这二人时，顿时大感失望。原来两人穿的衣服不是喇嘛装，而是内地的和尚装。如果这样入藏，藏人不能辨别是僧是俗，反而会坏事。而且两人所带来的骡马及仆从，十分招人眼目，既不像是商队，也不像是旅行香客。于是我要求二人在我的详细指导下重新进行化装。经过几次磋商，二人不仅需要重新化装，而且仆从及骡马太多，目标太大，容易引起藏方的注意，为了安全起见，我提议我们几个人分三批渡过金沙江，在昌都西边一个叫浪荡沟的地方重新集合。我们约好，凡是先到达该地的人要等候后来的同伴。谭兴沛自愿出任先锋，把自己化装成一个穷苦的安东娃子朝佛香客，步行前进。当年按照康藏习俗，每年从青海、内外蒙古、西康、四川等地步入藏地朝佛的"阿菊娃"人数很多，藏边各地关卡对这类香客一律放行无阻。这些人大多是衣衫褴褛，肢体黝黑，身无分文，白天遇到村庄就沿家乞讨，夜晚就露宿荒山之中，往往有的人就这样葬身雪窖，也有的人中途病死，还有的则被野兽吞噬，遇到的种种苦难，数不胜数。然而他们都有极其坚强的佛教信念，所以仍坚持百折不挠地前往拉萨朝佛。谭兴沛既然要与这些人结伴，在生活习惯和服装修饰方面都应该与他们相同。我的康巴老仆阿嗡有一身旧藏袍，已穿了十一年，看上去破烂不堪，我花了十几块康洋买了下来，嘱咐谭某穿上。谭兴沛一见这套破旧的藏袍脸色就沉了下来，我对他说，如果不这样打扮起来，你根本不像一个穷苦朝佛的香客。他听了这番话才勉强穿起了这套藏袍。谭某虽然能步行，但两肩不能负重，粮食及简单卧具都要另找人帮助背负，本来跟随他的仆人没有一个人愿意与他同行，谁都不愿意吃这份苦。这时正巧有青海边区三十九族蒙古族后裔阿菊娃十来人步行入西藏朝佛，经过德格，正住在德格近郊的山洞中。我马上派仆人强巴同他们商量，结果他们愿为谭君背负行李和粮食，并且沿途照料。这些人看上去相貌友善，不像是凶恶之徒，与他们结伴，大概不会有什么危险，谭兴沛于是决定和他们一起走。我又特意嘱咐谭兴沛一路上要装聋作哑，如遇到藏人盘查，一概不回答。

  一九三九年六月三日，德格县政府设宴为我们三人饯行，宴席非常丰盛，有熏牛肉、醉鸡、皮蛋、海蜇皮等冷盘；头菜是红烧海参及烧烤等，共计九大盘，这是我到德格后吃到的一顿最丰盛的晚餐。晚餐过后，天色已黑了，只见冷风瑟瑟，雨雪纷飞，心中突然荡漾起了一种"壮士一去兮不复还"的悲壮情绪。谭兴沛倒是不怕风雪，携带简单的卧具和盐茶糌粑、干牛肉各一袋，于当夜十一点左右赶去阿菊娃们栖居的山洞，准备一大早随他们一起起床，在天未亮前渡过金沙江。当我和颜俊为他送行时，他的态度和表情十分坚毅，没有显出有什么顾虑。我心里却想，他明天就要开始过一种艰苦万分的生活了，他们交通部的人员一向待遇优厚，尤其是在边疆工作的人员更有特殊津贴，所以平时生活比较优裕，作为政府官员他能够吃这样的苦，真算是难能可贵了，心里不由得对他产生了敬佩。谭兴沛临别时和颜俊开玩笑说：怎么样，和我一起去吧？颜俊立刻回答说：别，别，我可不愿意把这条小命搭进去。谭兴沛离开后，第二天我就开始筹备第二批人员的出发工作。第二批人的主要工作是负责驮运一些无线电器材和行李，由随从仆人强巴及葛殿英负责押运。他们两人生长在边疆，懂得汉藏两种语言，而且熟悉经商的门道，但因为行李过多，原有的骡马不够分配，只好托人到处物色，经过了两天，才花了一千八百块康洋，买到两头骡子，第二批人马这才在六月五日起身西进。

最后一批，也就是第三批，只有我和颜俊两人。我到德格后，早已换上了喇嘛装，为了使颜俊尽快装扮起来进入角色，我特意为他买了一套旧喇嘛装，共花了八十元。颜俊穿上正好合身，看上去俨然像是一个甲喇嘛。接着我又教了他一些喇嘛礼仪和简单的经文，嘱咐他要多念经，少说话，以免被藏人识破。范县长得知我们就要出发远行，特地叫人送来几驮川茶和几袋糌粑、酥油和面粉，以便途中食用。德格土司泽旺登登也派人送来几袋米、面、酥油、奶渣奶饼，并写信给沿途藏方戍边官员请求给予照料。带着大家的深情厚谊，我与颜俊在六月七日启程直奔金沙江，踏上了入藏之路。

金沙江的关卡

金沙江，蒙古语为"木鲁乌苏"。旧志中记载：金沙江源出于巴萨通拉木山东麓。近代人查出金沙江发源于唐古拉山北麓，流经西康的邓柯、德格及巴塘等地，流入云南的丽江，经武定府到四川界而入叙府，与岷江流汇合，最后流入长江。这条江有许多渡口，其中有几处毗邻此时的汉藏边界。谈到这所谓的边界，就要从十三世达赖喇嘛讲起。

十三世达赖喇嘛的藏名叫作图丹嘉措（一八七六——一九三三），

是一位很有政治手腕的统治者，与五世达赖一样是历代达赖中的佼佼者。他的一生处在西藏前所未有的大动荡时代，经历曲折而极具戏剧性。他曾经两次逃亡，第一次是在抵抗英国军队入侵失败后逃亡内地，投靠满清政府；第二次却是反过来，与清军交战失利，逃到印度去投靠英国人。最初英国人想方设法进入西藏时，他坚决抵抗，同时寄希望满清政府，能帮助他将英国人拒之门外。在进入西藏的要求被达赖喇嘛拒绝多次后，英国人决定动武。一仗打下来藏军大败，而满清政府的昏庸和驻藏大臣的无能又令达赖喇嘛依靠中央政府保护的希望彻底破灭。英军攻入拉萨时，达赖喇嘛逃往内地避难，而在拉萨的满清驻藏大臣有泰对英国人却是百般恭顺，非但未能保护西藏的利益，反而迫使藏人与英国签下了不平等的条约。此举大大地刺激了达赖，使他觉得风雨飘摇的满清政府根本无力再为西藏提供任何保护。以后他到了北京为慈禧太后祝寿时，慈禧不顾达赖在西藏至高无上的教主地位，坚持要他见面时行跪拜礼。皇太后大概忘记了，清朝初年五世达赖进京见顺治皇帝时，非但没有行礼，顺治帝反而出宫亲迎。这样一来，再一次让十三世达赖喇嘛感受到了莫大屈辱。

　　不久，满清政府开始意识到西藏问题的严重性，它于是派出了几位精明强干的大臣，其中以唐绍仪为代表与英国人谈判西藏条约，张荫棠为钦差大臣入藏主持藏务。谈判的结果使英国在条约中确认了中国对西藏的主权，而中国也为此付出了大笔的战争赔款。另一方面张荫棠利用达赖喇嘛不在西藏，西藏贵族群龙无首的难得机遇，在西藏推行各种改革，使中央政府在西藏直接插手处理藏务，真正行使主权。

　　与此同时，在四川的川滇边务大臣赵尔丰在西康地区，即西藏东部、四川西部和云南西北部的地区，开始推行"改土归流"的政策，将过去由地方土司管辖的土地划归为县，由政府任命县长轮流来管理，取代当地土司的统治。如此一来大大削弱了地方土司的势力，加强了中央政府对边区的控制。赵尔丰在川边的这一改革遭到了土司们的反抗,但赵尔丰以心狠手辣闻名,人称"赵屠夫",对付土司的反抗他毫不手软,率兵东征西讨,废除了一大批土司,也杀了不少人,连拉萨派在西康地区的官员也被他驱逐出去。就这样他将德格、巴塘及昌都一带收归了过来。赵尔丰后来在辛亥革命时被四川革命党人尹昌衡所杀,但他推行的改土归流政策却为后来西康省的建立打下了基础。

张荫棠等人在西藏实行的改革和赵尔丰在西康推行的改土归流大大损害了西藏贵族的利益,威胁到达赖喇嘛的政权,达赖为此恨之入骨,他开始号召藏人起义反抗。为了镇压可能发生的叛乱,清政府从四川调遣了一支三千人的军队赶赴拉萨。这时达赖在北京晋见慈禧太后之后回到拉萨,不久便与驻藏大臣联裕发生了正面冲突,双方正式翻了脸。川军入藏后将藏军打得溃不成军,一路打到拉萨。刚刚回到西藏的达赖只能再次出逃,通过大吉岭逃往印度。清军在后紧追不舍,这时达赖卫队中一个士兵奋勇阻敌,用箭一口气射倒了十几个追兵,保护达赖逃了出去。这个士兵本是个木匠,一个不知名的小卒,这一次却成了达赖喇嘛的救命恩人,以后获得达赖喇嘛的提拔,成了西藏的大贵族。

达赖喇嘛出走后,清朝政府视为叛逆事件,下令废除达赖的名号,另选达赖转世灵童,形成了达赖与中央政府彻底决裂的局面。另一方面,入藏川军的军纪涣散,进入西藏后又杀又抢,引起当地藏民愤恨。不久辛亥革命爆发,驻藏的清军内部发生分裂,事实上这批川军早已为四川的帮派"袍哥"所控制,一切由袍哥中的"老大""老二"说了算,当时任统领的钟颖根本无法指挥。军队发生哗变后,先是绑架了驻藏大臣,以后军中的保皇派和革命派又发生矛盾,彼此争斗不休。加上达赖喇嘛在暗中命令西藏的商人不准卖粮食给川军,逼得川军士兵不得不四处打劫抢掠,驻藏军队实际上已失去了战斗力。这时达赖看准了时机,开始发动对驻藏汉军的扫荡。这一次他依靠英国人提供的新式来复枪,将汉军彻底摧毁，把他们赶出了西藏。从印度回到拉萨后，达赖喇嘛开始秋后算账，对曾经帮助过汉人的西藏人，喇嘛也好，平民也好，一律赐死。贵族四大林中的丹杰林活佛因为帮助了汉人，被达赖下令处死，活佛庙子中的喇嘛无一幸免，整个庙子被烧毁。一个名叫擦绒的大贵族也被列入清洗的名单，本人被杀，妻子和所有的财产庄园由达赖喇嘛封赏给了那个在他逃往印度时用箭保住他性命的士兵，这个当年的无名小卒从此摇身一变，成了大贵族擦绒。

扫荡了拉萨的汉军后，达赖并不罢休，又派出一支五六千人的军队，由一名喇嘛率领攻打昌都。由于驻守昌都的汉军与内地失去了联系，被藏军击溃。就这样，达赖政权的势力暂时达到了昌都以及金沙江以东的几个县的范围，藏军开始在那里设立哨卡，阻止汉人进入西藏，切断了与中央政府的往来。直到大金寺事件爆发，汉藏双方再次交战，刘文辉指挥二十四军收复了金沙江以东被藏军占领的地区。民国二十一年（一九三二）康藏双方在岗拖签订停战协定，方以金沙江为界，金沙江以西属西藏当局管辖，以东属康境。

我们到达江边，实际上已经站在了当时的康藏边界上。我从江边向对岸大声呼唤了几声，要求藏方帮助摆渡，不久就看见对岸划来了四只牛皮船。金沙江的牛皮船不同于甘孜附近的白里，白里的牛皮船腹部大而深，容量也较大；这种牛皮船，口部敞大而且扁，容量不能超过两驮牦牛的重量。但因渡口江面的水流不太急，所以能安全横渡。

渡过江后，我嘱咐颜俊留在江边，看守行李，我就前去拜访藏官甲本占堆。此地有一所村庄，设有检查关卡，由甲本占堆驻守。甲本是连长官阶，占堆是他的名字。我与占堆是旧相识，去年大金寺会议时，他曾跟随西藏代表索康汪钦色古学来德格参加会议，一见到我，占堆立刻弯腰相迎，并说：本来以为您早应驾到，为什么一直拖到现在才到？随即派人去江边搬运行李。不久颜俊也到了，甲本不认识他，我赶紧介绍说，我之所以迟迟没有入藏，正是因为等候我这位徒弟。甲本含笑望着颜俊，眼神中似乎在怀疑这人是不是个真的喇嘛。这位甲本虽是军人，但没穿军服。西藏军服分两种，军官穿英国陆军制服，打领带，穿皮靴。士兵则穿藏式黄色氆氇袍，头戴呢帽加帽徽，穿藏式的黄色长筒靴。这天甲本穿的是藏色长袍，腰缠丝带，耳朵上佩戴两寸长的松耳石耳环，待客谦恭有礼。我到达的时候，正碰上甲本和他夫人在用晚餐。见到我来了，他们迅速将杯盘收拾到了一边，把我请到上座。西藏风俗，不设坐椅，只设坐垫，坐垫上铺西藏织造的羊毛地毯，地毯是方形或长方形，并有彩色花纹图案，地毯四周用英国红呢绒镶边，十分美观。我盘膝坐在上方，颜俊盘膝坐在我的侧面。甲本仆人取来一盘干牛肉、少许辣酱及一壶酥油茶、一小袋糌粑，作为我和颜俊的晚餐。康藏人习惯，当吃糌粑时，先在碗中倒上少许的酥油茶，然后放入糌粑，用手指慢慢地搅和，就像和面一样，然后用手捏成团，送入口中，不用筷子。吃干牛肉时用刀削片蘸着辣酱吃。汉人刚入藏地，往往很不习惯这种饮食方法。

晚饭后，我为甲本家诵《二十一尊度母礼赞经》，颜俊则念诵大悲咒。甲本为了表示虔诚，一直在室内陪伴我们，直到修法完毕，甲本夫人也向我顶礼致谢，请求加持家宅平安。这位甲本为人心地善良，看到我们二人孤单西行，就对我说：有两位康巴商人准备去拉萨，你们如果愿意，可以和他们结伴同行，我表示同意后，甲本随即招呼进来两个人。我抬头一看，心里吃了一惊，原来这二人不是别人，正是谭兴沛和颜俊的仆人强巴和葛殿英。他们两位比我们提前一天出发，想不到竟然在这里巧遇。我们几人生怕引起甲本的怀疑，虽然双方都猛吃了一惊，可又都马上镇静下来，装作彼此互不认识。

第二天早上，在诵经祈祷后，甲本献上哈达及酥油、干牛肉等物作为路上的口粮，并交给我一纸乌拉马牌，告诉我只要有了这张马牌就可径直到达江达。从江达到昌都的马牌要由江达代本签发，他的辖区界限是由岗拖到江达为止。说完这番话，甲本牵来两匹备有鞍辔的骏马，供我和颜俊骑乘；为了驮运行李和货物，又为我们准备了八头驮牛。此地乌拉的收费也和西康不同，是用藏银计算。骑马每匹每站，收取藏银六钱，驮牛每匹每站收取藏银四钱。藏币是以两为单位，两以下是钱，钱以下是分。十分为一钱，即一枚铜币。十钱为一两，即十枚铜币。两以上用银元，有三两银元，一两五分银元，有时也用七分五厘的银币，叫作白藏噶。

江达受阻

从岗拖到江达大约八十五公里。江达是昌都和岗拖之间的要冲，为防守昌都的前哨，这里驻着藏兵二百五十人，由一个代本率领。我们刚一进江达地界，就飘过来一阵悠扬的军乐声，仔细分辨它的音韵，很像英国苏格兰人演奏的乐器。这个地方每年五月都有一次集市，各种土特产品都会陈列出来，有印度运来的布匹、颜料、厨具、皮鞋等等，不过价钱十分昂贵，当地一般老百姓根本买不起。

我和颜俊骑马直奔官寨子，由当地头人负责招待，休息了片刻，我就前去拜访江达代本。代本是个西藏贵族，名叫多德，四十多岁，身体瘦长，脸上留着胡须。我在甘孜时，曾由一后藏官员介绍与他相识，但事隔一年，印象已经模糊。我打听到代本住在村南的兵营内，就前往兵营求见。兵营藏语叫作"马噶"，大门向东，到门口时就看见有两个身穿藏式服装的卫兵，坐在兵营大门外的岗亭里钉鞋底，步枪就挂在墙上，其中一位藏兵把我引到了代本室。代本正坐在藏式矮榻上，身上穿着一件黑色的氆氇长袍，头顶中心有一个发髻，上面嵌有一个小金佛盒，这是贵族阶级特有的标记。代本的左耳朵上悬挂着嵌有松耳石的金耳环，大约有三寸长，坐榻前放着一张长方形的矮桌，上面摆着藏式茶具，茶杯是江西瓷，茶盖茶托都是银制的，用来喝酥油茶。我按照藏俗，先献上一条洁白阿喜丝哈达，然后呈上索康汪钦色古学的手谕及德格土司的介绍信。代本看完信后迟疑了一会儿，抬起头来慢慢说道：索康汪钦色古学的手谕是在去年九月签发的，你们为什么去年不来西藏，却拖到今天才来？我回答说去年天寒地冻而且没有找到同行的伴侣，所以拖延到今年夏天才出发，并没有其他的特殊原因。代本说：不一定吧？最近昌都有公文来，嘱咐我加紧防范匪徒，尤其要防范汉人偷渡入藏，所以我不敢放你们过去。你们既然是索康汪钦色古学的朋友，我会请示昌都总管，等到有答复后，再放你们入关怎样？我心里清楚这时再说什么也没有用，只好起身告辞。

　　我把和代本会见的情况告诉了颜俊，和他商量有什么补救的办法。颜俊对我说，他住在边疆已经多年，按他的经验，藏官来到康地，都是横征暴敛，贪婪成性，个个贪小便宜。不如咱们带上二十块康洋，找个机会偷偷送给他，也许会起些作用。我说二十块康洋恐怕拿不出手，不如送上一包川茶效果更好。于是我让乌拉巴二人抬着一包茶叶，和我一起再次向代本居所走去。果然不出颜俊所料，代本一看有礼物送来，脸上立刻露出了几分喜色，殷勤地对我说，你们远道而来，先小住几天，少安毋躁，不久自然会有好消息。我说：我们这些人急切盼望着早日入藏求法，如果中途耽误太久，会感到十分烦闷。况且江达市区过于喧闹，很难静心修法。代本说，我不能违抗昌都总管的命令，如果你们觉得台站周围环境过于喧闹，我可以为你们寻找一处安静的地方，我会马上派人用快马向昌都火急递送公文，请你们耐心等候。

　　正巧这时台站的楼下住着两个从康定来的小喇嘛，正在商量明天的行程，我招呼他们过来问话，这两个小喇嘛大概只有十来岁，一个叫阿旺，一个叫多杰，准备从康定去拉萨求法。我问他们愿不愿意帮我到昌

菊泼寺，我在这里闭关十几天，等候来自昌都的消息

都送信，多杰表示愿意前往。我立即写了两封信，一封给索康汪钦色古学的信，用藏文写成，另一封是用中文写给昌都总管府中文秘书王廷选先生，请他们二人帮忙迅速通知江达的代本放行。接着我给多杰准备了一袋糌粑和三十块康洋，嘱咐他立即动身，徒步前往昌都送信，得到回信后马上赶回江达。他的同伴阿旺就留下来和我同住，作为我的随从。

江达距离昌都约有七站，全程大约是二百四十多公里，步行往返需要半个月，快马来回也要六七天。送走了多杰，代本告知已经为我们找到了一座喇嘛寺作为临时住所，寺名叫菊泼，是噶举派的道场。寺中有喇嘛二十多人，离江达约两公里。寺庙坐落在一个山沟中，环境显得颇为幽静。寺内住有两位活佛，年纪都是四十来岁，学问和修行都很不错。代本派来的几位夫役及骡马帮助我们搬运行李，菊泼寺的僧侣看到我们前来，引到客室招待，并送来两壶酥油茶及两条哈达表示欢迎，我则奉上川茶和中国绸缎作为礼物回赠。两位活佛神态非常慈祥，听说我们在江达被阻，都表示同情。而且告诉我，万一进不了西藏，就请住在菊泼寺中，他们会毫无保留地传授我噶举巴密法。噶举巴密法在康藏传播极广，信众极多，甚至远播不丹王国，而且德格八邦寺就近在咫尺，很容易亲近大宝法王和大司徒活佛。

菊泼寺正在大兴土木，翻造大殿。大殿的顶端有一处藏经楼，珍藏着一部汉藏合璧的大藏经手抄本，是几百年前的珍本，极为珍贵。我与颜俊和阿旺搬进寺庙后，我就开始闭关修炼十一面观音密法。颜俊则是每天颂大悲咒上百遍，祈求佛力加被，脱离苦境。山中的岁月流逝如梭，一转眼闭关已经十几天，昌都方面还没有任何消息送来，我们于是出关恳请寺中的活佛修法。活佛在法事完毕以后，又特意为我们占卜，估算我们的命运如何，结果得到的是上佳的卦象，活佛说不出今明两天就会有好消息。活佛果然神算，第二天清晨，即六月二十二日，也就是我等被阻在江达的第十三天，忽然听到寺外有马铃声响，铃声由远而近，只见一个藏兵骑马直奔寺前，下马后就急匆匆地询问甲喇嘛在什么地方，说是奉了代本的命令前来邀请甲喇嘛，我马上应声出来迎接，随同藏兵一起返回江达。

查验香疤的烦恼

我们一行回到江达兵营，见到代本，他告诉我说，已收到昌都总管府的公文，我侧眼一瞧，代本手上的公文是一个三英尺见方的西藏土纸，呈卷轴式由下向上内卷，用西藏文草书体，由上从左至右向下书写。首行是藏文隶字体"江达代本知照"。公文的最末一行是发文日期及昌都总管黑色四方官印。按西藏习惯，从达赖喇嘛以下，凡是属于僧侣阶

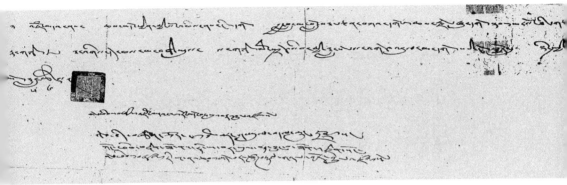

从江达到昌都的马牌

层,公私印章,可用红色印泥。凡是俗人及政府机关,都用黑色印鉴。代本随后向我宣读公文内容,大致是说:凡是汉僧,头顶都有戒疤,三粒、九粒或十二粒不等。我一听到这里,不由得愣住了,我虽然是僧人,也曾受戒,但并没有烧疤。后来想到我的头顶上有几枚艾疤,大概可以蒙混过关。于是就对代本说,汉僧的戒疤有各种形式,有的疤烧成鼎足而三的形状,也有的疤在头上烧两个在手上烧三个,这是汉地特有的制度,并未传到藏地。我说完伸出脑袋让代本查验,因为头发很密,代本忙活了一阵什么也没有找到,我抓过他的手故意让他摸到了我的艾疤,代本大为惊讶,感叹地说:这种疤真是少有。然后又问我的同伴们是否都有香疤,我自然说他们也有,我会带他们来接受查验。

我在返回菊泼寺的途中,一直为颜俊的香疤问题发愁。他做我的徒

第四章　藏地风情

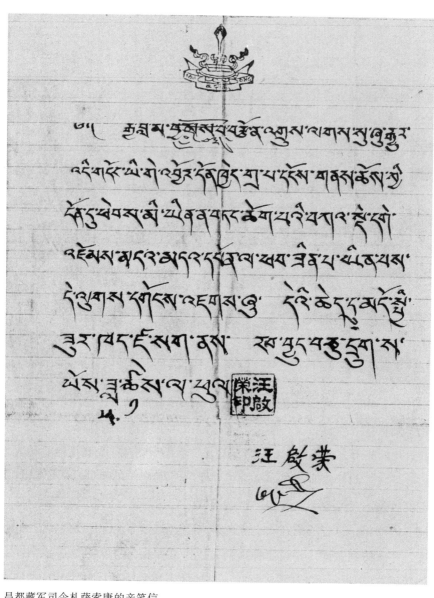

昌都藏军司令扎萨索康的亲笔信

弟还不到二十天,哪里会烧出香疤?他开始想用额头后面的一处大疤蒙混过关,我对他说,这次查验关系到你能不能入藏,一定要慎重考虑一个稳妥的方法;况且你虽然出家,却还没受戒,正好借此机会完成手续。颜俊表示同意我的建议,我于是为他拔去一些头发,制成三个香疤,然后前去接受代本检查。代本察看后说,这三个疤好像是新做成的,我马上回答,这位徒弟出家已经多年,头上肯定是老疤,所以有头发生在其中。代本看着我,表情半信半疑,却也没法辨明真伪。

正在这时,代本的夫人突然从侧室闯进客厅,请求我为她看看手相。她早就听说汉僧精通相术,想抓住机会看看自己的运程。我在重庆时,因为和精通掌纹的重庆罗汉寺方丈定九和尚经常相处,曾经得到他的亲身传授,对掌纹学也略知一二,虽然不敢说是精通,可因常给人看相,每次往往还大多能说中。代本夫人在听完我的一番解说后,表示十分信服。

查验过香疤后,代本交给我一纸乌拉马牌,计有骑马三匹驮牛八头,每匹马每站需付二两藏银,驮牛每匹每站需付一两藏银,从江达到昌都共七站,与从岗拖到江达比较,贵了许多。我本想请代本酌情降低马价,但因乌拉马牌已经用印,不能更改。我立刻离开兵营前往头人处,嘱咐他将牛马直放菊泼寺,头人正在开怀畅饮,醉态蒙眬,我强迫他在马牌上签字,并发出传票。菊泼寺中的活佛已经知道我将在明天离开,特意赠送我一袋干牛肉及一克酥油,土面一包,糙米数斤,并请我写封信给刘文辉主席,以便他日后赴康定募捐修庙。

一切准备妥当后,六月二十四日清晨我们告别菊泼寺僧人,继续踏上征途。当乘马路过江达时,心境十分舒畅,十五天的等待,心中像挂满了吊桶一样,七上八下,忐忑不安。心想从今以后终于可以完全放松心情,直奔拉萨了。可刚走了没到一里地,江达头人飞骑狂奔而来,我顿时心里一沉,不知又发生了什么事情。停下来一问,原来是要求我补足少算的马价，我虽然教训了他几句，最终还是满足了他的要求。将近朗多的时候，远远看见小喇嘛多杰正由昌都步行归来，急速地向前赶路。他的背包中携带着昌都藏军司令索康札萨及汉文秘书王廷选汉藏文复信各一件。索康的藏文信中说："书寄洛桑珍珠（我的藏文名字）足下：来函敬悉，足下是真正出家人，为访求密教而来西藏，我已令江达代本放行，专此奉复，容当面叙。昌都总管札萨索康印。"札萨是西藏官衔，索康是世家名，他的藏名是罗桑巴登，汉文名字是汪启荣。王廷选在复信中说："来书敬悉，法驾赴藏事，已蒙昌都总管正副二位总司令许可，令饬江达代本放行矣，至于乌拉马价事，俟足下抵昌都后再设法。此时因藏政府严厉杜绝滥支乌拉，是以不便更改，匆复，敬叩旅安。"看完两封信后，我内心非常感谢昌都汉藏友人的帮助，尤其是多杰作为我派遣的信使，勇敢而出色地完成了任务，从此以后他就作为我的随从，由我沿途免费供给衣食和乌拉马骑乘。

我们开始向昌都进发，途中要翻越喀工拉山，这山里有土匪出没，抢劫过往客商，为了安全起见，我在中途的朗多歇息了一晚，同时趁乌拉巴返回江达的机会要他转告代本，火速派遣一名武装骑兵前来护送我们到昌都。几个小时后，江达代本特地派一位专差来朗多告诉我说，明天将派骑兵护送我们赴昌都，请我们前往喀工拉山山麓等候。

藏兵护送登山

我们在朗多住了一晚，这里有几十户居民，还有一名村长办理日常事务。村长年纪四十多岁，衣衫褴褛，披发赤脚，一点也不像地方有势力的头人。村长招待我们住在驿站内，还赠送了我十几只鸡蛋，我回赠了一砖川茶。康藏境内海拔高，空气干燥，鸡蛋储藏时间一长，内部水分就会蒸发，变成空心鸡蛋，有蛋黄而无蛋清，土人有时将鸡蛋浸在水中，或埋在地下，等到积攒到一定数量，才拿出来献给长官，或卖给顾客，他们本人一般很少自己食用。

我在驿站中焦急地等候着护送的藏兵，眼看天色已晚，还不见人影，心想藏兵或许不能在当天赶到，于是只能做好多住一天的准备。深夜时分，忽然听到一串马铃声由远而近，接着就听见有人在院里大声喊叫着问甲喇嘛住在什么地方，我知道藏兵到了，马上把他叫进屋内，借着酥油灯的微弱光线一看，只见这个藏兵四十多岁，身体瘦长，脸上长满了胡须，身穿西藏军装，荷枪佩刀，看上去倒是有几分威武。他告诉我，明天的路途很长，加上沿途土匪出没，所以必须在鸡鸣时分就要启程，否则就赶不到指定的驿站。当晚有很多留宿在驿站的徒步香客，都在犹豫着不敢前进，听说我们有藏兵护送，纷纷要求和我们结伴，我答应了他们的请求。

大家鸡鸣就起床，在夜色苍茫中摸索前进。抵达山麓时，东方才慢慢显出鱼肚白来。喀工拉山海拔约三千三百八十米，绵延数十里，峰峦起伏，重重叠叠，当时正是盛夏，山中虽缺少树木，但水草丰美，适合放牧牛羊，所以放牧人零散分布的黑牛毛帐篷随处可见。渐渐深入喀工拉山的腹地时，只见山中沟渠纵横，道路迷离，如果没有识途的向导引领，肯定会迷路。我们尾随藏兵走到一处山间平坝，猛然发现这里有野鹿和野獐成群地奔跑，藏兵举枪要打，被我喝止住了，劝他不要杀生。越过平坝后，到达一处牛毛帐房，承蒙牧民接待，取出酸奶子招待我们。酸奶子颜色洁白，味道酸甜，有止渴生津的效果，我端起一碗一饮而尽，顿时觉得周身舒畅。这时藏兵也不失时机地做起了生意，他从怀中取出一束四川芋叶，想在此出售。因为牧民出价太低，交易没有做成。双方最后达成协议，以货换货，用一束芋叶换了二克酥油。

爬到喀工拉山山顶，天色已近黄昏，只见山麓中有几个人尾随追来，他们个个赤裸着上身，挎枪佩刀。我看了一愣，怀疑是匪徒劫道。

藏兵和同行的人都踌躇着不敢向前，我这才知道西藏军人原来是胆小如鼠，中看不中用。我上前查询问话，才知道也是旅客，大家这才松了口气，然后一同下山赶赴驿站休息。

喀工驿站设施颇为简陋，只有几个头人住在这里应付往来的差役。驿站附近有一处温泉，可惜因为没有设备，无法洗澡，我们只好望着蒸腾的热气遗憾地叹口气。西藏人的家庭没有沐浴设备，如果想要洗澡，要等到夏季天热时到藏布河或湖泊中去洗。婴儿出生后也不洗澡，只是将婴儿放在太阳底下晒一晒，然后用酥油涂抹全身就可以了。虽然有一些天然温泉，但数量不多，而且大多分布在山间偏僻的地方，交通十分不便，所以顾客不多。

在路上我遇到了一位蒙古喇嘛正在徒步向东赶路，他知道我是个甲喇嘛，于是用汉语和我攀谈起来，原来他的家乡在东三省，多年在西藏求法，去年考到格西学位后，因为思乡心切，所以取道西康，准备绕道四川回东北老家。我告诉他内地正在抗战，到处都是烽烟弥漫，东北已被日本人占领，成立了伪满洲国。我劝他还是先往四川住下，等到抗战胜利后再回东北家乡，他听到这些话后脸上露出了十分难过的表情。

藏军司令的款待

昌都，也就是古代的察木多，是川滇入藏的要道，西有昂楮河，东有札楮河。昌都此时有居民约六百多户，川、滇、陕三省的汉商，有许多在此地经商。昌都市的北面是戎空喇嘛庙，也叫强巴林寺，属于黄教系统，有喇嘛三千多人，大活佛名叫帕巴拉格列朗杰。喇嘛寺的前面就是西藏边防军司令部，或称昌都总管府。东南是兵营，驻有藏军两千多人。我看到西藏军旗在上空飘扬，不禁生出几分感慨。因为在民国六年（一九一七）前，此地还是川军统领彭日升的驻地，直属四川省。十三世达赖喇嘛在扫荡了驻拉萨的汉军之后，派遣喇嘛噶伦江巴丹达率藏军八代本（约四千人）的兵力，围攻驻昌都的川军，川军因武器落后，无法和英国新式的来复枪抗衡，又因后援断绝，彭日升大败而逃。藏人在扫荡了昌都川军后，一九一八年在昌都设立了噶厦所属政权，首任昌都噶伦就是喇嘛江巴丹达。

扼守昌都对外交通要冲的地方有两座桥，凡从西康南路或云南来此地的人，必须经过云南桥；凡由西康北路来这里的人，则要经过四川桥。每座桥长约十丈，横跨澜沧江上，桥下有石头基座，用三根巨木作为桥梁，上面铺设木板以便行走。过此桥时，人和牲口在上面走动，会感到剧烈的摇晃。低头向桥下看去，只见大江在脚下奔流，你会感到头晕目眩。桥的西头设有税卡，一看我带有几驮川茶，税警就要索取茶税，西藏茶税的征收率很高，一般是值百抽十，凡运茶十驮的人，都要被抽去一驮作为茶税。我在金沙江边的岗拖时，曾获免税放行的礼遇，在此我也对税警说，这些货物都是赠送藏官的礼物，所以获得免税通过的特权。

进了昌都城，本来打算前往王廷选家拜访，结果藏兵阴错阳差地把我送到了蒙藏委员会派驻昌都的调查员唐磊的地方。唐磊这人我在德格时就已久闻其大名，一直无缘相见，今日在昌都巧遇，双方都有相见恨晚的感觉。想当年，我们都是有志于边疆工作的汉族青年，因此聚在一起自然非常投机。唐磊详细告诉了我们有关谭兴沛的消息。原来他在我们被阻挡在江达时已经到达了昌都，开始时仍跟随着阿菊娃们寄宿在昌都郊外的一个马厩中，大约住了有三天，后来因为阿菊娃内部发生内讧，他无法继续停留，才偷偷跑到了唐磊的住处。唐磊猛一见谭兴沛的一身打扮，怀疑是个乞丐，刚要把他赶走，谭君急中生智，马上用湖南湘潭话与唐磊交谈，这才被延请进屋，私下里问清了他的身份，方知谭是交通部官员化装入藏。昌都总管府因为我们被阻于江达正在加紧斡

第四章　藏地风情

旋，不知是谁走漏了这个消息，弄得满城皆知。后来唐磊他们也听说公文已到江达，代本已经放行，按时间计算，应该早已到达，却迟迟不见我们的踪迹，不知到底发生了什么事。谭君住在唐磊家日夜焦虑不安，生怕发生其他变故。昨天正好有昌都喇嘛寺几十人准备取道藏北草地前往拉萨朝佛，经过多方努力，谭君终于被允许加入这支队伍，踏上征程才不过几个钟头。我一听这话，马上想骑马追赶，唐磊阻挡住我说，西藏人多疑，追上了反而不好，我感叹一声，只好作罢。

谭兴沛与一班阿菊娃闹翻，其中另有缘故。谭君到拉萨后曾经告诉我说，阿菊娃中有几个女人，权力比男人要大。其中一位最有权有势的妇女看中他年轻俊秀，体格健壮，生了爱慕之心，要以身相许。谭君知道这个妇人有花柳病，害怕被传染上，所以坚决拒绝。妇人一看好事不成，就联合一些阿菊娃对他进行人身凌辱，谭君终于忍无可忍，逃到唐磊处请求帮助，于是才发生了以后的故事。

我抵达昌都的时候，藏官们大多去他处度假，昌都总管府暂时停止办公。西藏习俗，每到夏季的时候，有游柳林的风气，富有的人会在私人拥有的柳林子内撑起帐篷，邀请亲朋好友来郊外饮酒谈天，共享园林之乐，时间持续一天或数天。藏官甚至征调民间美女，陪酒侍寝。普通人民往往肩上背着背包，携妻带子，带足食物，前往郊外的公共园林，往草地上席地一坐，饮酒作乐，放喉高歌。每到夏季，康藏各地，多半如此。寺中喇嘛也无法免俗，因高原气候，冬季长，夏季短，所以每当柳垂新绿，绿草如茵的时节，藏人会抓紧时间尽情享受郊外生活。唐磊君告诉我说：你若想迅速离开昌都，可以前往柳林中会晤札萨索康索要马牌。我考虑后觉得这样做不太妥当，所以打算等他度假归来再去拜访。

七月五日晨，我听说藏官已从柳林返回，决定先去拜见王廷选。王君住在市区的内部，我请他帮我引见札萨索康。索康藏名叫罗桑巴登，是当时的昌都边防军司令，身体清瘦顾长，脸部黝黑，上面还有一些麻

昌都藏军颇本（军粮官）阿沛·阿旺晋美

点，年纪有五十多岁，有极深的阿芙蓉癖。他原来是个平民，被贵族招赘才入了索康家，成为贵族。但发迹了以后吃喝嫖赌不务正业，被他的夫人赶出了索康家族，只得自立门户，成为索康苏巴，又娶了一名西康女子为妻。我到他府上拜访时，只见他身穿西装，精神奕奕，我奉上八方上等黄缎和一驮川茶作为见面礼，同时对他签发公文让江达代本放行表示感谢。札萨则客气地把我让进客厅。客厅十分宽敞，陈设的家具也很华贵，里面的沙发和钢椅都是从英国运来的。札萨能说一口流利的汉语，所以我们彼此都能畅所欲言。当札萨向我询问德格龚垭汉兵是否已

第四章　藏地风情

与札萨索康（中）、昌都总管府汉文秘书王廷选合影

经撤退到甘孜时，我对他说，当自己经过那里时，已不见汉军的一兵一卒，证明确已撤退，札萨对此回答表示满意。

　　过了几天，我听说索康汪钦色古学也已从外地返回，就前往他的府上求见，并赠送八方大公司缎。缎子的颜色是黄色，西藏习俗，凡是四品以上的藏官，可穿黄缎作为礼服；四品以下的藏官，只能穿紫色或赭色的缎子礼服。当时汪钦虽然还没授正四品，却因他父亲的保荐，已拥有四品的官阶，所以可以身穿黄缎。这种缎子的原产地是南京，要从上海运到印度，然后从印度运抵拉萨，最后才从拉萨运至昌都，兜一个大圈子，所以售价非常昂贵，每方售藏银二十四两。如果用当时的法币折合，那么每方约值袁大头五元。

　　因为考虑到汪钦是昌都总管府秘书长，有权签发乌拉马牌，更有权

与昌都总管府官员合影：前排左起：颇本（军粮官）阿沛·阿旺晋美，札萨索康，代本机布；后排：秘书长索康汪钦（中），云南商人何某

提高或降低乌拉马价，因此送上这份厚礼。我一见汪钦就为江达放行的事向他道谢，他则不好意思地感叹道："没想到人事变更，我的手谕竟然不起作用了。"我趁此机会请他帮忙疏通有关方面降低马价，因当时昌都总管府，鉴于西康方面提高乌拉马价，所以也随即采取了同样的报复性行动。我向汪钦解释说，我是入藏访求密法之人，既不是商人，也不是官员，不可拘泥于此例。汪钦允许骑乘的马匹每匹每站减收二两银子，驮牛每匹每站减收藏银一两，实际上这个价钱已比藏官出差支取乌拉的马价高出了许多，而与江达至昌都的马价相等。

在我抵达昌都的第九天，札萨索康特地设宴招待我和颜俊。我心中思量，札萨能说流利的汉语，而且为人精明，如果带颜俊赴会，恐怕会露出破绽，事情反而会不妙。于是我找了一个借口，推说颜俊正在闭关，

第四章　藏地风情　　143

札萨索康的妻子,西康女子,据说因鸦片烟烧得好,被索康看中

因此不能前来。这天的宴会除主人札萨和夫人外,还有陪客札萨喇嘛、四品堪窘、索康汪钦、代本机布、颇本阿沛·阿旺晋美、中文秘书王廷选、云南茶商何君,加上我共十人。

西藏人的服装与金沙江以东康人穿的服装有所不同,尤其是西藏贵族更特殊。贵族男人头顶有一个发髻,是由两条小辫组成,不同于汉人的道士髻,因为道士髻是圆形的,而贵族的顶髻是长方形的。发髻中间有一个约一寸见方的金佛盒,这种发髻是西藏贵族特有的,普通的西藏人即使富甲一方,也只能梳一条长辫垂在脑后,不准有发髻。但是身为贵族如果犯法,比如身为军官却作战不力,身为民官却贪赃枉法,或勾结外国、阴谋叛逆等等,就有失去顶髻的可能。如果顶上没有了顶髻,就表示这个贵族已被降成了平民。还要根据他犯罪的严重性,再决定惩罚的轻重,严重的要家产充公,妻子改嫁,流配远方,当奴仆,甚至要经受挖去双眼、切断手足等等酷刑。西藏贵族的官服,大多用中国缎缝制,领口看上去像戏装,内着外翻的白绸衬衫,腰系绸带,脚踏藏靴。妇女则穿缎袍,颜色或是紫色或是绿色,内着粉红色衬衫,外围丝线所织成的围裙,头戴珊瑚巴珠,脖子间佩一个黄金佛盒,踏彩色藏靴。这天札萨破例穿上西装,脚上穿了一双皮鞋。札萨夫人是一身缎袍,外面罩着黑色坎肩,脚穿一双半高跟鞋,显得体态轻盈。汪钦及机布二人则穿汉式藏青色哔叽长袍和皮鞋。阿沛是一身缎子长袍加上皮鞋。王秘书及何君穿的是汉人布衫,我穿的是喇嘛装,但我这套喇嘛装和札萨的喇嘛装不同,札萨的喇嘛装是英国哔叽、缎袄、俄国金丝缎背心、藏靴,这一身的打扮价值连城,我的喇嘛装可不能与他相比。

西藏贵族宴请宾客很少只请一餐,大多一请就是全天。如遇到类似升官这种喜庆的日子,还可能连续请七八天的客。这些贵族都有自己的厨子,他们选择自己属下的臣民到四川去学习中餐手艺,或到印度去学习西餐和西点,学成回来后为主人烹调。但西藏贵族的日常生活却很俭朴，多数人都以糌粑和酥油茶充饥，平时很少专门烹调中西餐点。这一天宴会的程序和食谱如下：

一、午餐：主食是新鲜中国银丝面，原料面粉是从印度输入的，洁白如雪，拌以鸡蛋，是由札萨的私人厨师用手擀制而成，因此既柔软细滑又美味可口。面汤是用鸡肉和云南鹤庆火腿煎熬而成，喝起来香甜味浓。主食之外还有四个热炒：四川榨菜牛肉丝、炒三冬、云南火腿鸡鲍片、回锅肉。盛菜的碗碟，都是从拉萨运来的上好的江西瓷器，汉席是用筷子，不用刀叉。午餐后，札萨索康、汪钦、机布、阿沛及云南茶商何君，开台打起了麻将。红中白板，都是用汉语。赌码很大，而且有广东飘，所以输赢的几率也很大。我与札萨喇嘛和另一个僧官不懂打牌，只能在一旁观战，正觉得无聊，汪钦嘱咐人搬来了一台留声机，播放中西唱片，供我们消遣。

二、茶点：下午三点是英国式茶点，茶是利比顿红茶，茶壶茶杯是英国瓷。糕点有英国蛋糕、奶油卷、咖啡糕、苹果派等等，都是札萨的西餐厨师做的。

三、正餐酒席：晚上八点，是正式汉人酒席。第一道是冷盘，计有熏香獐肉、卤牛肉、醉鸡、鲍鱼片、皮蛋、海蜇皮、火腿片、咕噜肉等等；第二道菜是牛筋海参；第三道是脆皮鸡；第四道是烤乳猪……共十二道。甜点是八宝饭。席间还有法国白兰地、西宁大曲、泸州白干，藏官们互相猜拳，五魁八马，都用汉语，最会猜拳的人是机布。汪钦笑着对我说，这个胡子将军真是可恶。十点散席后，藏官醉眼惺忪，又去寻找别的娱乐，我则告辞而去。

第二天昌都总管府送来乌拉马牌，上面盖有藏文夺埋基巧黑色关防，而且措辞极为客气，上写"汉藏本为一家，兹甲喇嘛入藏求法，仰沿途官吏，地方头人，小心照料"等等。王廷选君对我说，有了这个马牌，沿途将通行无阻。可见札萨对你十分尊敬，不是普通人可以比的。

藏官们听说我将要离开昌都，纷纷向我赠送礼物，汪钦送来两包土产米及几克酥油；札萨喇嘛则送给我几十扎云南粉丝和几十块瓦儿糖。我前往唐磊处，将前一天拍摄的我和藏官的合影照片请他冲洗出来，趁往各处辞行的机会，分送各人。

第五章

❖

走近拉萨

西藏纸币

将要离开昌都的时候，我的房东柱拉噶太太对我说：你们今天西行的路途虽然遥远，但已经日益接近拉萨。你们所携带的西康银元分量太重，如果用来支付乌拉水脚钱，折合率时高时低，用起来不很方便。我家里有很多西藏地方政府发行的面额七两五钱的纸币，我愿意低价与你们的康洋兑换，虽然我自己吃点亏，但你们携带起来会既轻便，又容易支付沿途的开支，岂不是两全其美吗？我拿过一张仔细观察，纸币是用西藏地方出产的夹层土纸印刷，属于五寸半乘三寸半的长方形。正反两面都印有红绿黄三色的油墨花纹，正面上行印有西藏文字样，下行印有藏文"四部功德主利乐通宝贝足世出世法第十六世纪纸币"。上下四角有藏文五十藏噶数字（即七两五钱），上下两端有编号，左右两端有摄政王的红色印鉴。夹层中间印着藏文"天建甘丹颇章殊胜圆满"字样。因为纸质粗劣，印刷简陋，猛看上去，不知这就是纸币，倒很像普通的契券。西藏的尼泊尔商人善于仿造，因此伪币充斥于前后藏及西康一带，西藏地方政府无力查禁；而康藏的老百姓因为知识浅陋，无法辨别真伪，所以有很多人上当受骗。西藏地方政府发行七两五钱纸币，原是想通过这个手段固定对印度卢比的兑换值，每一卢比当时可兑藏银七两五钱，但后来卢比的兑换价格时涨时落，一个卢比有时兑藏银九两，或十两，要看自由市场的需要而定。卢比汇率最低时，每一卢比仅能兑换藏银一两五钱，如对日抗战期间，四川对外交通被封锁，川滇商人云集拉萨，迫切需要用藏银来支付运费，这是卢比兑换率最低的时候。

西藏地方政府采取强迫手段发行纸币，并制定了极严厉的法律来推行。对那些拒绝使用纸币的西藏人民，处以砍断手脚的酷刑。但这种法律只在繁华地带才行之有效，穷乡僻壤却仍然用生银作为交易的货币。

我曾尝试用纸币购买酥油，商贩竟然高抬市价，甚至不愿出售，这正是因为纸币刚发行不久，老百姓还不习惯用它。在昌都总管府我还看到过一张西藏的原始纸币，长方形西藏土纸上印着黑色的简单花纹，一点也不像钞票。除面额七两五钱的西藏纸币外，一九四二年发行了面额五两的纸币，加上陆续发行的面额藏银百两的纸币共四种，都是擦绒所主管的乍基康所印制。

我将手头的康洋与房东的纸币兑换以后，柱拉噶太太十分高兴，送上酥油茶及考色（西藏油炸果子），祝我一路平安。王廷选和儿子特意赶来为我送行，等了很久还不见乌拉到来，于是嘱咐藏兵去差务处催促。管理差务的是一个西藏僧官，身穿蓝色英国哔叽长袍，四十多岁的样子，正坐在高座上指挥乌拉差民为我拨出三匹马、八头驮牛。藏兵和乌拉民夫将牛马牵到我的住所后，我们就将行李及货物分别驮上牛背。正要出发，忽然接到唐磊的来信，信中解释说，之所以不能前来送别，是怕引起藏人疑心，带来不必要的麻烦。我很了解他当时的处境，因为

藏银一百两银票

藏银七两五钱银票

第五章 走近拉萨

唐磊来自昌都，纯属私自入境，首先并没获得西藏地方政府的批准，抵达昌都后又属于非法居留。所以藏人并不以政府官员的身份对待他，既不供给柴草，又不提供免费的房屋，还希望他最好早日离开。札萨索康曾讽刺说，怎么有这么多来西藏的湖南人？（当时驻拉萨的行政院参议蒋致余及拉萨电台台长张威白都是湖南人。）因为湖南地方贫瘠，人民生活穷苦，所以西藏贵族往往看不起湖南人。

颜俊到昌都后，唐磊曾叮嘱他，如札萨询问你的籍贯，最好回答是河南，以免被藏人讥笑。我在给唐磊的回信中劝他小心忍耐，不要因小不忍而乱了大谋。

从谭兴沛的遭遇说起

七月十一日晨九点出发后，沿着昂楮河西北，行经喇嘛寺时，看见有许多石刻的佛像，周围有很多藏人围着石像游走礼拜，让我肃然起敬。我一见这景象，忽然想起了唐磊曾经告诉我说，谭兴沛刚到昌都时，跟随阿菊娃一起绕佛，途中恰巧碰到札萨索康，札萨觉得他长得很像汉人，看了他好一阵突然问："你是谁？"谭兴沛装聋作哑不回答，札萨转身问谭君的同伴，一位老妇人代他回答说："这个人是我们安东来朝佛的聋哑人。"札萨这才没再追问，把谭兴沛放了过去。想起来真是好险哪！

越过喇嘛寺后，翻过一段高坡，再沿河前行，就到了昌都总管府的柳林。柳林在河的南岸，景色宜人，每到夏季，藏官们常在此地游憩。林子的左边就是昌都大活佛帕巴拉的园林，规模不大，但很精致。活佛的前世曾在乾隆五十七年（一七九二）平廓尔喀之乱时踊跃向清军捐献粮草，支持满清入藏大军，从而受到清廷的册封，赐金册金印，历代相传，直到这一世，仍然与汉族关系密切。

沿着柳林向西几里路，就到了俄罗桥。桥长约三丈，横跨昂楮河，桥在昌都西边大约二十公里，是昌都西行进入西藏的要道。桥的右面建有一座高高的佛塔，看上去好像是在指示凡夫俗子在苦海中寻求迷津的意思。因为凡是入藏的旅客走到这座塔，都必须选择下一步要走哪条道路，走康藏大道，就要渡桥向南；如果走小道，就要沿塔向西前进，约走上八天就到了类伍齐，俗称类伍齐草地，这里虽然道路平坦，水草丰美，但常常几天见不到人烟，所以只适合于大队人马的旅行，像我们这样只有几个人的队伍，走这样的路显然是不合适的。

跨越俄罗桥后，仍沿河西行，下午六点左右到达浪荡沟，这里距昌都约三十七公里半。这条沟在山谷之中，阴森清凉，有一所新建的驿站孤零零地矗立着，周围没有任何别的建筑。地方头人见我们到了，赶忙打扫房间。我们把从昌都带来的干牛肉及粉条，加水煮熟后当晚食用。在康藏旅行，一切日常生活必需品都要自备，否则中途就算有钱，也没有地方买东西。当我住在西康德格时，仅仅知道浪荡沟在昌都西边一站，今天身临其境，才知道只有一所驿站，没有别的居民，如果要谭兴沛在这里等候我们，很难不暴露身份，还好他已结伴离开了。

不久我们到了一个名叫日朵的山脚下，山中瘴气弥漫，我的随从就有人因瘴气而生了病。我马上给他服了中药丸，才获得痊愈。颜俊避瘴气的办法是抽香烟，而我则在口中含上云南瓦儿糖。在西藏旅行，随身的药品必不可少，尤其在烟瘴弥漫的山地旅行，香烟和虎标八卦丹尤其有用。据藏兵说，这座山是川滇进入西藏的要道。

山中奇趣

从拉贡向西行，都是平坦大道，走了大约十公里就到了松罗桥。松罗桥横跨扎楮河上，桥面上泥土的重量把桥身压得弯弯曲曲。过了桥继续向西，就到了擦噶拉山。大雨过后，路基被山洪冲毁，湿滑无比，有时需要双手抓着藤葛，绕道而行。山里有人工架设的栈道和巨木搭起来的天梯，用来连接两山之间的交通。西藏当局不重视公共交通的建设，也不想改进落后的交通设施，生怕道路畅通以后，外人就会涌入，再也不能闭关自守，喇嘛政治必然被外来势力所颠覆，建立大西藏雪山狮子国的梦想也会因此破灭。

走了大约三十公里到达恩达寨，这里海拔约四千三百米，气候寒冷，不宜播种五谷，只见成群的牛羊放牧在附近山间。寨子中有十数栋民宅，看上去残破不堪，一片衰败的景象。因为此地是康藏的交通要道，差役繁重，老百姓被压迫得透不过气来，生活十分困苦。我们的乌拉从昌都到此已走了三站，应该在恩达更换了，于是我将昌都总管府签发的马牌，交给当地头人查验。验明无误后，头人答应明天早晨把乌拉牵来。

恩达寨的乌拉照例由差民供给。应差的民夫由于长途跋涉，往往几个月不能返回家乡。加上饮食不良，生了病又缺医少药，所以常常有人病死他乡。西藏号称佛国，可人民所受的虐待，真非其他地方可比。年轻一辈受过英国教育的西藏僧侣想对现状加以改革，但西藏的统治大权操纵在贵族和顽固的喇嘛手里，所以留学生返回西藏后大多无所事事。英国人深知西藏掌权贵族的心理，所以投其所好，利用赠送英国武器和金钱，由印度进口货物，在海关免税放行等各种手段控制西藏的政治经济。反过来再看我们中央政府驻藏的官员，非但不想方设法去改进汉藏关系，反而用种种方法满足个人私欲，蒙蔽中央政府，结果造成汉藏关系日益紧张。

七月十四日早上，我们偕同护送的藏兵和徒步朝佛的同伴继续西行，另外有昨晚刚到的一名藏兵请求和我们结伴同行，他带着两匹坐骑，准备牵往麻利迎接贵族上司。我看他人较朴实，同意了他的要求。西藏军人路过大山时就怕遇到劫匪，按照西藏的法律，如果枪械被抢劫，必须自己赔偿。经过了两天的翻山越岭，我们接近了洛隆宗，只见路旁崖上刻有乌斯使者保泰题的一首汉文诗,保泰是乾隆五十四年至五十八年的驻藏大臣,以副都统衔领藏事,当时正值廓尔喀侵略西藏,朝廷出动几万兵马花了一年的时间才平定大乱。这首诗是他任满离藏时刻上的,至今已经有将近两百年的历史了。

在洛隆宗巧遇刘曼卿

七月十六日下午到达洛隆宗,此地距嘉玉桥约四十公里。西藏的"宗"等于汉地的"县"。汉地县治所在地,大多扼守着军事、政治及经济要冲。不过汉地的县有城墙环绕,城墙四面设有城门,有护城河围绕。西藏的"宗"也设置在要冲地带,周围密布碉堡。洛隆宗的宗寨建在一所高丘上,远离市区。西藏古代时也出现过部落割据的局面,就以"宗"为据点,反抗外来侵略。现在时过境迁,宗寨已成为宗本的官舍。洛隆宗市区在宗寨的南面,约有五十来户居民,商业方面极其落后,农业却十分发达。此地属昌都管辖,宗本则由拉萨委派。西藏制度规定,任何一宗,均派有二位宗本,一僧一俗,俗官由总管府选派,僧官则由译仓选派,二人地位相等,任期三年。

我们一行到洛隆宗的第二天,就听说有人传报拉萨将有汉官到来。我心想中央政府驻藏官员并不多,蒋致余参议已离开西藏,目前在西藏的官员只有掌管交通部电台的张威白,所谓汉官莫非是他?到了第三天,才知道是刘曼卿女士从拉萨东返,经过洛隆宗。刘女士是《康藏轺征》一书的作者,西康巴塘人。一九三〇年曾代表中央赴藏与十三世达赖喇嘛会晤,去年以康藏民众赴难宣传团的名义,由印度前往西藏。现在任务已经完成,所以东返内地。我与刘女士并不熟识,但因住处相邻,所以前往拜访,打算请教一些有关沿途交通和拉萨方面的情况。与刘女士同行的还有格香九女士,即格桑泽仁太太。格太太长得面貌娟秀,身材苗条,俨然是一副明星的模样。据刘女士说,这次入藏宣传抗战很有成效,因为藏人远居高原,交通闭塞,只知道中原发生了抗日战争,而不知其中的详情,所以这次来藏,主要用电影的形式向他们宣传抗日战争的真相,同时用藏语解说,获得了西藏民众的同情,藏人踊跃捐献,支持抗战;但因满清封建余毒还未清洗干净,汉藏民族之间仍有隔阂,所以没能收到百分之百的效果。就我所知,藏人思想并不像外人所传说的那样顽固,他们也了解一些世界大事。藏人无论在经济上、文化上、佛教上、物资上均乐与汉人交往,所谓独立自主的想法,仅仅是少数极端分子的狂妄思想而已。

我本来想在洛隆宗多住几天,以便访求当地的密教大德,但按照西藏的习惯,旅客没有特别的事由,如果居住三天还未离开,就要停止柴草和差役的供应。我怕惹出麻烦,于是催促头人征齐乌拉。这天供骑乘的乌拉都是马匹,让我很高兴,因为在康藏旅行骑骡马最快,其次是毛驴,最慢的是牦牛。当我离开洛隆宗时,刘曼卿女士特意为我送行,并赠送我五十两藏银。康藏人民大多是佛教徒,常常供养僧侣求福,有时用纸币,有时用现银。用纸币的时候,是将纸币封在藏纸封套内,写上藏文"供绳"字样并附上一条哈达。用藏银时,则用白布包裹,将银元或铜元捆上一大包,面交当事人,做得非常礼貌周到。

硕督汉人的生活

离开洛隆宗后,沿途道路平坦,到处是星罗棋布的村庄和广漠的田野。二十公里后到达鼻奔拉山,山不太高,上坡如履平地,等到下坡时才觉得有点陡。鼻奔拉山的西麓点缀着一些村庄,乌拉巴告诉我,此地出产的农产品十分丰富,我当初以为昌都是藏边沃野,到了洛隆宗才知道此地也有大片的农田,农产品丰富的程度还超过昌都,所以能养活驻扎在康地的上万名藏兵。听说在满清时代就曾用洛隆宗出产的粮食作为清军大本营的给养，所以这里应该设有粮台。我当时就想，今后经营西藏东部，应以洛隆和硕督二宗作为农垦区。

离开洛隆宗大约五十五公里地方叫作曲齿，又名紫驼，这是因当地的紫驼喇嘛寺而得名。喇嘛寺属于黄教系统，有上千个喇嘛，寺庙周围环绕着几十顷农田。当天我们驻扎的驿站就在寺庙内，从事驿站差役的人就是紫驼寺的喇嘛。寺庙的喇嘛听说有甲喇嘛来了，都纷纷过来探望，并用泥壶装满酥油茶表示欢迎。

离开紫驼行走了二十五公里，当天下午两点左右到达硕般多。此地又名硕督，人烟稠密，是西藏东部的一个重镇。满清时代此地驻有重兵，和西部的拉萨，东部的昌都遥相呼应。宣统二年（一九一〇）波密事变，清军驻军统领罗长琦率兵由工布江达进攻叛匪失败，以后又派川军从硕督进攻波密，才生擒了反叛首领白马青翁，所以硕督在地理上的重要性，不仅在于它处于西藏东部的中途位置，而且还能控制西藏的东南部地区。我到硕督时，还发现遗留着清代修筑的城墙残迹，市内街道也有些规模，我们抵达后准备停留三天，以便朝拜密教大德，补充粮食和整顿行装。

我到达硕督后，当地的许多汉人前来探望问候，因为这里多年来很少有内地汉人出现。这些在硕督的汉人生长在边疆，一方面孤陋寡闻，消息闭塞；另一方面经济实力又不如藏人，所以遭到藏人的歧视，有时还会受到凌辱，处境十分尴尬。

在洛隆宗时，我曾遇到一个陕西籍的汉人，姓皮，年约四十，已和康地妇女结婚多年。那时他来驿站探望我，我留他一起吃饭，这位老兄饭量惊人，能吃好几大碗，吃完还请求我再给一些饭菜，好带回家中给他的妻子。他对我说，全家已经很多年没有闻到饭香了，一是因为穷困，二是就算有钱，也无法在市面上买到大米。他还向我打听内地情形和抗日战争的有关情况，我都一一做了回答。他表示抗日战争的胜利当然是他所希望的事情，然而他最为渴望的是汉人势力能再次伸展到西藏，让居住在西藏的汉人有扬眉吐气的一天。

还有一位姓尤的汉人，也是陕西人，居住在此已有三代，年约三十多岁，经营商业，家道小康，能说能写汉藏语文，经常往来于拉萨和硕督之间，因为看到我的桌上摆着一本英国前锡金商务官员麦克唐纳所著的《旅藏十七年》中译本，很感兴趣，翻阅一遍后告诉我说：麦氏书中所说的有关拉萨新建设的情况未免过于夸张，书中所提到的警察、邮政、电报及电灯等设施都还在草创的阶段。就他所知，全拉萨只有在大昭寺前有一盏电灯，根本没有普及到商家和民居；邮政只是以拉萨作为起点，东到工布江达，西止日喀则，西南到帕里。电报则是有线电报，直通印度，是英国人竖立的。所以所谓西藏的新政，实在没什么成绩可言。

旅居硕督的第三天，传闻前面有土匪出没，打劫行人，心中颇感不安，因为藏地旅行，旅客的安全与否全赖个人自己，政府概不负责。跟随我多天的藏兵，因有要事，不能随行；如果请昌都总管府另外派人前来，又需耗费时间。正徘徊犹豫间，恰恰听说有藏兵二人到达硕督，他们是受札萨索康的命令，押运川茶前往拉萨，有自备牲口，也有乌拉马牌。例如马牌上写明应支取乌拉百匹，因有自备驮马五十匹，仅需地方供给另一半的乌拉，其余的一半乌拉，则由地方补给现金，如以每匹每站藏银二两计算，则每天在每站收集藏银一百两。昌都至拉萨有二十多站，一路走下来可搜刮藏银两千多两。至于负责押运的藏兵也有些小好处。我请二位藏兵来到我的住所，希望他们和我结伴同行，并请他们沿途照料，两人满口答应下来，第二天还为我等催齐了乌拉。

硕般多的喇嘛寺和市区都是依山而建，喇嘛寺规模宏伟，金顶灿烂。市区有居民二百来户，市面上的几条街道也显得颇为整洁。硕般多宗本官邸及办公处，都在喇嘛寺内。硕般多原本是西藏的一个部落，后被准噶尔占据，到了乾隆五十八年，征讨廓尔喀的清朝大军进入西藏，这里的民众起而响应，擒获了准噶尔所派的官吏。雍正四年，朝廷将硕般多赏给了达赖喇嘛。

康藏人的区别

在西藏旅行，凡是见到农田，附近必有村庄，否则就必少人烟，这条规律几乎是百试不爽。从硕督西行二十五公里几乎不见人影，到处是荒山秃岭，到巴喇拉山后，发现山势并不陡峻，只是十分绵长。山间有牧民及多座牛毛帐房，是有名的左巴（牧场）地区。我们爬到山顶，已近日落，赶快下山，到巴里郎歇宿。巴里郎距硕般多约五十公里，骑马需要八小时三刻钟。巴里郎仅有二十多户居民，农产品品种极少，市面相当萧条。从巴里郎前往拉孜也有五十公里，沿途都是山沟峡谷、悬崖峭壁，山溪在谷间湍急地奔腾着。次日清晨又走了十五公里，到朔马拉山，山上的崖石是土红色，《卫藏通志》记载，此山为赛瓦合山，其山势不高，但却逶迤漫长。翻山后三十五公里至拉孜，该地仅有居民五六户，似乎是专门为应差而在此居住。附近有一个喇嘛寺，规模很小，仅有喇嘛五六人。此地荒寒，不产五谷，一切柴草马料，都由别处运来，所以价钱非常昂贵。我与一个藏兵先骑马到达拉孜，希望找到一个比较宽敞的住处，可找来找去只能找到一间低矮破旧的房子，进门还得弯腰，房主人是一个又老又黑的康地女人。向我作揖后把我迎进室内，求我摸顶赐福。

我的随从及另一个藏兵巴扎随后陆续到达。巴扎还未进屋，就听到他在外面不断地咆哮，进屋后对我说，十几枚云南茶途中被驮牛撞散，如果不能得到赔偿，他将受到上司的处罚。然后他将圆茶放在地上，把乌拉巴叫过来恶狠狠地告诉他："这些茶是昌都扎萨命令我押送的，如果有任何损坏，必须照价赔偿，否则我就会把牛杀掉，卖掉牛肉，作为补偿。"乌拉巴没有办法，只好向当地熟人借款赔偿；每枚圆茶约合藏银三两，一共赔了四十多两，比市面价格高出许多。但破碎的茶叶呢，还是仍归这个藏兵所有。事后藏兵笑着对我说："康巴人都是小气鬼，如果不借题发挥，就很难榨到他们的钱。我们当兵的在康地戍边，每月的饷银只有三两，怎么能维持生活？所以必须另外找些外快。"

康藏的民族语言、文化及宗教信仰虽然一致，但彼此之间存在着极多的矛盾。藏人批评康人行为粗犷，缺少礼貌；康人则批评藏人口蜜腹剑，心怀狡诈。特别是在经济方面，康人的实力不如藏人，所以康人旅客刚到拉萨，房间主人一定会问他，你是康人？还是安东娃？如果属于这两种人，在拉萨很难租到房屋，因为他们的行为举止粗犷好斗，经常惹是生非；又因为康地妇女来拉萨后从事的都是比较低下的职业，经常在屋里喧哗吵闹，吵得周围不得安宁。其实康地面积很大，人口又多过藏人，如果康人治康的计划能够实现，则东起康定，西止工布江达，都属于康人的地界，因此藏人虽然嫌弃康人的粗犷，但对于地方上有影响力的康人，也会运用笼络的手段，如德格土司泽旺登登的弟弟，西藏地方政府就授予他台吉的名义，允许他长居西藏，以便将来有机会可以作为傀儡使用。

七月二十五日晨，我们从拉孜向西南行进了十公里，再翻越毕达拉山以后，就到达了一处草坝。我想起在洛隆宗时，刘曼卿女士曾经告诉我说，有一个甲喇嘛从西藏向东走的时候，因为年老体弱，在此处圆寂，当地土人打算为他修建骨塔，以便供奉。我向当地土人询问此事，没有能问出骨塔的确切位置。康藏普通人死后，大多把尸体切割成块，背到山上喂鹰，这就是有名的天葬。遇到大活佛或高德喇嘛死后，就为他们修建肉身塔永久供奉。至于旅藏的汉人死后往往仍是装棺材殓葬，保持原来的风俗。

夏工拉雪山中的神庙

拉孜距边坝仅有二十五公里，骑马不久就到了。这个地区是西藏比较辽阔的地带，有数十户居民，颇为富庶。还有一座喇嘛寺，环境幽静，适宜修道，边坝宗本就住在寺内。寺庙的东南有一座大山，山顶修了一座亭子。当地土人传说，每年四月十五日，此山上空定有彩云出现，云端上坐着宗喀巴大师三父子（宗喀巴及其弟子克主杰、贾曹杰，被称为三父子）及文殊、普贤的圣像，而且能够听到鼓乐喧天的声音从云端传来。我听到后感到很惊奇，可惜无法等到明年四月十五日一睹这样的奇景。

与我同行的两位藏兵到了边坝后分道扬镳，藏兵巴扎需率骡马返回昌都交差，另一个藏兵与我一同押运云南茶叶直奔拉萨。从边坝启程，全部茶叶都用乌拉驮运，不再用私人牲口，因为从边坝往西有数座大山，用骡马翻越，中途很容易倒毙，而且马料昂贵，很不划算。从边坝到丹达山山麓约有三十公里，这天天气晴朗，行走了不久，就渐渐接近名闻康藏的夏工拉山（意思是东大雪山）。夏工拉山就是汉人所说的丹达山，丹达山之所以得名，是因为山麓中有一座丹达王庙，庙在丹达村的西南，外形是汉式建筑，因多年失修，颓败不堪。庙中供着丹达王的塑像，白面黑须，中等身材，明朝的装束，据《卫藏通志》记载：这位神是江西人，姓彭名元震，康熙年间，因受命押解饷银赴西藏，在翻越丹达山时，正值隆冬时节，在经过山顶一个叫阎王碥的地方时，突然风雪大作，彭元震从马上摔下，掉进了雪窖中，谁也不知道他的下落。等到夏天冰雪消融的时候，土人们惊奇地发现，他仍然僵坐在所押运的银饷上，面目栩栩如生。于是大家把他的尸体供奉起来，并修了这座庙来祭祀他。土人说，庙子里的神非常灵验，凡是过丹达山的人，只要虔诚祈祷，一定获得佑护。我与随从人员一起前往礼拜，只见庙子中仍保留着神的几件遗物，包括靴子、帽子和马鞍，以供后人凭吊。

丹达山山麓村内居住着一位汉人，见面并不知道他的身份，等到他从袖子里拿出一罐汉茶，为我祝寿时，我才知他是汉人。他说自己姓万，本是清末驻藏戍边的士兵，沦落在边地已经三十多年了。他看上去披发赤脚，窘迫不堪，乍一看像个野人。他一直未婚，也没有固定的家产，只有二十多头绵羊，以牧羊为生，藏人看到他孤苦伶仃，常常欺负他。他听说我到藏地，特地前来拜见，借此机会诉说心中的苦闷。由此可见，当年苏武牧羊，昭君出塞，文成公主下嫁，汉族儿女远戍边邦，过着茹毛饮血的生活，他们内心的痛苦可想而知！

七月二十六日，我们开始翻越夏工拉山。夏工拉山从山脚到山顶约有七公里半，所以估计此山的高度应超过六千米，有的人估计海拔六千三百米。山势险峻陡峭，四季积雪，山中藏有深不可测的大雪窖，如遇到天气阴霾的时候，牛马会行走缓慢，所以大都走到半山腰就要扎营休息一天，第二天再继续翻山。这天因天气晴朗，人强马壮，中途不停，中午就登上了山顶，只见峭壁悬崖，直透云霄，而深达万丈的雪窖，就在山顶的左侧，看上去让人胆战心惊。山顶有一块汉文的匾额，上写"阎王碥"三个字，竖立年代和书写人的姓名已剥落得无法辨认。

牛厂娃讲笑话

翻过丹达山后三公里，就到了一个牛厂，地名叫察罗松多，分布着茂密的森林。我们向牧牛人买了大约一加仑的新鲜牛奶，用火煮热后，席地而饮。口干舌燥的时候，能喝到如此新鲜的牛奶，真是令人痛快。西藏牧区盛产牛油、羊奶、牛奶，因工业落后，不能制成罐头外销。牛油制成后，是用羊尿泡包裹，重量分一克、两克或五克、十克不等，运往拉萨销售，但不能持久储藏，日子久了会变味。牛油以藏北所产的较好，酸奶则以拉萨哲蚌寺后山棍坡每天出产的为第一，因山中盛产虫草，吃了虫草的乳牛所产的做成的酸奶极为香甜。

当天的驿站是郎吉宗，距察罗松多约二十五公里，行程约四个小时。我们在硕般多所补充的伙食已经吃完，希望在郎吉宗能补充一些食品。但此地缺乏新鲜牛肉，最后由头人找到半只已经变了味的牛腿。这时大家都已饥饿难忍，因此顾不得牛肉是否新鲜，煮熟之后，狼吞虎咽地下了肚。在康藏旅行，夏季一般难以买到牛肉，因为夏季水草丰美，放牧方便，又不利于储藏，因此牧民很少宰杀牛羊。到了冬季水草干枯的时候，冰雪遍地，放牧困难，储藏方便，所以是宰杀牛羊的时节，也是采购牛肉的好机会。

由郎吉宗西行，都是下坡路。夏季涨水时，经常会堵塞道路。走了二十公里的路才到大窝嘉措湖，有数户居民，这里有山有水，风景如画。再向前到阿兰多，然后到甲贡，约有三十五公里，沿途都是大山，路旁还长着许多刺树，马的脚部和腹部被剐得伤痕累累。山坡上到处都是流沙，就像在沙漠中行走一样。所以这一段路常常是骑马的时候少，步行的时候多。中午来到了一个小型的铁索桥旁，此桥是阿兰多通往甲贡的要道，两岸都是千仞峭壁，中间隔着大川，桥面铺着木板，走在上面晃晃悠悠，来回摇荡，两边又没有扶手，过桥非得小心翼翼不可。志书中称此地叫鹦鹉嘴，也叫贾桑（铁桥）。过了桥后道路比较平坦，直到甲贡。甲贡属于拉里宗管辖，藏兵告诉我说，从甲贡向西一带的老百姓民性剽悍，不像昌都、硕督一带的人性情柔顺。进入这一带后感觉确实如此。单就当地人的穿着上就能知一二，这里不论冬夏，人人都穿一件老羊皮袍，不怕风寒和冰雪，个个面貌黝黑，蓬头垢面。当天下午，藏兵要求头人迅速准备乌拉，头人查验马牌后说，这个马牌是由边坝起支，而不是昌都，恐怕是伪造的，拒绝供应乌拉。藏兵说，如果不给乌拉，请签字盖印，我仅要求骑一匹马，马上返回昌都报告札萨。头人照样不理，藏兵立刻动手和头人打了起来，经大伙劝解，头人才肯供给乌拉。我的乌拉供给也受到影响，从昌都向西行进，沿途几次更换乌拉都是马匹，但在甲贡却只供给牦牛。

因为等候乌拉，我在甲贡休息一天，早晨起身，念诵大威德金刚咒百遍，以求加被。大威德金刚是文殊菩萨的化身，具有摧毁群魔、解脱生死的作用，有双身，有单身，黄教信徒很多喜欢修炼此法。下午头人找来几位牛厂娃来给我讲故事。西藏民间通俗故事中曾经有两个有名的幽默故事，一个是笑巴登巴传，笑巴登巴是一代滑稽家，他曾把自己化装成女人，并混在其他女人中间制造笑料。他也曾伪装成大活佛，因勒索财物而被捕，故意以此来制造出讽刺效果。二是米拉日巴传，称米拉日巴是噶举巴圣人，他所写的诗歌哲理高妙，流传极广，康藏人非常喜欢读诵。此外还有一些荒诞无稽的传说，如鸟猴故事、西藏古代史等等。康藏青年在工作之余，大多喜欢席地而坐，一面喝着西藏青稞酒，抽着香烟，一面按照次序，彼此轮流讲故事，以消磨时光。而贵族的子弟呢，则是听音乐、下围棋、打牌、射箭，也有极少数能当当京剧票友，或者读汉文的《三国》和《水浒》。

难以入眠的荒原之夜

甲贡至拉里宗分三站，第一站由甲贡至多洞，约四十公里。多洞是一片广阔的荒原，荒原中点缀着两座黑牛毛帐房，里面住着几位差民，由二十九族派来。谈起二十九族，原来是蒙古族后裔，有人口一万多，散居在西藏北部的广大草原。满清时代直属驻藏大臣管辖，民国后由西藏地方政府管辖。差民每半月更换一次，当我没有渡过金沙江以前，曾从在西藏东部旅行过的人口中听说，从甲贡至拉里宗一段，全是荒寒不毛之地，既无人烟，也无农田，今天亲临其境，目睹如此荒凉的景象，

鲁工拉山，西藏东部的两大雪山之一

才体会到他们并没有夸大其词。驿站搭的是牛毛帐篷，四面没有遮拦，我与随从共五个人席地而卧，夜晚仰视星辰，万籁俱寂，只听到附近的牛吼马叫和远处的野兽咆哮的声音，让人感到毛骨悚然，整夜难以入睡。乌拉娃则把牦牛圈起来，人躺在它们中间，藏兵荷枪实弹，看守着茶驮，以防被盗窃。真是人人各怀恐惧，这种滋味，不亲临其境是体会不到的。

第二站由多洞至擦竹喀，约四十公里。八月一日晨，天未亮就起身烧茶，清早的荒原寒风瑟瑟，吹得我浑身发抖。喝完茶后离开多洞，沿附近山沟走十公里就到了鲁工拉大雪山，鲁工拉与夏工拉齐名。夏工拉山势高而陡，从山脚可以仰视山顶。鲁工拉则是险而长，逶迤三十里，浓雾弥漫，气候阴森，山间的积雪常年不化。行走在山里，人很容易头晕，牲

在拉里宗宿营

口容易倒毙,可见瘴气重得很。而且不能大声说话,声音稍大,马上会引来冰雹兜头而下。鲁工拉海拔五千七百七十六米,山腰有一个湖泊,方圆七八里,四季结冰,据说湖中有鱼,但没有见到有人捕捉,沿湖而行十多里地,然后又踏上广阔无边的荒原,在荒原的尽头就是擦竹喀。

藏语擦竹喀,即汉语的温泉。驿站房屋矮小,空气污浊。我和随从共五人,加上乌拉巴男女三人,在一间斗室过夜,拥挤不堪。第二天颜俊告诉我他一夜没睡,因为听见旁边的一对男女乌拉巴在做爱,动静太大,令他浮想联翩,动了凡心。我训斥他说,你已经出家,应该断除淫念,你难道没有听说过"万恶淫为首"这句话吗?由擦竹喀至拉里宗,大约是三十三公里。在途中,藏兵忽然问我,你们的茶驮有没有纳税的执照?我回答说,在昌都启程仓促,没有向总管府申请,能不能设法与札萨的茶混在一起？我会付你几两藏银酒钱作为酬谢。西藏东部有四个抽茶税的关卡，分别是岗拖—昌都—洛隆宗—拉里宗。我的茶驮经过岗拖和昌都时都是靠了朋友的人情担保才免去抽税，这回在拉里宗，也是因为藏兵设法帮忙才过了最后一道税关。下午四点左右抵达拉里宗，这是赴藏途中的第四大站。路旁有一座高山，拉里大寺就依山而建，寺中有喇嘛三百多人，由堪布进行管理，属黄教系统。寺内喇嘛以修上乐金刚驰名，听说十分灵验。喇嘛寺建筑得很雄伟，远远望去犹如拉里宗的屏风。拉里的水利资源丰富，一是同妥楮河，发源于大偏关，流经拉里，汇合在拉里河。附近山麓上有一个百户人家的小村庄，都是平房，因拉里四季多风，房屋低矮可以避免狂风的破坏。四郊农田稀少，只有一些试种的青稞，才长出一寸长的苗子。如果在洛隆宗和硕督，这时已经是收割的季节了。拉里因为是牧区，所以牛羊肉很便宜，也出产丰富的酥油，花藏银二十两就能买到一克，比拉萨市面还便宜许多。每年冬季，拉里人就把牛羊肉和酥油运往拉萨，换回青稞，所以对拉里及二十九族人民来说，青稞是高贵的粮食。

工布江达见闻

拉里宗有两条道路通往拉萨：一条是由拉里向西南行进，经吉克卡、哈噶措卡转入墨竹工卡而至拉萨，道路较为平坦，而且水草很多。一条由拉里南行，翻越瓦子山，然后到工布江达，是康藏的官道，也就是我们现在走的这条路。官道沿途一带有居民。我们先是翻过了卓拉山，抵达果利，又翻越了果利附近的革拉山到达张多，经过三天路程来到了工布江达。这是东藏的第五大站，西藏地方政府派有宗本驻扎。满清时代此地驻有汉军，还设有粮台。清末四川总督赵尔丰及尹昌衡二人都建议将江达划归四川管辖，主张江达以西为藏地，江达以东为西康，以便就近节制西藏。藏人也称江达以东为康。江达宗有居民百余户，附近田连阡陌，尼洋河横贯全境，所以有灌溉的便利。河上架设了一座大木桥，以方便行人通过。普通人称江达大多叫工布江达，实际上工布是地区名，包括江达以南大片土地，江达宗是在工布区内。

江达的妇女在打扮上和其他地方不同，有的头戴圆形黑氆氇小帽，也有头戴圆形红珊瑚巴珠的。身穿长到脚面的棉质长衫，外罩黑氆氇长背心，脚蹬厚底的皮靴，手中常搓毛线。工布江达一带的毛织品，在拉萨非常有名，藏人称为"工台"（工布江达哗叽），售价非常昂贵。

江达宗内，除土人外还有不少前清汉人的后裔。有一位叫马文才的汉人，已经七十多岁，精通汉藏两种语文，在江达邮局担任书记，月薪是藏银九两。他和藏女结婚后生育了两个儿子，如今都是喇嘛；一个女儿年纪小，还待在家中。另有一位蔡君，原籍成都，来江达已有四十多年，家道小康，一切生活方式都已藏化，有二女一子，长女已经出嫁。他邀我到府上念经，佛堂内陈列得颇为整齐，当时他的子女女婿都在，他为我一一介绍。女婿是江达宗秘书，藏文造诣很深，他对我说已见到了我的乌拉马牌，并已批示照支，我一一为他们摸顶祝福。我告诉蔡君说，目前国内教育发达，工业进步，已不是满清时代的中国了。他听说后感慨地对我说，当初自己来西藏本来不打算久住，只是由于内地爆发了革命，回不去老家，只好在西藏生根落户，如今年近花甲，身份却显得似汉非汉，似藏非藏。两位先生兼通汉藏语文，在江达汉人中算是佼佼者，江达的汉人社会仍旧遵守着旧习俗，还有保正制度，但多数的汉人在当地社会中经济地位落后，因此遭到藏人鄙视。

为补充粮食，我在江达停留了四天。糌粑每克（西藏单位，每克约合两磅多）的价钱是藏银九两，不但贵，而且还难以买到。为了庆祝颜俊的生日，我特意购买了一点新鲜牛肉、白菜，还买到一点西藏豆腐，真是让人喜出望外。哪知将豆腐浸水泡了一夜以后，仍然硬得像石块一样，原来这东西形状像豆腐，实际上是西藏的干奶块，我们都大呼上当。

在离开江达继续前进的路上，我第一次见到了西藏传递信件的邮差，邮包是黄色的，重量约有五公斤，邮包外层包皮上有邮局负责人的火漆印。邮差手持马铃短棒，身上背着背包，徒步行走，由一个札康到下一个札康，每个札康的距离约五公里，邮局规定从江达到拉萨，限期五天到达。邮差的薪金用天计算，每天有糌粑四升。前面提到过，西藏的邮政以拉萨为中心，东至江达，南至亚东，西至日喀则，北至黑河，多年来没有发展。

在前往鹿马岭的途中，因为不识路，所以尾随骡帮行走。先沿着河边，再进入山沟，因为路途平坦，到达鹿马岭比预计时间要早。鹿马岭有居民三十多户，村庄建在高山上，此地盛产皮革。西藏用土法制革，先把牛皮的毛刮干净，用酥油浸泡，再用脚把皮踩柔软后，用火熏成白色。每双靴底卖藏银二两，我的鞋底从昌都旅行到现在已经破了洞，于是买了皮革，请皮匠更换鞋底。皮匠的缝法非常拙劣，我在旁边说你的缝法不对，他却不高兴地对我说，这是我们西藏通行的缝法，至于你们汉人怎么缝我可不知道。

深夜藏兵赶到鹿马岭对我说，明天须翻越工布巴拉大山，这一站很长，要提早起身赶路，否则当天赶不到乌苏江。于是在夜里三点我们即离开鹿马岭，抵达工布巴拉山麓时，天刚放亮。此山不高，但以绵长荒僻著称。七月里，拉萨某个贵族的管家就被杀死在山间，至今凶手还没抓到。因为管家仗着主人的势力虐待当地人，引起当地人的不满，所以被杀。经过整整一天的行程，我们在晚间到达乌苏江。这里有居民三十多户，村庄坐落在山谷平坦的地方，村子前有一条溪流，就是乌苏江，水流细得像条小溪一样，再向西它就流入拉萨河，这时河身渐渐宽大，沿着江西走，岸边都是田野，周围山上长满青翠的树木。邻近拉萨了，四下的气象渐渐改观。

第五章 走近拉萨

拉萨河中沐浴

从乌苏江沿河西行三十公里到仁进里,此地的妇女,大都在面部涂上黑茶油,猛一看像非洲的黑人一样,大概是当地民俗。再向前五公里就是墨竹工卡,只见沿途大片农田,路上来往的人也很多。墨竹工卡因为接近拉萨,市面比较繁荣,居民有一百多户,街道两旁小商店很多。西藏人通用的泥质酥油茶壶,就是仁进里出产的,但是手工粗劣,很容易破碎。买了新茶壶后,壶底要用酥油和猪血涂抹,以免漏水。每只上等的泥壶大约值藏银三四两,下等的值一两,销路西至后藏,东到拉里,在拉萨销售得最多,光是三大寺的喇嘛就有两万多人,每人都要买一把酥油茶壶,拉萨居民还没有计算在内。

拉萨已经近在咫尺,以后的旅途平坦安全,不需要护卫了,我就在这里和护送我们的藏兵告别。从硕督开始,藏兵和我们一路同行同住了二十七天,大家相处得很融洽,现在马上要各奔东西,真有些依依不舍的感觉。由墨竹工卡至拉萨,水陆交通都很方便,水路由墨竹工卡乘牛皮船顺流而下,一天就可到达拉萨。经营木材的商人往往将木料驮到江边,再用牛皮船运往拉萨,既快捷又便宜。陆路是用牛马,或骑或驮,但是这里的村庄密集,我的马牌每到一个村子就要换,耗去大量时间,所以走陆路反而不如走水路便捷,如果是自备牲口,就没有这种麻烦。

由墨竹工卡向拉萨前进,当晚歇宿在一个叫八角朔的地方。这里有二十多户居民,都是甘丹寺的佃户,从八角朔可遥望到甘丹寺山顶的殿堂。甘丹寺是三大寺之一,为黄教教主宗喀巴大师生前亲自建立,时间是明永乐八年,岁次乙丑(一四〇九),当时宗喀巴大师五十三岁。寺庙距离拉萨约三十七公里,宗喀巴大师的肉身塔及历代甘丹墀巴的骨塔,都供奉在寺内,多少年来一直是黄教信奉朝拜的中心。

由八角朔到德庆只有二十五公里，我们到达后在此更换乌拉。德庆是个农业区，有居民五十多户，在这里可以远远看见布达拉宫金碧辉煌的雄姿。宫殿初建于七世纪藏王松赞干布时代，地基是用石块及生铁铸成，十分坚固。宫殿刚刚建立的时候，规模很大，有房屋千间，芒松茫赞时被一场大火焚毁；直到五世达赖喇嘛（一六一五——一六七七）加以扩建，才完成了现在的格局。每年春冬两季，达赖喇嘛就住在这里；夏秋两季，则移居珠园。布达拉宫除达赖喇嘛随从外，还有一所经院，名字是"囊结札仓"，有喇嘛二百多人，专修密法，经常举行法会及护摩等仪式。每年冬季十二月，布达拉宫还举行打鬼会，也由囊结札仓年轻喇嘛扮演。

德庆距拉萨约三十公里。我们从德庆西行二十里到蔡里，民间传说蔡里就是唐僧取经所经过的高老庄，其实不是。唐僧取经是经新疆高昌而达印度，经过今天的拉达克，唐僧并未经过西藏。从蔡里西行十公里，就到了拉萨河边。拉萨河发源于唐古拉山南麓，山在拉萨西北方，拉萨河从东流过墨竹工卡，向西流经拉萨城南到曲水，与雅鲁藏布江汇合。拉萨河在冬季枯水时，两岸之间用大木船引渡；夏季涨水时，用牛皮船引渡，牛马泅水过河。我们一行人到达河岸后，乘牛皮船过河抵达西岸，两岸相距约有三百米，河岸平坦，很多的沙石，光秃不毛，没有任何建筑，西藏人把这里叫作"公布堂"。

拉萨的气候四季干燥，日照时间长，因此被称作日光城。四周高山环绕，号称铁围，拉萨盆地就在其中。东西纵长七十多公里，南北横宽二十余公里。拉萨河流经它的南部，按照西藏本地的堪舆学家的说法，拉萨古时本来是在海底，它的地形就像一个魔女仰面朝上的尸体，拉萨中心就是魔女的女阴，所以大昭寺的建立就是为了镇压魔女。

这时的拉萨市人口两万多，包括藏人，康巴、青海人，贺巴、蒙古人，尼泊尔人，不丹人，拉达克人，锡金人，汉人，英国人等，真是一

第五章　走近拉萨

个人种大展览场。布达拉宫以及与布达拉山相连的药王山寺，三大寺之一的哲蚌寺，及罗布林卡都分布在拉萨市的西部。色拉寺、札什城及小昭寺在拉萨的北部及东北部。我们由东面进入拉萨市，首先经过的是刘朴忱先生纪念亭及回教清真寺，再走一里地就到达拉萨市中心最繁华的商业区——八廓街。因为颜俊是交通部职工，所以直接前往交通部拉萨无线电台所在地报到。他的同伴谭兴沛这时已经比我们提前到达拉萨。

交通部拉萨无线电台设在拉萨市内八廓街附近的桑柱颇章别院内。桑颇是西藏有名的大贵族之一，曾有两代达赖喇嘛出生在他家。桑颇大厦坐北朝南，与大昭寺南门讲经台相隔一条街。拉萨电台原是国民政府专使黄慕松代表中央在民国二十三年（一九三四）入藏致祭十三世达赖喇嘛时的行辕电台；黄慕松在完成任务后，认为拉萨有必要设立一座电台，为中央与西藏地方的联系提供方便。西藏地方政府同意了他的要求，拨给电台房屋及日常用品，并派民工背水打杂，西藏地方政府还指派了一名联络官常住照应，其实也是来监视电台工作人员的举动。电台此时由张威白负责主持，另外还有报务员福建人赵季灏及藏文翻译员马宝轩。他们每天与成都通报两次，电台同时也对民间开放，经营商业电台的业务，官商都觉得很方便。

到达拉萨的第二天，我就按照西藏的习俗，到拉萨河去痛痛快快地洗了个澡。自从西康德格到拉萨一共走了七十一天，沿途一直没有机会洗澡。入藏前，很多人都说我这样的体质受不了沿途的辛劳和高原的气候，坚持不到拉萨就会病倒，甚至可能送命。但结果是这一路我连小病也没生过一次，而且每次在关键时刻总有贵人相助，令我能成功地到达目的地，对此，我只有万分感激诸佛菩萨的加持。洗清了身上的污垢和旅途的尘劳后，我买了一克酥油及香花等物，前往大昭寺朝拜释迦牟尼佛。大昭寺的正门向西开，门前有唐柳及唐蕃会盟碑，里面的佛殿大多

哲蚌寺的御匾

常时开放,唯独释迦佛殿,每天早晚只开放几个小时,因这尊佛像是唐朝文成公主下嫁藏王松赞干布时由长安运来的,是释迦牟尼佛十二岁时的身像,释迦世尊住世时亲自为这尊佛像开光,所以藏人把它看成宝物。佛像全身及佛龛内外到处装饰着珠宝,大如鸡卵,显得极为庄严。佛像前的桌子上供满了金灯,每盏大的用好几斤黄金做成,小的也要用一斤左右的黄金。这些都是历代达赖喇嘛、摄政王、噶伦及蒙藏各地的王公、土司等供奉的,普通人即使有能力供奉金灯,不经看管人同意,也不能在佛像前摆放。佛殿开放时,朝拜人鱼贯而入,顶礼膜拜,然后绕佛一圈出殿。很多人为了朝拜这尊释迦佛像,一步一拜地磕长头,从西康、青海,甚至外蒙古一直磕到拉萨,有的需要几年的时间。西藏本地人凡遇到喜庆的事情如升官、嫁娶等,都会来佛前供灯,这已经成了习惯。

拉萨的琉璃桥,这座封闭式桥屋顶铺琉璃瓦,建于清朝年间

罗布林卡——达赖的夏宫

拉萨西门"摇铃接脉"

出了大昭寺,又前往朝礼小昭寺。该寺在拉萨市的西北,地名拉摩车,寺庙是由文成公主建成,所以大门向东,向着长安的方向。寺中的释迦牟尼像是尼泊尔公主从尼国带来的,庄严贵重。但小昭寺经常被上密院用作经堂,所以不如大昭寺那样朝礼方便。我到达拉萨的第三天,由交通部电台台长张威白先生引导参观布达拉宫及罗布林卡。布达拉宫地理位置特殊,据说在风水上有独特之处,它所在的红山地势就像一条龙,布达拉宫正好建在龙背上,而药王寺是建在龙尾上,前后相连,遥相呼应。当年清军大将岳钟琪率兵平息了廓尔喀之乱后,看到这一代的风水太强盛，恐怕将来祸乱再起，于是下令用大炮把布达拉宫和药王寺连接的地方炸断，想打破这里的气势。以后藏人为了恢复这一带的风水，在山脉被炸断裂的地方修了一座佛塔，用铁索和铜铃把前后两处连了起来，名字就叫"摇铃接脉"，成了拉萨的一个特殊景致。

布达拉宫是达赖喇嘛冬季居住的地方，宫中收藏唐代以来的历史文物及历代达赖喇嘛的遗物，都是中国明清两朝皇帝所赏赐，我曾亲眼见到慈禧太后为赐给十三世达赖而亲笔画的花卉。布达拉山脚下是雪里宗，那里还保留着两座乾隆皇帝十全记御碑亭。

罗布林卡在布达拉宫西边数里，原来是第七世达赖噶桑嘉措所建，作为达赖喇嘛夏宫的一座人造园林，随后陆续扩建，成为现在这个样子。它的门前有两个石头狮子，经常有藏兵把门，门前铺设了一条甬道，直达药王山，道路非常宽阔，两边树木夹道。自从十三世达赖喇嘛圆寂后，十四世的转世灵童还没有到达拉萨，所以园中达赖的内寝宫开放任人参观。内寝宫除陈列几件清代皇帝赏赐的玉如意、象牙手杖、翡翠鼻烟壶外，没有什么特别的古董。但因十三世达赖喇嘛生前喜欢好马，马厩中养着几十匹名马，只因为是达赖喇嘛的宠物，没人敢骑，所有的名驹名马，除了吃睡之外无所事事，都成了一群废物。

第六章

❖

喇嘛生活

进三大寺当喇嘛的学问

在拉萨电台休息了几天,洗去了长途跋涉的疲劳以后,我便准备选择进入三大寺,开始我学习藏传佛教经典的使命。

三大寺是指藏传佛教格鲁派最出名的三大寺庙——哲蚌寺、甘丹寺和色拉寺。这三大寺均坐落在拉萨周围。三大寺加上位于后藏日喀则的扎什伦布寺、青海的塔尔寺以及甘肃的拉卜楞寺,共称为黄教六大寺庙。

说到三大寺,便不能不提到黄教祖师宗喀巴大师。宗喀巴大师生于一三五七年,圆寂于一四一九年。他出生在青海叫作宗喀的地方,便是如今塔尔寺的所在地,"巴"字是指那个地方的人,人们尊敬他,称他宗喀巴。他原名为洛桑札巴,七岁那年即出家,法名为"善慧名称祥"。

宗喀巴大师十六岁时赴西藏,四处参访名师大德,学习了大量的经典,二十二岁开始闭关修法,证得大成就,成为西藏佛教史上的一位承前启后的宗师。在二十八岁时，他已经讲经说法，成为一名著名的论师。他一生著作很多，有几百部之多，其中《菩提道次第广论》及《密宗道次第广论》两部巨著，为西藏佛教的学习及修证建立了一套严谨和完整的修行体制和次第。他对藏传佛教的发展所做出的巨大贡献，使他得到西藏佛教各教派以及广大人民广泛的敬仰。

宗喀巴有两个最出名的大弟子，一个叫贾曹杰，一个叫克主杰。贾曹杰本来是萨迦派的喇嘛，在宗喀巴成名时他已经是有名的高僧，拥有大批弟子，他在佛学上的造诣高深，善于著书和辩论，后来由于敬仰宗喀巴大师，便拜其为师。克主杰也是一位了不起的大德，但在佛学上的造诣不如贾曹杰，留下的著作不多。

三大寺之一的甘丹寺建于一四〇九年，为宗喀巴大师所创建，分五个阶段建成。在拉萨东面约三十五里的地方，有座著日山，甘丹寺便坐落在那里。该寺分三个札仓，札仓就是学院的意思。全寺可以居住三千三百个喇嘛，殿宇有三十一栋，僧舍有一千多间。第一期落成时宗喀巴五十三岁。宗喀巴后来将甘丹寺传给了弟子贾曹杰，贾曹杰便成了甘丹寺的第一任噶丹赤巴（上座）。噶丹是汉文兜率天的意思，贾曹杰当了十一年的噶丹赤巴，尔后传给克主杰。宗喀巴和两个大弟子在西藏被称为三父子。

哲蚌寺为宗喀巴大师的弟子降养却吉创建。降养却吉出生于一三七九年，圆寂于一四四九年。他原来属于噶举派，后从宗喀巴受比丘戒。在一位施主的支持下，他在位于拉萨西郊北山山坡上的南喀桑布修建了哲蚌寺，距离拉萨不过三四公里，建成于一四一六年，他那年三十八岁。哲蚌寺分七个札仓，后来归成四个札仓：果莽札仓、罗萨林札仓、德洋札仓、阿巴札仓（密咒札仓），可以居住七千七百人。降养却吉成为哲蚌寺的寺主直至他圆寂。

色拉寺的创立人是降清却吉（一三五二——一四三五）。一四一三

哲蚌寺大殿

第六章 喇嘛生活

年明朝永乐皇帝派专人迎请宗喀巴大师赴北京，宗喀巴因教务繁忙，便指派弟子降清却吉代表他前往。一四一四年永乐皇帝封降清却吉为西天佛子大国师。一四一八年，他回到西藏后，在拉萨北郊三公里处建了色拉寺。建成后的寺庙有五个札仓，后来缩为三个札仓，可以居住五千五百名喇嘛。降清却吉从北京带回金水大藏经一部（用金水写的）及檀香木雕成的十六罗汉，是永乐皇帝赠送的。一四三四年他再次去北京，当时的明宣宗（永乐的儿子）封他为大慈法王。他在蒙古、青海及五台山等地修建了不少黄教的寺庙，对于弘扬黄教贡献卓著。

三大寺内分成不同的札仓，每个札仓如同一个学院，彼此间独立。札仓下面又分为很多个康村，康村是以地域来划分的，每个康村里住的喇嘛基本上都是来自同一地区，讲同一种方言，这样乡亲之间容易相处和谐。把各种不同地方来的人都放在一起，不好相处，喇嘛之间也会发生纠纷，吵嘴甚至打架的事情也会发生。一个札仓下面可以分出十几二十个康村，每个康村如同一个大家庭，或是同乡会。

进入三大寺当喇嘛不是件容易的事情，三大寺并不随便接收新人，尤其是外地来的人想入三大寺学经更是不易。因为庙子上很难查明来人的底细与背景，无法判断此人是好是坏，万一不小心请进了不法之徒，便有可能将寺庙的清净与庄严毁于一旦。寺庙规定，凡是新来的人，一定要有人推荐担保，庙子上才可以接受。所以凡是想进三大寺的人都要首先找一位当地比较有名望的喇嘛皈依，拜他为师父，这个师父叫作世间师，他教授你寺庙上的各种规矩和应该注意的事项。世间师也是你的保人，他替你向庙子上担保，如果你进了庙子以后出了什么事情，庙子会去找他。因此外来的人要进三大寺学经，首先要找到一位有名望的喇嘛作为世间师，这样才有可能被三大寺所接受。

有了世间师的担保也不是马上就可以搬进寺庙，进寺前先要选好一个康村，这个康村同意接受你以后，才能搬入寺庙。三大寺里面的每个康村都有一个义务服务员,藏语叫作略巴,凡是新人进了庙子以后都要当一年的略巴,即对内对外的服务员,这是康村的规矩。每一次有新人来到拉萨,各个康村的略巴就赶去与这个新人结缘,向他宣传自己康村的好处,希望他能选择自己所代表的康村。这自然是一种公关活动,目的是希望新来的人能为康村带来布施,人气旺,布施多,才能使得一个康村不断昌盛壮大。但如果新来的是个穷人,布施不起,供不起茶与饭的,康村也会接受,佛门毕竟不是商号,不能只看钱而不认人。对于汉人来说,大部分在来到拉萨前已经多少知道了一些寺庙上的规矩,做了不少准备工作,一般身上都带了足够布施的钱财,供奉得起一次茶和饭。由于我是南京人,庙子里的康村没有一个是属于南京地区的,三大寺里还从来没有从南京来的人,而我呢,又不希望和其他所有的汉人住在同一个康村,这样并不利于我学习语言以及与当地的喇嘛广泛交往。三大寺本来有专门的汉人康村,后来被十三世达赖喇嘛解散,将汉人喇嘛杀的杀,赶的赶,原因是很多汉人喇嘛在达赖与清朝军队打仗期间站在了清军一边,结果达赖喇嘛卷土重来时便清算了他们。从那时以后,三大寺便不再设有专门的汉人康村。十三世达赖喇嘛对支持或同情清军的喇嘛毫不留情,不论是汉人或是藏人,一律赶尽杀绝,不少红教的喇嘛由于同情汉人而遭迫害,有的甚至整个庙子被关闭,或是被迫改信黄教。

拉萨的地方不大,每当有什么新人到来,消息很快便四面传开。正在我准备进入哲蚌寺的果莽扎仓,考虑如何选择康村时,一位康村的喇嘛便找上门来结缘了。来者是一位汉人喇嘛,面目清秀,谈吐斯文,倾谈之下,得知此人来自哲蚌寺果莽扎仓的安东康村,名叫欧阳鸷,藏文名字为群沛晋美,意思是"无畏"。

欧阳无畏本是东北人,父亲曾在沈阳兵工厂任工程师,他毕业于东北的冯庸大学,之后赴西宁师范学院任教。那时西北军阀马步芳在西宁开办了一个藏学研究所,欧阳无畏便去了那里学习藏文。一九三四年,

左：欧阳无畏
右：群沛晋美喇嘛（欧阳无畏）

国民党中央委员黎丹发起组织赴西藏考察团，并从蒋介石那里募到了两万大洋的资助。黎丹本人会藏文，又是个虔诚的佛教徒，他召集了一批专家加入考察团，其中包括西宁藏文研究所的藏文专家杨质夫、气象学家王廷璋等人，欧阳无畏也参加了这个考察团，一同进入了西藏。抵达拉萨后，黎丹进入哲蚌寺，学习经藏，在此期间结识了哲蚌寺的大格西喜饶嘉措大师。喜饶嘉措本是青海人，三大寺著名的格西，在佛学和文学上都有很高的造诣，曾被十三世达赖喇嘛请去校正大藏经。黎丹在哲蚌寺并没有长住，学习一段时间后就带了杨质夫回到内地，同时还邀请了喜饶嘉措大师赴汉地讲学。喜饶嘉措到达汉地后，先后被五间大学请去讲授佛学及西藏文化，一时名满天下，被众多国民政府要员奉为座上宾。解放以后，他被选为中国佛教协会的会长。跟随考察团来到西藏的气象学家王廷璋则没有和黎丹一起回到内地,却留在了拉萨,成为当地气象研究所的所长,多年测量和研究西藏的气候,对于以后西藏的开发做出了很大的贡献。

欧阳无畏也留了下来,入哲蚌寺当了喇嘛,学习经典。他所在的康村叫作安东康村,这是哲蚌寺果莽札仓中规模很大的一个康村。康村中的喇嘛来自西藏东部、青海、内蒙古、新疆及满洲等地。由于康村的规模太大,所包括的地区又太广,于是就在康村的下面又分成了八个小康村。欧阳无畏所属的便是八个小康村之一,名叫密村。这一小康村中的人主要来自蒙古地区,只有欧阳一个汉人。欧阳君向我详细介绍了康村的情况,我听后觉得很满意,当我最后决定进入这个康村时,他又带来了康村的主管上门相见,表示欢迎我加入康村,并请茶招待。

在康村的布施

在欧阳无畏的帮助下,我找到了一位世间师,法名叫作阿旺江城喇嘛,但拉萨的人都称他为兰州僧。原来这位喇嘛本是汉人,生在兰州,从小父母双亡,成了孤儿,在兰州的街上以讨饭为生。十三世达赖喇嘛进京晋见慈禧太后和光绪皇帝时,经过兰州,看到街上这个无依无靠的汉人孩子,境况令人怜悯,便将他收留了下来,当作身边的侍者带回西藏。这以后他在西藏长大,学习经典,当了喇嘛,完全成了一个地道的藏人,汉语一句也不会讲了,但是周围的人还是称他为"兰州僧"。他一直跟随在十三世达赖喇嘛的身边,当达赖的侍从,曾经红过一阵,直到达赖喇嘛圆寂。后来他退休,西藏地方政府依然给他一栋房子住,每个月还发给若干斗的粮食。由于是达赖喇嘛的侍者,他在三大寺自然是很有面子的,有了这样一位世间师的担保,进入哲蚌寺是不成问题的。兰州僧先后收了三个汉人徒弟,第一个就是欧阳无畏;第二个徒弟叫作米霖浦,北京人,来西藏前在北京经营绸缎买卖;我是第三个。

被康村接受之后,接下去要做的第一件事情便是在康村内布施。康村并不要求每个新来的人必须布施,但却要求初进庙子的人都要当差,从事很多的杂务。哪些算是杂务呢?比如扫地,打扫院子,别人布施的时候在大殿上倒茶伺候,每当达赖喇嘛从布达拉宫去他的夏宫消夏时,要到街上去扯旗帜站队恭迎,诸如此类。与藏人相比,汉人的体质天生虚弱,长期从事这些繁重而琐碎的杂务身体吃不消,更何况当差要耽误不少学经的时间,因此为了免去这些差事,只有布施一条途径。

按照庙子上的规矩,一旦新来的人布了施,为康村上下供奉了茶饭以后,便可免去当差,这在藏语里叫作放"群哉"。群哉翻译成汉语是智悲的意思,指放群哉的人具有智慧和慈悲之心。放群哉包括布施茶、饭,还要给钱,康村里的喇嘛人人有份。这个康村有一百多人,每人一碗酥油茶、一碗饭,饭里掺上牛肉和酥油,另外布施给每位喇嘛一至二两银子,同时再向康村的库房布施二百至三百两。放群哉的仪式在康村的大殿上举行,这时全康村的喇嘛集中在一起,由执事向大家介绍新来的人,并宣布此人便是今日放群哉的大施主,请大家将功德回向给他。这样放了群哉之后,就可以免了康村的差,从此以后不必做杂务了,而全康村的人也都知道你是位施主,称你为群哉。许多年后,尽管我离开了庙子,哲蚌寺的喇嘛每次见到我时,依然称呼我为群哉。

欧阳无畏帮助我安排了这次布施,一共用去了大约一千两藏银,一两藏银相当于七钱二分五厘大洋,算下来差不多是五百个大洋。在三大寺里,这种在康村放的群哉只能算是最低等的布施,大的群哉可以包括在整个扎仓,甚至是整个庙子。在全庙子布施叫作"措钦群哉",措钦是全庙的意思。凡是做这种大布施的人西藏地方政府都会登记在案,以后每逢遇到达赖喇嘛的集会或大的场合这些施主都会被邀请参加,对他们是很给面子的。通常做这种布施的大施主们都是外地来的大活佛、大

左：洛桑珍珠的世间师阿旺江城喇嘛，人称"兰州僧"
右：退休后的阿旺江城上师

喇嘛，他们的财产丰厚，拥有自己的庙子和田产、成群的牛马，有众多的仆从和农奴为他们工作，又有管家专门替他们打理财产。他们带了大把的银子和大批的佣人来到三大寺学经，一次在全札仓或是全庙子的布施可以用去几万甚至是几十万两银子。相比之下，来到西藏学经的汉人大多是靠内地施主们集资供养，身上所带的钱财十分有限，只能在康村放一次基本的群哉，靠它免去差役，减少以后的辛苦与麻烦。

进了庙子，布了施，免了差，便正式加入了康村。住的房子是由康村分配的，我所分配到的房子位置并不算好，好的房子早就被先来的人

洛桑珍珠喇嘛，一九三九年摄于哲蚌寺

住上了。房子是公寓式的，每个喇嘛一间，有的附有厨房，有的没有。如果本康村的房子住满了，新来的人也可以到其他的康村借房子住。住房要向康村支付房租，房租很便宜，每年只要几两藏银。这些房子从外边看上去很像宿舍楼，每一栋都有三四层楼，从外面看不到走廊，走廊设在里面，房间则是一间挨一间。上下楼用的是独木梯，就是用一根粗木头，在上面砍出一个个台阶，用它来当作楼梯。走这种独木梯上下楼很要有些技术，因为它的两边没有扶手，而且木头还会晃动，一不小心失去平衡就会摔下来。我初走时心惊胆战，生怕一头栽下去。庙子里的喇嘛长年这样走，不论年长还是年幼，有时身上还背了几十斤重的东西，照样走独木梯上下自如。

房子有了，但里面却是空空如也，没有任何家具，所有的家具和平常使用的用具都要自己准备。我在拉萨的市面上买了两副床垫子，一些锅碗瓢盆等用具，还有一个柜子，用来供佛。柜子上油了漆，还刻了花纹，价格要几十两银子。另外还要置办喇嘛装，市面上有新旧两种喇嘛装卖，贫穷的喇嘛一般都买旧衣服穿，这种旧的喇嘛装已经被别人穿了不知多少年，外表磨得光亮，布满油腻，看上去肮脏不堪，只有穷喇嘛才会买来穿，汉人是穿不惯的，因此只能多花一些钱缝制新装。除了衣服，经书也要自己去买。如同喇嘛装，经书也有新的和二手的两种，就像在大学里读书一样，高班的学生把自己读完的课本卖给低班的学生。就这样东一点西一点，我一步步地把需要的东西置办齐全，总算是安顿了下来，也开始体会到在西藏的庙子里吃穿用样样事情都要自己去解决，没有人可以依靠，是彻底的自力更生。

喇嘛寺的管理机构

康村是喇嘛寺里最基层的组织，一般一个康村的规模起码有百十来人，否则不具备成立康村的资格，只能与其他的康村合并在一起。大型的康村还可以再分出若干个"密村"，即小康村。康村内部的管理是以自治的方式，由村里的人推选出管理人员，通常是一批年长的喇嘛来管理，由四五个人组成管理机构，相当于一个委员会，藏语叫作"冲都"。除了冲都，康村又设置一位执事，藏文称作"略巴"，任期为一年，由新来的人轮流担任，负责监守戒律，招募新人，以及帮助新来的人安顿下来。此外，康村还设有一位库房，藏语为"强左"，负责管理康村的财产。

康村的大部分钱财来源于布施，除去开销，多余的钱拿出去放债，收取利钱。放出去的债有时收得回来，有时收不回来，遇到坏账的时候，只能把赖账不还的人拉来揍一顿了事。富有的康村用多余的钱在外面投

哲蚌寺果莽扎仓的经头

资，购买田产和房地产，每年能够收取不少租金，这样以钱生钱，获利十分可观。库房的钱用来维持康村的殿堂，灯、火、香、油等，以及上殿时的茶和饭等布施，还有房舍的修缮等。有时康村的钱光靠布施得来的不够用，还需要向外化缘。有一年，我所在康村的强左经过大家的同意远赴南京化缘找布施，谁知到了那里却正赶上日本人开始轰炸南京，人们四处逃亡，逃生尚且难以自顾，哪里还有心思布施。结果这位强左白走了这一趟，没有拿到一分钱的布施，空手而归。康村里有人指责他白白花了路费，却没有办成事情，要求他把路费退回给康村，最后这位喇嘛也只好照办，将钱退了回去。

康村里面所有人都是平等的，不论是大活佛，还是穷喇嘛，待遇基本上一样。只是那些放了大群哉的活佛有权挑选好的房子，有时一间不够，还可以多占几间。因为这些活佛身边往往跟着成群的佣人和厨子，都是专门服侍主人学经的，这些佣人当然也要住在康村的房子里。

康村之上便是札仓。札仓等于一个学院，由若干个康村组成。大的札仓有三四千人之多。我所属的果莽札仓是哲蚌寺里很有名的札仓，出过很多著名的大德，但在规模上却是罗萨林札仓更大。哲蚌寺虽然名义上有七个札仓，但其中的三个只是挂个名字，并没有僧众，真正有僧众的只有四个札仓。

札仓的总管为堪布，他必须是出身于本札仓的资深喇嘛，考到了格西学位，还要得到达赖喇嘛或摄政王的认可和委派，才能坐上这个位子。当堪布是有收入的，札仓每年都有一定数目的钱和粮食供给他。

札仓由于有自己的田产和房产，靠着收租，每年有固定的收入。与康村一样，札仓也设有冲都——委员会，由五至七人组成，另外设有一位"格规"，专门负责监管戒律的执事，相当于铁棒喇嘛。他手持铁棒，形象威严，有的手上的铁棒上还镀了金，看上去金光耀眼。他身穿的喇嘛装与众不同，肩膀上装有垫肩，头上戴的是鸡冠帽，一种特别的喇嘛帽。

此外札仓还设有一位经头，藏语叫作嗡哉，是专门在上殿时带领大家诵经的。嗡哉本人并不一定要精通经藏，但嗓门要大，中气充足，在千把人中开口诵经人人都能听得到他的声音，而且还必须个头高大，身材魁梧，在人群当中大家都能看得到。经头的喇嘛装也是特别制作的，与其他人不同，穿在身上十分显眼而醒目。

札仓设有大殿，每天在大殿上诵经时，各个康村的喇嘛前来参加，特别是贫穷的喇嘛，每次来上殿可以拿到一些布施。而经济状况好的喇嘛则通常不大会去，因为上殿要占去自己学经的时间，况且他们也不需要靠这一点布施来维持生活。札仓并没有要求每个喇嘛每日必须上殿，而且札仓有一两千人之多，谁去了，谁没去，没有人会注意到。每当有人在札仓放群哉时，照例先由"格规"在殿上向众人宣布今日的茶饭是由某某人布施，带领大家诵特别的功德回向文。在上殿的时候，年长资深的格西坐在最前面，其他的喇嘛按照资历顺序向后排。喇嘛念完经后，就开始布施茶和饭。倒茶及送饭的有先后顺序的规矩，要先从坐在最前面的大格西开始，然后向后边顺序倒茶。一桶酥油茶刚刚端上来时，浮在最上面的是酥油，先倒给资格老的格西，这时的茶是茶少而油多。因为茶里的油是牛油，冷了就结成块，年长的格西吃不了这许多，他们把结成块的牛油收起来，带回去卖给乡下人点灯用，收些钱。倒茶越是往后面，茶里面的油就越少，因此坐在后排的喇嘛拿到的茶是茶多而油少。茶倒到最后面往往就不够了，这时就要往茶里面掺水，所以坐在最后的喇嘛喝到的常常是没有油而且掺了水的茶。

　　放茶之后便是放饭。饭是把米、牛肉和酥油混在一起煮，煮成的饭是半干半稀的，黏在一起，不会散开。如果遇到大施主放群哉时，放饭要给三大勺。第一勺装满了碗，第二和第三勺摞在碗上，可以堆上一尺左右高。这样的一大碗饭，喇嘛们拿回去能够足足吃上一个星期。吃不完，也可以拿出去卖钱。

　　布施钱是在最后，喇嘛退殿时，由坐在最前面的格西先退，其他的人跟在后面，分两队从大殿的两个门鱼贯而出。这时布施的人便派人拿着钱站在两个门口，逢人出来便给一份钱，直到给完为止。

　　喇嘛寺的最高管理机构叫作"拉基"，也是由五至七人组成，这些人都曾经是各个札仓的大堪布，由总堪布领导，掌握着庙子的最高权力。总堪布必须是当过大堪布的，资格最老的大喇嘛。三大寺的堪布一般的任期是四年，都要经过达赖喇嘛或摄政王的任命。堪布必须是格西，在佛学上造诣高深，因为时常要向人讲经说法。当上这个职位是很不容易的，因为这个位置有很多人争取，需要在上层活动和花上一笔为数可观的活动费，包括在达赖喇嘛或摄政王的面前游说，献上为数可观的供养。原因很简单，当堪布是有固定收入的，堪布在一个庙子里还拥有庄田，当一任堪布下来就可以变成一个小康，所以便有人会去争取。如果没有这些利益，自然也就不会有很多人去努力争取这个位置了。人的贪欲并不是出家当了喇嘛、念经学佛多年就可以去除的。

"拉基"之下便是铁棒喇嘛，由他来执行管理全寺的具体工作，铁棒喇嘛的手下有很多名助手，协助他处理日常的事务。此外寺庙还设有一位经头——"嗡哉"，他也是庙子领导层中的重要角色。每逢庙子上遇到重大的事情需要决策时，便由这些人开会来决定。哪些算是重要的事情呢？比如西藏地方政府要对外开战了，三大寺是否要派出自己的喇嘛兵参战，如果派兵，要派多少，这一类的大事。西藏地方政府有自己的常规军，但每次打仗时都会要求三大寺派出喇嘛兵参战，按照庙子上喇嘛人数的比例而派兵。此外，西藏政治的特点是政教合一，三大寺的大堪布和总堪布都要参加西藏的国民会议，代表僧众参与政府的决策，而他们的意见通常在国民会议中有举足轻重的影响。

三大寺都很富有，有自己的土地、房产，也有专门的人为庙子经营买卖，另外加布施，每年都有大量的收入。但不论是庙子，还是札仓，或是康村，在财务上都是各自独立的，不存在上下属的关系，也没有谁养谁的问题。

铁棒喇嘛与习武喇嘛

庙子上的总堪布平时不大管事，具体的事务交给铁棒喇嘛和他的下属来管理。铁棒喇嘛负责监督庙子上的戒规，发现不守戒规的事情，

习武喇嘛的全套装束

要加以处罚,严重者赶出寺庙,不得再做喇嘛。曾经有一位很有名的大活佛,在三大寺学经的时候被人发现在外面搞了女人。喇嘛犯了淫戒是大罪,不能饶恕的,不论是资格多高的活佛。于是铁棒喇嘛下令将他赶出寺庙,充公了他的财产,剥去他身上的喇嘛装,给他穿上了白氆氇——这是一种西藏的白毛呢,专给犯人穿的——将他赶到街上,从此靠乞讨为生。三大寺享有种种的特权,如果庙子里的喇嘛在外面犯了法,政府是不能抓也不能管的,只能把他送回到他所属的庙子,由庙子的铁棒喇嘛来处理。此外西藏地方政府规定当喇嘛可以免服各种差役,

习武喇嘛在训练场上

因此喇嘛的地位尊贵,而一旦失去了喇嘛的身份就不再能享受这些特权,什么样的苦差都要去做。

　　铁棒喇嘛不仅权力大,而且能运用他的权力得到不少实惠。别的不说,在每年正月的默朗钦摩——传昭大法会时,所有的喇嘛都要来到拉萨念经,这时西藏地方政府关门,将管理拉萨市的权力交给三大寺的铁棒喇嘛,政府便休息了。这时按惯例由哲蚌寺的铁棒喇嘛主管,为大铁棒,因为哲蚌寺在三大寺中规模最大,协同其他寺庙的铁棒喇嘛来管理市里面的清洁。铁棒们派自己手下的格规四处巡街,走到哪一家店铺的

习武喇嘛在训练场上

门口，如果觉得这家店铺门口的地扫得不干净，就要上门找这家的店主罚钱。这些喇嘛大都是练拳的出身，个头高大，身体强壮，手上提着一丈长的棍子在街上巡逻，让人见而生畏，他们要罚哪一家，哪一家就要乖乖地从命。这样一个来月下来，铁棒们可以收到不少罚款，所以他们的收入十分可观。正因为如此，三大寺的铁棒喇嘛都是要由达赖喇嘛或摄政王指派的，而且铁棒喇嘛只能当几年便要换人。如同当堪布一样，铁棒喇嘛这个位置也有很多人争取，通常也要用去相当的一笔数目可观的活动费，但一旦当上了这个职位，花去的钱不需要多久就能够收回来。

三大寺里除了学经的喇嘛，还有一种习武喇嘛，专门学习武术，准备打仗时上战场搏斗。这种喇嘛是不学习经典的，他们每天所做的事情只是练习武艺，接受各种训练，包括翻跟头、空手搏斗和抛石头等。石头是他们的主要武器之一，他们能把一块石头抛得很远，而且准确地打中目标。另外他们有一种奇特的武器，那就是每个人身上都带着一把沉甸甸的大钥匙，用一条很长的绳子拴住。绳子平时缠在腰上，到了上战场的时候，把钥匙从腰上解下来，拿在手上就成了武器。他们把连着绳子的钥匙对准敌人用力甩出去，打在敌人身上便能重伤甚至打死对方；然后用拴住的绳子把钥匙拉回来，再次甩出去。

这些习武喇嘛性情剽悍，身强体壮，肯出力卖命，平日除了练武之外，庙子上也用他们来做杂工，在殿上倒茶装饭。每逢有人布施的时候，庙上便招呼十几二十个习武喇嘛来打杂服务。当这些喇嘛干活的时候，庙子上由铁棒喇嘛派人拿了棒子盯着他们，紧紧地跟在他们后边，就像看守贼一样地盯着，因为如果盯得不紧，他们便会伺机偷饭，饭放到后面就不够了。他们因为长期在殿上倒茶，身上的喇嘛袍都布满了一层厚厚的油腻，袍子里面没有其他衣服，光身子，没人注意时，就把一瓢饭倒在袍子里，外面看不出来。他们把偷来的饭带出去吃，或者卖给外面的人赚钱。

五部大论与四种格西

西藏佛教的僧侣们对于经典的学习是非常严格的，尤其是格鲁巴，有着十分严谨的程序和次第。宗喀巴大师及以后的历代祖师为黄教制定了一套完整的学经体系，三大寺学习经典主要为五部大论。藏传佛教其他各派各有自己的制度，比如红教的喇嘛要学习十一部大论，而花教则与黄教相似。

所谓五部大论是佛教重要的五部论著，第一部是《量释论》，作者为印度的法称论师，它是因明学的一部重要著作，因明为佛教的逻辑学，在学习经典中分析与辩证时都要以因明为方法，因此这部论最先学习。《量释论》另外还有六部附论，合在一起称为量释七论。这七部都要学，此外有许多由宗喀巴大师和他的弟子所撰的注解也都要读。

第二部是《现观庄严论》。这部著作是印度大乘佛教的著名论师无著所记述弥勒菩萨的开示。无著是弘扬大乘佛教的著名大论师，大成就者，他在禅定中上兜率天听弥勒菩萨的开示，出定后将他所听到的开示内容记录下来，写成了这部大论。《现观庄严论》是专门解释《般若经》的，整部论分八卷，前三卷解释"境"，后四卷解释"行"，最后一卷解释"果"。这部经典也属于中观论的著作，藏传佛教将中观分为两派，一派的代表是《现观庄严论》，一派则是龙树菩萨的《中论》为代表。藏传佛教以为以龙树为代表的一派才是最究竟的中观论。《现观庄严论》中所讲的观空，未臻究竟，叫作自续派。以《中论》为代表的另一派，叫作应成派，所讲的空性是最为究竟的。《中论》说，"众因缘生法，我说即是空"，这是指一切都是由因缘和合所生，自性本来空。但如果在空上加有，或是以空为空，就偏离了中道。龙树菩萨说，"执空为实有，是人不可救"。意思是有这种断见的人是没有办法救度的，因为他在空上执有，把空执着为有一个实在的空，这就是所谓的断见。空若无空，才能证有，有又非实有，是假有，幻有，这才是正确的观空。

第三部是《入中论》。作者是月称论师，他是中观应成派的代表人物，藏传佛教认为他真正发挥了龙树理论的精华，精辟地阐述和诠释了龙树《中论》的奥义。这部著作的前五卷讲如何从发菩提心，一直到证得佛果。第六卷讲般若波罗蜜，讲慧和观。月称的这部著作没有传入中国内地，却完整地传入了西藏。传到中国内地的《中论》只有龙树菩萨的一个本论的诵和他的弟子青目所作的注解。但青目的注解并不完整，留下了很多的疑问。藏传佛教认为只有月称的著作才是解释《中观》最为究竟的论著，在西藏佛典里有对《中论》详细的注解。

第四部为《俱舍论》。作者是世亲，他是无著的弟弟，早年从小乘佛教的经部出家，提倡说一切有。释迦牟尼佛灭度以后，佛教先后分出了十八个部派，其中最大部派即是经部和说一切有部。世亲原本是小乘佛教说一切有部的著名论师，后来在兄长的影响下转信大乘，成为大乘佛教的一代祖师。《俱舍论》是一部很伟大的著作，它讲到世界的成住坏空，万物的形成，大至寰宇，小至微尘，包罗万象，很多今天科学家所探讨的问题，在一千多年前世亲菩萨就已经讲到了。它代表了佛教的世界观，证明了佛教是讲究科学，而绝非迷信的，可惜今人没有从科学的角度来研究它。《俱舍论》讲到物质如何一层层地分裂，一直分裂到量子。如今科学家们有了对撞机，将来或许还能再分下去。《俱舍论》既讲到世间的情形，也讲了他方世界的情形，讲得非常细。这部巨著共分八卷，前两卷讲世出世间的共法，即世界观和人生观，第三至五卷讲六种轮回之因果，后三卷讲如何得到解脱。

第五部是《戒律论》。作者是功德光，他采取小乘部派中说一切有部的戒律为本。其中分成十七种事情，如何受戒，如何得到戒，犯戒以后如何忏悔，等等，这些都有详细的说明。学习戒律论，就必须受戒，不受戒者是不能学戒律的。等于密教不受灌顶就不能学密法。

三大寺的学制是这样的：两年学因明《量释论》，四年学《现观庄严论》，两年学《俱舍论》，两年学《入中论》，一年学《戒律论》，这样五部大论的学习一共需要十一年的时间。如果有的喇嘛在进庙子前已经学过了其中的一部分，比如我在汉地时就已经学了俱舍和中观，那么他们在学习的顺序上可以调整，甚至免学。还有些人甚至五部大论都已经学了，来到三大寺为的只是考取格西学位。本地人如果十一年学不完，可以延长到十五年。比如四年的《现观庄严论》可以延长至六年，因明论两年的学习可以延长至四年。

五部大论学完，就有资格考格西了，格西等于佛学博士，也是一个认证，证明你已经学习并掌握了佛教的理论部分。具备了格西的学位，将来有机会担任庙子里的堪布，甚至总堪布，也有机会被其他的庙子请去讲经。一个喇嘛能不能考格西不仅要看他是否已经精通了五部大论，还要看他够不够资粮，是否具备足够的财力在康村或是全札仓，以至于全寺庙放布施，布施要包括茶和饭及每个喇嘛一份钱。如果放不起这样的布施，没这份资粮，就不能报名考格西，只有等待，直到你有了足够资粮放布施为止，即使你经论学得再好都是一样。佛教里有句话，佛弟子要修福慧二资粮，即福德资粮和智慧资粮，一个人不具备这两种资粮，学佛是很困难的。只有福德，而没有智慧资粮，难以证得成就；而只有智慧资粮，不具备福德资粮，生活都不能维持，又怎么学佛呢？因此福慧二资粮缺一不可。所以放不起布施的喇嘛只有耐心地等待，等到机缘成熟的时候，有人捐钱给他，肯为他布施，资粮具足了再去报考格西。也有根器差一些的，或是贫穷的喇嘛，因为要靠做杂工来维持生活，学经的时间不多，要花上十五甚至三十年的时间才能得到格西学位。

格西学位分为四种。第一种叫作拉然巴格西，这种格西三大寺加在一起每年共产生十六名。候选人先在自己所属的札仓和庙子里报名，然后由札仓和庙子将他们的名字报送达赖喇嘛；如果达赖尚未成年则报给摄政王，提前一年就要把名字报上去。到每年十月的时候，这十六名拉然巴候选人要到达赖喇嘛的夏宫去，在达赖或摄政王面前辩论，由摄政王主考并亲自审察过后决定名次。然后在传昭大法会的时候，所有的格西们必须轮流在大昭寺的大殿门口坐上一整天，让那里上香朝拜的信众向他们提问各种佛学上的问题，这个地方每日前来拜佛的人络绎不绝，地上铺的砖都已被拜佛的信众磕头磕出了许许多多个坑，这时候任何人都可以走上前来向新格西提出任何问题，考一考这些格西的学问。拉然巴格西的前六名是排名次的，第六名之后便不再排名了。第一和第二名通常都是大活佛或呼图克图，因为他们放得起大布施，一般是在全寺，有的甚至在全部三大寺布施，将几万大洋布施出去，普通人没有办法与他们相比。达赖喇嘛也要参加格西考试，按照规矩，在他二十岁执政以前必须要考到格西学位。但对他来讲考格西不过是个形式罢了，不论怎么考他都会考上，因为他是达赖喇嘛，班禅喇嘛也是如此。在拉然巴格西每年的十六个名额之外，摄政王有权在特殊情况下额外增加两名。比如某某大活佛要考格西，然后要赶回到自己的庙子去做住持，可以算入增加之列。

第二种格西叫作措然巴格西，三大寺加在一起每年十至十二名，在二月小愿节时考。这一种格西也要上报达赖喇嘛或摄政王批准，但不必在达赖或摄政王的面前辩经，只需在所属的庙子考试就可以了，考这一等格西的喇嘛通常是错过了拉然巴格西的报名时间，但措然巴格西的地位并不比拉然巴低。

第三种叫作灵舍格西，这是在本庙里面产生的，不需要报摄政王，也没有名额的限制，由庙子的堪布决定。

第四种叫作朵然巴格西，是在本庙所属的札仓里产生的。

四种格西中名望最高的当然是拉然巴格西，但其他的格西在佛学造诣上并不见得比拉然巴逊色，甚至可能更优秀。这些喇嘛有的是不具备考拉然巴的资粮，也有的是错过了时机，还有的则是根本不在乎名次，能够学成经论便心愿满足了；考得了格西后，他们便离开庙子，去深山闭关，几年甚至几十年，专心修持密法。

上下密院与噶丹赤巴

学完了五部大论，拿到了格西，只能证明你在密宗的理论部分或者说是显教部分过了关，具备了修持密法的资格。黄教对于喇嘛学习密法有很严格的规定，要先显后密，打下了坚实的理论基础，对于佛学经典能够融会贯通了，有了对佛法的正知正见，才能去学密法，这时你才能在修持中得到受用，而不会生出邪知邪见，堕入邪魔外道。这时你才有资格进入上下密院，去专修密法。密院在藏语中叫作"举巴"。密法里分父续和母续，"举"字是指传承。凡是密法的法本和书籍都称之为"续部"，汉语的意思是属部。

上下密院是真正传授密法的地方，它不属于任何一个寺，与三大寺是平等的。下密院由宗喀巴大师的徒弟喜饶僧格创立，它拥有自己的僧舍供喇嘛居住。上密院是喜饶僧格的徒弟贡噶敦珠所创立。两个密院是平等的，密院里面有金刚上师专门传法灌顶。格西进入密院后的第一年先学经和各种仪轨，以后依次第而接受灌顶和传法。上下密院的灌顶传法大多数是黄教的主要密法，其中包括胜乐金刚、大威德金刚、密集金刚和时轮金刚等，这些都是黄教的大法。进入密院学习密法的喇嘛必须是格西，他们叫作"佐仁巴"。也有不是格西的喇嘛在上下密院里，但他们没有资格学习密法，只能在那里做些杂务，比如布置坛场，供灯、供果、供饮食等等。在密宗设坛场是很有讲究的，供养不同的金刚和护法有不同的方法，这些不是格西的喇嘛就专门做这些事情,他们叫作"介仁巴"。

　　上下密院的生活十分艰苦,难以形容。那里的佐仁巴每天早上四点就要起身,经常要步行很长的路到另外一个地方去修法,行李就背在背上,长途跋涉,这时除了堪布以外,其他人一律不准骑马,不管你是身份多高的活佛,或是多么有钱的贵族。密院的喇嘛没有床睡觉,每个人只给一个四方形的垫子,面积比床要小很多,念经修法,打坐睡觉都在这个垫子上面。上下密院只能吸收五百人左右,里面也分康村。上密院没有自己的房舍,只能借小昭寺作为道场,有时还要搬到其他的地方去。有不少格西报名进入密院,做了佐仁巴,但很多人忍受不了那种艰苦的生活,不久便中途退出,堪布也是答应的。真正的高深密法不是随便可以传授的,传法上师要对弟子进行种种考验,看他是否真的发心纯净,具有善根,具有大慈悲心,以及对于佛法的正知正见,才能传法给他,随便传法的上师是犯戒的。西藏佛教的大圣者米拉日巴祖师经历了无数世人难以忍受的考验,才得到了他的上师玛尔巴大师的传法,证得大成就。拿到了格西学位的喇嘛也有不少的习气,难免有骄慢之心,自认为深通佛学经典而沾沾自喜。密院里艰苦的生活就是要磨掉这些格西的种种习气,驱除他们的骄慢之心,坚实他们对佛法的恭敬心和修行的精进力,这样在修习密法时才能得到受用,证到真正的成就。

　　入了密院,能吃得苦,经受了考验的佐仁巴经过两年左右的时间就有机会升为密院的"格规",即管理人,等于铁棒喇嘛。当了铁棒三年以后,就可以当"嗡哉"——经头,再过上三年,就有机会担任堪布了。当一任堪布大约四年的时间,然后退休下来,这时人们称他为"曲结",意思是噶丹赤巴的候选人。噶丹赤巴是黄教的教主,按照规矩,连达赖喇嘛见了也要顶礼的。退休的堪布要按照先后顺序排队等候担任候选噶丹赤巴。当了候选噶丹赤巴以后,就要等着坐上噶丹赤巴的位子了。这一等,就不知要等多久,二十、三十,甚至四十年,有的人一生也等不到，因为要等到前一任的噶丹赤巴去世了以后才能轮到下一位。而且这个位子是由上下密院的候选人轮流坐的，这一次是上密院的人，下一次则轮到下密院了。能够坐上这个最高的位子的喇嘛起码都在七十岁以上，有的甚至八十来岁了。他们从学习五部大论考格西开始，几十年来从最低，一步步向上，到了得到这一最高荣誉时，已是夕阳岁月，来日无多了。因此历任的噶丹赤巴任期都不会很长。从一个普通喇嘛到当上噶丹赤巴是极其难得的，因为他不仅要长寿，还要具备足够的福报。

　　黄教到解放的时候一共经历了九十七代噶丹赤巴，有的坐完了任期，有的只做了两三年便圆寂了。除了达赖喇嘛，在拉萨只有噶丹赤巴出门时是可以撑黄伞的，前面有人开路，有人手持香炉跟随，浩浩荡荡，就像皇帝出门。到了传昭大法会传大昭的时候，他会登上法座，讲几句法。在黄教，噶丹赤巴的位置至高无上，他不仅地位尊贵，所收的供养也很多，贵族们都要请噶丹赤巴，送上供养。同时，噶丹赤巴又是摄政王的候选人之一，如果达赖喇嘛一旦去世，所有够资格当摄政王的贵族都不满二十岁，还没有受过比丘戒，当这种情况出现时，摄政王就由噶丹赤巴暂时担任，因为按照西藏的规矩，不到二十岁没有受过比丘戒的贵族是不能当摄政王的。在达赖喇嘛不在时，噶丹赤巴还可以代理达赖执政。满清末年十三世达赖喇嘛和满清政府闹翻了脸，交战败给了清军，从大吉岭向印度逃亡的时候，就是把他的官印交给了噶丹赤巴，由他来代理。噶丹赤巴圆寂后有资格寻找转世活佛，一般的堪布是不具备资格转世的。但噶丹赤巴不像达赖喇嘛，他只拥有黄教的教权，而无政权。

　　密院固然是专门传授密法的地方，而且要做到堪布以及噶丹赤巴的位子只有进入密院，但是密法却并非一定要在密院里才能学到，如果有机缘能够得遇好的金刚上师，一样也可以求到。我进入哲蚌寺前，在德格时就已经学习了萨迦教的许多种密法，在拉萨的八年期间又陆续求

四大林之一功德林活佛（中）与仆人

到了不少法，这一切都有着特别的因缘。

　　一九四四年，四大林中的功德林活佛请出了哲蚌寺著名的拉尊大活佛传授密法，并请我一起参加传法。我与功德林同在果莽札仓学经，彼此相处得很投机，他很尊重我这个来自汉地的喇嘛。拉尊活佛是黄教中继帕邦额大师及康萨仁波切之后少数几个在修持上享有盛名的大德，很少对外传法，一般人是很难请得动的。功德林在贵族中的地位显赫，他的前世曾经任摄政王，乾隆五十七年清军入藏时，功德林将自己庄园的粮食供给清军，立了大功，被皇帝封为济隆呼图克图，成为西藏的第一呼图克图。即便是这样大的面子，功德林在求法时还是诚惶诚恐，带去了大量的供养，上万的银元，还有米、面、酥油等等，由大批的佣人捧了送去，如此虔诚隆重，心里还没有把握活佛老人家会不会答应。就

清朝皇帝赐给策墨林活佛的御匾

这样恭恭敬敬地上门请求了三次，拉尊活佛才答应下来。

依照藏传佛教规矩，弟子向上师求法首先要尽其所有供养上师，虔诚祈求上师，一次不成求第二次，二次不成继续求第三次，直到上师认为弟子的信愿坚定、根器俱足，符合了传法的条件，方才答应。密法是无上的佛法，不是随便就可以求到的。一旦上师答应了，到传法时不仅他本人，连跟随他的所有侍者都要由求法弟子供养招待，每日厨房里要特别准备饭菜，传法灌顶一个月，就要供养所有人的饭菜一个月。到了圆满这一天更不得了，又是很多匹绸缎、金银和贵重的礼物供养给上师老人家，作为酬谢。我是和功德林还有其他一些贵族一起接受灌顶传法的，靠了功德林的供养，才能有这样的机会。

上师传法要遵照严格的仪轨，在传法前上师要先修法，修法以后

一九四三年多杰格西向我传授密法，传法后，我为他拍下这张照片

黄教大德拉尊活佛（右）与功德林（左）

的灌顶才有加持力，不是随便就可以给人灌顶的。所以在西藏求法很不容易，也很难找到真有修证的上师。能讲经的人很多，格西们个个都能讲经，经论上的功夫都很厉害，但一般的格西是不能给人传法灌顶的。只有那些在佛法的修持上真正具有证德证境的金刚上师才具备传法灌顶的资格。他们一定要闭过关，有的闭关很多年，自己证得了成就，才能为弟子灌顶。所以在西藏要有很大的福报与丰富的资粮才能请得到真正的好上师，求到真正的佛法，得到受用和成就。那次在功德林的家中举行的传法历时整整一个月，拉尊活佛先后传授了三百多种密法，几

功德林赠送的咕噜咕哩护法像,汉语称为"作明佛母"

乎将黄教所有的密法倾囊相授了，当时参加法会的弟子有一百多位，都是西藏有名的活佛与贵族，只有我一个是汉人喇嘛，这样的因缘可谓千载难逢。

拜师学经

西藏的学经方法与汉地大不相同，在汉地是庙子里的住持或上座讲经，弟子在下面听；但在西藏，学经要自己去找师父，庙子上是不负责为你提供师父的，也不限制你一定要跟哪一位学。你要自己去探访打听，去了解哪一位师父对于哪一部大论最为精通，然后去拜他为师。欧阳无畏比我提前入寺庙，对这些都很清楚，他知道哪一位师父最通因明，哪一位最通《现观庄严论》。每位师父可能各有长处，因此不一定只拜一位师父，哪一位师父教哪一部大论好，就去找他教。教经的上师可以是格西，也可以不是格西，但必须学问好有名气。拜师学经并不是一件很困难的事情，拜师的时候弟子要带上一条哈达，最上等的哈达叫作阿西，是丝做的。一般见师父不需要这种最好的哈达。我们通常用的哈达叫作素西，质量差一些，也可以了。另外要带上一罐酸奶，酸奶是哲蚌寺后山的牛所产的最好，因为哲蚌寺的后山长满了虫草，牛吃了那里的虫草而生产的奶特别香。一罐酸奶不到一块钱，带了哈达和酸奶去见上师，向上师请求学经，上师是很少拒绝的。最初的时候他单独教你，以后也可能同两三个人一起学，上师按照程度将学生分成班来教。每当弟子有了问题去请教上师，上师是不会嫌烦的，因为他自己也是这样经过的，因此他们都有诲人不倦的精神。徒弟去见师父不需要每次都送供养，经济好一些的弟子每年送师父些礼品，或请吃顿饭。但师父是不会要求的，他们不会向学生开口要钱要供养，以慈悲心教授学生弘扬佛法是很大的功德，是每个上师应该做的事情。在寺庙里，这些师父和

一九四八年与教授《俱舍论》的上师赖登格西合影

我们一样,也住在康村,有些有佣人服侍,有的没有,也要自己动手烧饭。有时我去找上师请教时,正赶上他在做饭,他便一边做饭一边对我讲经,我就在一旁静静地听他讲。

西藏的这些师父与汉地的法师不同,汉地的和尚是拿了经书来讲经,照本宣科,然后叫你去看各种参考书;而西藏的上师讲经根本不需要看经书,完全凭着自己的记忆和理解,经藏能够倒背如流,随口就可以讲出哪一部论的哪一章哪一段,汉地的大部分法师在这方面是无法和人家相比的。

教我因明的师父是位蒙古喇嘛,名叫喜瓦拉;教《俱舍论》的师父名叫赖登喇嘛,也是蒙古人,学识渊博,还懂得俄文。与我因缘最深的,要算是教授我《现观庄严论》的上师衮曲丹增格西。

左：因明专家阿旺格西
右：教授《现观庄严论》的衮曲丹增格西，我最亲近的一位上师

　　这位格西原是热河一带的蒙古人，是一位拉然巴格西，在佛学上造诣深厚，也很有名望。他是欧阳无畏的上师，于是欧阳便介绍我去拜他为师，一同向他学习《现观庄严论》。从师于他以后，我进步很快。开始时和欧阳一起从他学习，后来欧阳无畏离开了庙子，回到内地教书去了，在中央政治大学当了教授，于是就只剩下我一个人继续跟随他学经。在学经的过程中，我们师徒之间建立了很深厚的感情。上师很喜欢我这个汉人徒弟，将他的学识对我倾囊相授。每到过年的时候，我必定要请师父在自己的住处吃顿饭，自己做饭给师父吃。拉萨那时没什么像样的饭店，馆子都是回教徒开的，饭菜很蹩脚，还不如自己下厨。每年我照例要请上师吃一次火锅，另外奉上一些供养，感激老人家对我的慈悲和教诲，但是师父却从来没有向我开口要求过什么。每年到了腊月的

时候，三大寺所有的喇嘛都要离开庙子到拉萨去，参加传昭大法会的念经，这时拉萨有几万名喇嘛集中在一起，找房子住成了难题。上师在拉萨有一个公寓，每到传昭大法会时就要我去和他住在一起，上师自己睡在客厅，把房间让给我睡。

那一年的年三十晚，我照例请上师吃火锅，供养他老人家。这时上师的身体开始有点虚弱。吃饭的时候他突然开口对我说：有几本书是你喜欢的，一本是关于印度晚期佛教的宗派，另外两本是关于密法的，这几本书你随时可以拿去。在正月十五左右，我就要圆寂了。听了他的话我吃了一惊，师父此时看上去只是虚弱一些，并不像身患重病的样子，吃饭时胃口也很好。但是我知道他修行多年，证境深厚，什么时候要走，自己是一清二楚的。

到了正月十五的那天，我依然住在上师家。白天一整天老人家看上去一切正常，觉不出有什么异样。到了深夜，我已经熟睡了以后，忽然听到房门上传出答、答两声，像是有人在敲门，很奇怪的声音。我马上从睡眠中惊醒，立刻从床上跳起来，跑到客厅去看老人家。只见上师在那里安详地打坐，就像平时一样的姿势。我用手放在他的鼻子上试一试他的呼吸，呼吸已经停止。上师就这样走了，正是在他所预言的时间。房门上发出的声音非常清楚，而我那一晚也正好没有睡熟，一下就醒了。

上师生前表示遗体不要火葬，要依照西藏的传统天葬。我便按照老人家的遗嘱开始办理他的后事，先找到了剖尸的人，把身体剖开。天葬的规矩是这样的：当人死了以后，剖尸的人先把尸体的双腿搬到胸部，用皮绳绑紧，这样尸体便缩成一团。然后把尸体包在毛毯里，背在身上，带到天葬的地方，将尸体分成块，让老鹰把尸体吃干净。剖尸的人身上带了很锋利的刀，凌晨的时候就来了，把上师的遗体卷起背走，我没有一起去看上师天葬的情形。

西藏有天葬、火葬和水葬。水葬是把尸体用牛皮裹住,向雅鲁藏布江里一丢,让它随水从流。达赖的葬法是先把身体的水分抽干,然后用西藏的一种药粉来擦身体。水分没有了,尸体就不会腐化。之后再用绷布把尸体包起来,再上油漆,最后上金粉。这样可以保存很多年。

天葬后的大约六七天,上师突然托梦给我。我平时很少做梦,但那天晚上的梦却非常清楚:上师出现在我的面前,栩栩如生,就像生前一样,向我交代事情。老人家要求我把他所有的东西,不管是值钱还是不值钱的,全部拿去卖掉,将卖东西的钱赶在传昭大法会的时候拿去大昭寺布施。

接到他在梦中的嘱咐,我醒来后马上一一照办。上师一生清贫,没有留下什么值钱东西,所有的遗物加在一起也没有卖掉多少钱。于是我便四处去募捐,找了很多的朋友,包括在西藏办电台的汉族官员,大家一起捐钱。我把这些钱凑起来,在传昭大法会时拿到大昭寺,全部在那里布施给了念经的喇嘛。从此以后,就再没有接到上师的梦。我心想,上师他老人家对我完成了他的心愿一定是很满意了。

衮曲丹增上师一辈子修持大威德金刚法。在西藏的密教里,大威德金刚是文殊菩萨所化现的愤怒身,这个法有无比的威力。上师有一串念珠,他用这串念珠修法几十年,念珠是用一百零八颗人头骨做成的,具有很大的加持力,随身带着它能够驱灾避邪。上师圆寂前把这串念珠留给了我,这串念珠多少年来我一直保存在身边。按照西藏密教的传统,修大威德金刚法用的念珠是要用人的头盖骨做成,最好是被雷劈死的童男童女的头盖骨。密教的很多事情是不能随便对外宣讲的,不了解的人听起来会很奇怪或生起恐怖,以致造成误解,进而诽谤佛法。实际上密教修行的各种仪轨、坛场和供品的设置等等,都有很深奥的佛法法义,绝非门外人所能理解。而世人往往用世俗的眼光去看待这些,用他们固有的观念去分析。根据法义,密宗坛场的很多供养甚至对没有修证到一定程度的弟子都不能讲，比如用人皮来做供养，修一种很凶猛的法。人皮的来源靠罪犯，过去西藏惩罚罪犯的一种酷刑是剥皮，如今早已经没有了。

结场辩经

由于我在汉地时就已经学习了不少经论，因此在经典上我已经有了一定的基础，像因明和俱舍论等都已学过，加上在汉藏教理院打下的藏文底子，学经对我来说并不算困难；但是在三大寺学经当中最重要的部分——辩经却是我在汉地的寺庙中时从来没有经历过的。

西藏喇嘛在学习经典上有他们的独到之处，并不光是靠死记硬背或听师父讲经开示，而最主要的学习方式是在辩论场上通过辩论来彼此印证，互相学习，进而达到对于经论的理解和融会贯通。这一点是汉地的寺庙所没有的，汉地的庙子里没有辩论的制度，师父台上讲，弟子下面听，有问题向师父请教。但在西藏，喇嘛们从师父学经只是第一步，不仅仅学经，还要向师父学习辩论的方法、技巧和语言，接着就要上辩论场辩论，在辩论中产生了问题时回来再向师父请教，然后再去辩论。每个喇嘛都必须参加辩经，这种辩经对于喇嘛们学习经论的水平是最好的考验，每个人的水平在辩论场上显露无遗，学得不好的人讲不上几句就败下阵来。过不了多久，整个康村，以至于扎仓和全庙子上的人都知道了某某人的水平如何。

康村里面每天有三次辩经，分别在早、中、晚。辩论的场地是在一个空坝子上，周围有树木，地上铺有碎石。开始时，大家先集中诵经，然后按各自的班级集中一起，开始辩论。辩论时大家围着一圈坐在场上，首先由高班的人向新人提出问题，这时新人要把头低下去，当高班的人发问时，要低头回答，不可昂首，这是规矩，也是对高班人的尊敬；

高班同学的问题问完了，轮到低班的人问高班的，这时高班的人可以把头抬起来，答复问题。班上的人有活佛，也有普通人；有学问好的，也有学问差的。这时大家是平等的，活佛也没有特别的待遇，大家都是席地而坐。在辩经时一律平等，没有特权，不论你是多大的活佛，也要和大家坐在一起，不准带坐垫，这叫作结场辩经。每次的辩经会至少两个小时。上辩经场是不能带经书的，辩论的内容全部要背得滚瓜烂熟，每一页每一行都要能背出来。参加辩经的喇嘛都是属于同一个班次和水平的，学习的是同一部经论，大家就这部经论的某一个部分的内容进行辩论。辩经按照秩序进行，比如《现观庄严论》共分为八品，学第一品的人在一起辩论，学第二品的另外分组辩论。有人专门发问，有人专门回答，然后调过来，由先前回答的人发问，发问的人回答，这样大家轮流，每人都有机会。发问的人要不断地问下去，问题不能中断，而回答者的答案很简单，"是"或者"否"，不需要啰唆。如果辩论时问不出问题，或答不出答案来，你就要退下去，换别人上来。由于同学之间各自跟随的师父不同，因此在辩论中会出现很多的问题，于是各自回去请教自己的师父，特别是新人，几乎每天都要到师父那里去请教，师父会详细告诉你应该如何回答，解释你遇到的各种问题，下次再继续辩论。

除了每天的辩经外，康村每个月有一次考试，所有的人都要参加，参加考试的人名提前已安排好。在考试中由低班的人发问，高班的人回答，旁边有老资格的格西坐镇，帮助新人发问，每当新学生问不出来问题的时候，由这些老格西人来帮着提问题。这样的辩经考试每次连续进行三天。每次的辩经都是在晚上举行，就在自己居住的范围之内，常常是通宵达旦，从晚上一直辩论到第二天的早上。发问的一个接一个地问题不断，回答的答案不假思索随口而出。每个喇嘛都使出浑身解数，全靠他们平时的记忆和学识，这时一个人的水平就充分体现出来了。这种考试都有大格西在旁边监考，有时甚至堪布也来参加。

康村内的辩经

　　在三大寺里的学经全靠自己学，庙子上不会给你压力，也没有规定你一定要花多少时间来学经，一切由你自己来决定。勤奋的人日日夜夜发愤苦读；懒散的人，也有混日子的。遇到这种人，庙子上也不会派人来督促你，这一点又和汉地的寺庙不同。喇嘛在学经时是有压力的，但考试则没有，考不出就下去，下次再来。辩经场上遇到问题了，便去请教师父，弄明白了，解决了问题，下次再去辩论。平时的辩经是针对某个经论的某个段落而进行，比如《中观》的某一段落。当你把全部的《中观》学完，分段辩论完成了，这时就有总辩论，这种辩论一般是从晚上开始一直到第二天的清晨。这个时候就要看你对《中观》整部经典的把握如何了，别人可以拿出《中观》里面的任何一段或一句话来考你，你答不出来，或者答的不对，就是一个差，简单得很。考试评分只有通

辩经场上

过或不通过，yes 或 no。经过很多次这样的考试，全寺上上下下的人都知道某个喇嘛的水平如何，学经的程度如何，名声很快传出去。

三大寺所用的教科书不同，尽管学的都是五部大论。即便是在同一个庙子里，不同的札仓所使用的教科书也有不同，因此庙子上在每年的夏天都会举行一次全寺的辩经会，各个札仓的喇嘛都集中到庙子的中心去辩经。由于各札仓所用的教科书不同，其中有互相争议的地方；学生各自从师不同，而师父们对经典的理解有时也不一样，这就造成了在辩经中常会出现争执不下的情况。每逢遇到这样的情况，一律以宗喀巴大师的注解为准，只要一方引证出宗喀巴大师的注解，争论便到此结束。宗喀巴的理论在黄教是不容置疑的，也是辩经的最后标准，不论是学经还是辩论最后都要以宗喀巴的理论为中心。这是经过了多少年的辩论，多少祖师大德们的研究，证明了宗喀巴的理论和见解是正确的。宗喀巴大师将经论分类，制定了一套严谨的学习程序和方法。他在佛学理论上的造诣和自己对于佛法的修证在西藏广受各派的尊敬，他的两个大弟子在皈依他以前都已经是有名的大学者，但都因为崇拜他的学识和见解而皈依他。

三大寺的喇嘛也有集中在一起辩经的时候，那是在每年的十一月底，凡是学因明论的喇嘛，他们当中有大名鼎鼎的因明专家，也有初来乍到的新人，都要去拉萨西面大约六十里的一个叫作降养衮曲的地方，在那里集中学习和辩论因明两个月。这个地方有个破庙子，很久以前是个红教的寺院，当地的外道嫉妒寺庙里的喇嘛，想方设法地除掉他们。有一天这些外道在喇嘛上殿诵经的时候从外面将庙门堵死，在庙的四周堆满了干柴，放起大火，结果庙子里面的喇嘛全部被烧死，寺庙也成了一堆废墟。从此无人敢来这个地方。据说这里常常有孤魂鬼影出没，一般的人不敢经过。后来宗喀巴大师来到了这里，在附近的山洞里闭关修法。大师在闭关中深入三昧，亲见文殊菩萨，修得大成就。出关后，他写出了一部伟大的著作，叫作《辨了不了义论》，将大藏经所收集的经典分为"了义"和"不了义"两类。这本经在黄教被奉为至高的经典，每个喇嘛必须学习它。

在这段集中辩论和学习因明的时间里，每天要辩论三次，早、中、晚场，晚上的辩论时间最长，从七点到十一点，三大寺的人按照程度分成很多个班，分头辩论。两个月的学习结束后，喇嘛们要立刻赶快回到自己的庙子，补回两个月里面在本庙子缺的其他课程，否则就跟不上进度了。

辩经会上大部分的喇嘛都很有风度，君子之辩，不结私怨，但辩到激烈的时候，双方也难免面红耳赤，互不相让，吵嘴甚至打架的事情也有发生。在一次辩经当中，由一位喇嘛向我发问，我回答问题，结果他问到后来问不下去了，输给了我，于是就恼羞成怒，发了脾气，在下来的时候，还踢了我一脚。他这样做是犯戒的，当时在辩论场上，我不能发作。下来以后，我把这件事情告诉了我的好朋友张注旺，他是多杰觉拔格西的大徒弟，多杰格西在三大寺是很有名望的高僧，因此他的弟子在庙子里也很有面子。张注旺听了以后告诉我，到了下一场辩经时，你就上去揍他，我站在旁边，不会有事，如果有任何事，我去找总堪布。当天的晚上还有一场辩经，这次轮到我向他提问，我上去二话不说先打了他两拳，于是这个喇嘛便跑到堪布那里告状。堪布对他说，这件事本来是你先错，谁叫你白天去踢人家一脚？到了晚上就该你受因果报应，这就是自作自受。

喇嘛寺的生活

在三大寺的生活与汉地寺庙大不一样，这里没有人约束你，也没有人会督促你去上殿学经。学不学，怎么学，完全是你自己的事。勤奋的

与多杰格西的大弟子张注旺（左）合影于哲蚌寺

人，每日起早摸黑，苦读经书；懒一点的人，每天睡到日上三竿，在庙子里得过且过混日子，也不会有人来干涉，一切全靠自己把握。康村里只为你提供一个住处，其他的事情都要自己去想办法解决。比如在汉地的庙子里是不用自己烧饭的，有专人做饭给和尚吃；在西藏则不同，吃饭全要靠自己动手，除非有佣人。我在哲蚌寺的第一年生活尤其感到艰苦，吃的东西只有糌粑，偶尔自己做一些面疙瘩，没有蔬菜。西藏的面分为三等，头等的面从英国进口，面粉白而细，但价钱昂贵；次等是汉面，由汉地运来的，虽比不上进口货，但也是用细磨细筛磨的白面粉；

国民政府驻藏办事处代表中央政府布施后,在哲蚌寺受到招待,高坐者为处长陈锡章

最低等的是西藏出的面粉，西藏人用的磨是粗磨，筛子是粗筛，面粉粗而且含有不少杂质，颜色看上去黑漆漆的。

好在我有两个徒弟，服侍我的生活，省去了我不少的时间和麻烦，能够把主要的精力用来学经。这两个徒弟中的一个是我在入藏的途中收的。当时我被藏军阻在江达，正好遇到两个孩子，他们正在商量着如何步行到拉萨学佛。两个都是康定人，会讲汉语和藏语。我让其中的一个帮我送信到昌都，另一个随我一起去庙子。到了拉萨以后，我留下一个做徒弟，后来在寺庙里又收了一个蒙古来的徒弟，这样就有了两个徒弟。蒙古徒弟名字叫榔头，会做一些蒙古菜和汉菜。后来他和我去杂日山朝圣，出生入死，经历过种种危险，他从来不怕艰苦，都熬了过来。

康村里的房租大约是一个月二两银子，相当于汉地的二十个铜板，并不算贵。这个钱是交给康村的，康村把收来的钱放入公积金，念经时熬茶就由公积金出。我开始在康村住的房子很小，是一间卧室连厨房，卧室里可以供佛放书等，而厨房就在旁边，有个灶，是烧牛粪的。后来换到了一间大房，房间大，可以放两三张铺，有书桌板凳，房间在二楼，光线也好。厨房在后面，很宽敞，有水缸和烧牛粪的炉灶，而且厨房和卧房不连在一起，比较干净，这样我可以在卧室里专心学经，不被干扰，厨房则给徒弟住。两个徒弟平时没什么事情做，除了烧茶做饭，有时去拉萨买些东西。每年要付给他们一些工钱，大约一百两藏银，数目并不算多，另外要给他们提供衣服。每天还要教他们一些经典，这很重要，因为他们不是普通的佣人，我们之间是师徒关系，如果他们用心学习，将来也有机会考格西，得到成就。而且他们有了生活的保障，就不需要在寺庙里为人打杂，赚取生活费用。

康村里的喇嘛有富有贫。最富的就是那些在全庙子放大布施，叫作措钦群哉的人。放这种布施的人都是大贵族、大活佛，比如四大林之一的功德林活佛来到庙子，就是这种派头。四大林的活佛是有资格做摄政王、已经转世了很多代的活佛，清朝皇帝曾经封号给他们，是第一等的活佛。这些活佛的田产多、财产多，不是一般活佛可比的。每当他们放布施时，全庙子的喇嘛都会集中到大殿，每个喇嘛都能拿到布施。凡是这一类的活佛都是有管家的，活佛在二十岁以前专门学经、读书，由成群的佣人伺候。二十岁以后，他们有专门的札萨管理他们的庙子。四大林的札萨是很有地位的，在西藏地方政府里也有地位。这些活佛都被邀请参加西藏的僧俗大会，并有发言权，此外，凡是达赖喇嘛有什么活动，也会由噶厦通知他们，比如达赖夏天要从布达拉宫移居到夏宫，这时这些活佛都要去迎接达赖喇嘛，在前面引路。这些活佛拥有大批牲口，数不清的佣人，管家为他们管理财产，每年提供他们足够的金钱。到他们考格西时，还有一次在全寺的大布施，要花掉数万两银子。考上格西以后，他们有的进入上下密院，也有的回到自己的庙子，请有名的上师到自己的本庙来为他们传授密法。这一类的活佛被称为措钦活佛，每逢他们来布施，拿到的钱不会少，因此我们都会去参加。

另一类是从外地来的活佛，比如蒙古的章嘉活佛，或甘肃拉卜楞寺或青海塔尔寺的大活佛等。他们自己的庙子都是财产丰厚，来到三大寺也都是大布施，放措钦。布施包括茶、饭和钱。这些大活佛平时在喇嘛衣服外面都穿一件外套，即披风，上殿的时候把披风脱下交给跟班，因此他们可以带跟班上殿。到了大殿，他们和其他的喇嘛一样，也是坐在地上，没有坐垫，只是他们坐的位置比较高一些。

与这些有钱的活佛相比，贫穷喇嘛的生活可以说是天上地下。生活穷困的喇嘛因为身无分文，没有钱来布施，因此必须当差，所有札仓里的差事都要去做，扫地、站班、排队等，无一能免。在庙子里，当差相当于纳税。放了布施的人可以免税，没有放布施的就要缴税。他们平时的生活来源只能靠上殿时拿到的一点布施和为人做杂工来维持，但庙子上能拿到的布施很少，光靠这点钱是不够的，于是他们便在康村里为人背水，做木匠活，打扫，做衣服，做各种杂活来赚取一点钱补充最基本的生活费。这些喇嘛的生活很艰苦，真正用来学经的时间有限，但他们当中却有不少人以吃苦耐劳的勤奋精神和超过别人数倍的努力后来获得了很高的成就。我曾看到过蒙古来的穷喇嘛，买不起家具便睡在地上，将马鞍子用来当书桌，在那上面读经；把一部经书读得了如指掌，在辩经会上口若悬河，辩才无碍，令人佩服。反而倒是不少西藏本地的喇嘛却不如那些来自蒙古和西康的喇嘛用功上进，他们之中不少人潦倒混世，不求进取，在庙子里糊里糊涂地谋混一生，没有什么成就。

哲蚌寺每年从正月到六月是一个学期，八月到十二月底是一个学期。其他的庙子开学的时间可能不一样，有的在正月，有的在二月，但到了六月一定是一个学期。学期中间有假期，假期的名字叫却仓钦波。从八月到腊月底的这个学期叫作却拉。到了十一月初，凡是学因明论的喇嘛都集中到降养衮曲这个地方，学习和辩论两个月的因明，然后赶忙回拉萨，一方面是补课，补上两个月里的课，另外是要参加在大昭寺的默朗钦摩——传昭大法会。

默朗钦摩——传昭大法会

每年到了默朗钦摩的时候，三大寺的喇嘛都要去拉萨念经，庙子封闭，只剩下看门人，所有的人都得离开，不能住在庙子里。这时三大寺所有的喇嘛都要集中在拉萨大昭寺，连续念经三十天。于是拉萨一时涌来两三万人，住的地方不够，喇嘛们只能想办法四处找朋友、熟人或施主的地方借住。有些三大寺的格西在拉萨有私人的住处，到了这时候，一套房子便住了十多个人。传昭大法会期间西藏地方政府关门不办公，拉萨市的所有事务交给三大寺的铁棒喇嘛管理，又以哲蚌寺的铁棒为首领，称为"大铁棒"。每逢此时，铁棒喇嘛的手下手中拿着一丈多长的

传昭大法会结束时的大游行

铁棒在街上巡逻，威风凛凛，号令四方。念经在大昭寺举行，寺里上上下下所有的角落都挤满了念经的喇嘛，只有少数资格高的喇嘛有坐垫，其余的就坐在地上。两万多喇嘛把个大昭寺挤得满满堂堂。如果实在坐不下了，铁棒喇嘛的手下就走上前去用他那一丈多长的铁棒朝着一个地方一棒打过去，那边的人四下一躲闪就腾出了一块地方，这样一来又可以挤下几十个人。

默朗钦摩有自己专门的基金，这笔钱来自商人、寺庙和平民百姓的布施，足以为两万多个喇嘛熬茶煮饭二十几天。熬茶用的是大锅，锅有一两人深，不仅熬茶，还要煮饭。饭里掺有牛肉、葡萄干和牛油，用这种半干不稀的饭供两万多人吃，光是煮一次饭就要宰上几头牛。在传昭大法会期间，所有的茶饭都由大昭寺来供养，由专门的管事负责监督，由习武喇嘛派饭。喇嘛们用的饭碗都是特大号的，装满一碗可以吃上几天。

藏族人平时生活很节俭，但到了传昭大法会把平时省下来的钱拿去布施，一次用去很多钱。很多茶商把运来的茶整驮整驮地卖掉，将钱拿去布施。商人们流传着这样的说法，如果在每年的默朗钦摩念经的时候布施，第二年的生意一定赚钱。在拉萨的汉族商人最初不信这些说法，后来有人试着去布了施，第二年果真赚了更多的钱。消息一传开，大家都开始相信了，于是争先恐后地赶去布施，把做生意赚来的钱在传昭大法会布施一部分，结果第二年赚得更多。每年到了传昭大法会时，布施的商人要排队等候布施的排期，好不容易才排到日子。由于布施的人多，一次传昭大法会下来，每个喇嘛平均可以拿到一百五十两藏银的布施，对于贫穷的喇嘛来讲这是笔不小的收入，可以支持他们几个月的生活。

除了商人，中央政府也有布施。国民政府一九三四年派黄慕松为特使入藏吊唁十三世达赖喇嘛时，专门留下一笔钱给三大寺作为基金，每年由寺庙在传昭大法会时作布施之用。从一九四一年起，蒋介石每年均做布施，向每个喇嘛布施一块美金，一直延续到一九四九年。这样每年向三万名喇嘛布施，一次就要花去三万多美金。这笔钱按蒋先生的指示由中央政府列入预算。每到布施的时候，国民政府驻藏办事处提前将美金换成藏银，合七两五分，动员所有在拉萨的汉族官员出动，分成八个组，分别站在大昭寺的八个门口，见一个喇嘛便给一份钱。我也曾参加过驻藏办事处的布施。有一次，我在布施时见到几个熟悉的喇嘛，每人给了双份。结果有人汇报给驻藏办事处主任，说我给了双份钱，结果也没有把我怎么样。刘文辉将军也在这个时候布施，他自己本身是个佛教徒，同时也希望借此机会拉拢藏人，每到传昭大法会他都会派一位手下的参事，名叫贾孟康的藏族人，来到拉萨代他布施。

降神的习俗

藏族人不仅信佛，也崇拜本土的各种神灵。老百姓家中有事必求神灵的启示，连西藏地方政府在重大的决策上也要请神降临，听从神的指引。

在哲蚌寺的下面有个很有名的神庙，叫作乃琼寺。乃琼神是西藏地方政府的神，西藏地方政府在许多的事情上都要依靠乃琼神的启示。所谓降神，指的是神灵会附在某一个特定的人的身上，借用这个人嘴巴开口向世人说话，能够回答人们的各种问题，讲出未来的吉凶。当神的替身是件很辛苦的事情，身体要结实强壮，每次降神时他要穿上神的衣服，头上戴一顶很重的铁帽子，用绳子固定在脖子上，由两个人架着，神降下来时他会浑身颤抖，口中开始说话，降神完毕他便瘫倒在地上，昏迷不醒，如死去一般。

每一次前一个乃琼替身去世了，就要去寻找下一个，他的替身不是由达赖喇嘛或摄政王指定，而是由这个神自己去找。我在拉萨时的这个乃琼神来自后藏江孜地区，原本是个喇嘛，有一天乃琼神忽然降到他身

每年十二月在布达拉宫举行的跳神表演

每年十二月在布达拉宫举行的跳神表演

每年十二月在布达拉宫举行的跳神表演

上，他开始为神代言，说出种种事情，这个消息不久便一传十，十传百。西藏地方政府听说后，立刻派人把他从江孜请到拉萨来，住进乃琼庙，成为新一任的乃琼神替身。乃琼寺是有财产的，拥有自己的田产，是个很漂亮的小庙子，坐落在哲蚌寺的下面。

哲蚌寺的果莽扎仓有一个名叫冬噶的神，有一年扎仓举行降神仪式，在神刚刚要降的时候，我拿起照相机准备拍照，谁知这时降神的人突然倒了下来，神没有降成，喇嘛们一查原来是有人用照相机照相，结果神跑掉了。喇嘛们于是生我的气，把我的照相机没收了，大家都说神从来没有被照过相，你一照相他就跑了。后来我请驻藏办事处的人替我把照相机要了回来。每隔十年，所有的降神都要集中在一起，到拉萨大聚会，可惜当时我没有将这一场面拍摄下来。每到这一年，十个神的替身同时穿上各种神的衣服，一起降神，是很难得看到的场面。

在哲蚌寺的东面还有一座女神庙，女神名叫德玛，每天早上降神。这个神的替身是有家室的，是一位家传的神，家族内代代相传，但只传女不传男。每天降神的时候，左邻右舍的人纷纷前去询问各种问题，问的大都是些琐碎的家事，商人也去询问自己生意的运程，我也去问过，但是女神却没有认真地答复我的问题，只是随便应付了我几句。这位女神不是一个大神，但也能知过去未来，问她有没有什么灾难，做生意顺利不顺利，她都能讲出一套。在西藏各地这类的神很多，在民间很受尊重，很多都拥有自己的庙子。

同汉地一样，藏族人也喜欢打卦算命。有修证的喇嘛可以打卦，打卦是要先念经修法。打卦用三个石子，如同求签一样。有道行的喇嘛只要将石子向空中一丢，便知道是上卦、中卦还是下卦。比如我入藏在江达被阻时，等很多天还没有消息，我去向一位喇嘛请教，他告诉我消息就要到了，卦象很好，今天或明天一定有消息来，结果当晚消息果然到了，真的很灵验。密教中，有专门打卦的法。

三大寺的汉人喇嘛

自从十三世达赖喇嘛扫荡了驻藏的清军，藏军以昌都为界，对入藏的汉人严格把关，不轻易放人，汉人僧侣来西藏求法的机会大大减少。我在哲蚌寺学佛时，三大寺各有一部分汉僧，但人数不多，入藏的时间也先后不同。其中有单人匹马来到西藏的，也有的是在汉地时遇到西藏活佛，皈依为上师，与师父一起来到西藏。例如多杰格西就从汉地带回来三个徒弟，一位是我的好朋友张注旺，北京八里庄人，多杰格西在汉地时他一直跟随在身边，后来多杰格西的钱财都是由他掌管，在汉人喇嘛里算是富裕的；另外两位徒弟一个名叫熊先名，年纪很轻，西藏文和经典的学习俱佳；另一个叫隆义，因明和中观学得都很好。多杰格西在汉地弘法时，收了许多弟子，广结善缘，得到不少大施主的供养，从汉地回到西藏后，他将在汉地募得的几万两银子送给哲蚌寺做基金，又将北京故宫的一位弟子送给他的一千多尊金铜佛像重新镀了金，供奉在哲蚌寺的大殿。哲蚌寺上下对于多杰格西十分尊敬，他的几个汉人徒弟也因此在三大寺里很有面子。

早期随大勇法师的求法团来西藏的也有几位。一位是恒演法师，他的父亲曾在国民革命军里当过旅长，后来看破红尘，出了家，拜太虚大师为师父。恒演跟随大勇法师入藏，但大勇法师还没能到西藏就在甘孜圆寂了。之后，他一个人来到拉萨，进入哲蚌寺学经，生活上还算过得去，时有内地的朋友或施主会寄些钱来，但并不定时。密悟法师最初也是跟随大勇法师，后来才单独进藏的，他因为得到刘文辉的管家陈居士的布施，生活较有保证，可以安心学经。密悟是河北人，与法尊法师一样都是北方来的，他是除了我以外，另一位考上拉然巴格西的汉人。他们两人虽然都算不上富裕，但也不需为生活担忧。

左：色拉寺的汉僧梦参法师
右：梦参法师的师父色拉寺夏扎活佛，活佛很喜欢这个汉人徒弟，一九四二年摄

当年跟随大勇法师出家的弟子，法号多以"密"字开头，如密严、密悟、密慧和密吽等。密严是四川万县人，曾在汉藏教理院当过事务主任，他和密悟都先后在哲蚌寺的孟那康村学经。

另外还有一些其他的人。其中一位来自厦门南普陀寺的退休老和尚，法号转逢，年纪很大了，自己一个人来到西藏学法。也有一批来自四川峨眉山的法师，其中有满度和隆果两位法师；一九四七年又来了一位满月法师，年纪很轻。来自峨眉山的徒众大多都受过很好的佛学教育，如满度，曾在南普陀寺的佛学院学习。此外还有一位来自四川的太空法师。这样算下来在哲蚌寺学佛的汉人大约有几十人，来自不同地方，有东北的、河北的、山西的、四川的、福建的，等等。汉僧多数集中在孟那康村。这其中有的穷，有的富，贫富不均，时间一长，彼此便

左：哲蚌寺的汉僧融通法师（中）与在拉萨的汉族官员合影
右：曾在哲蚌寺学经的密慧法师，后来在驻藏办事处任办事员

产生了嫉妒之心，开始互传闲话，闹起纠纷。因此欧阳鸷和我都不愿意住在孟那康村，免得麻烦，我们选择了果莽札仓落脚，远离是非。

色拉寺也有一些汉人喇嘛，其中有一位来自东北的法师，法号梦参。他来到拉萨的时候，日本人已经侵占了东三省和华北。他只身从北京来藏，随身带来不少的钱，令人侧目，引起了当时驻藏办事处处长孔庆宗的怀疑，认为这位法师的来路和背景都有不少令人怀疑之处。梦参法师到了拉萨不久便和驻藏办事处的一位姓张的会计交往，两人都是东北同乡，张某逢人便讲梦参法师的好话。而梦参的口才一流，讲起话又滔滔不绝，招人注目。不久孔庆宗将这件事情报告给蒙藏委员会，说梦参有匪特嫌疑，而张会计与他过从甚密，一定也有勾结。这样一来张某被撤除了会计职务，从印度回到内地时受到了种种盘问，搞得十分狼狈。梦参在色拉寺拜夏扎活佛为世间师,进了色拉寺的解扎仓,夏扎活佛很喜欢这个汉人徒弟。但梦参在色拉寺没有多久便住不下去了,或许是经济来源断了,没有资粮再继续学经,只能提前离开。离开拉萨后他辗转西康等地继续学习密法,以后回到了北方,在青岛的湛山寺落脚,后来当了寺庙的方丈。另外色拉寺还有一位来自汉藏教理院的法师,在因明学上很有成就,听说后来还了俗,与阿沛·阿旺晋美的女儿结了婚。

每一个到拉萨学经的汉僧在内地都会有一两个固定的施主,供养他们在西藏学经时的生活费用,因为没有钱是不可能在三大寺生活下去的。我自己虽然是中央政府派出的交流学者,但政府所提供的一年一千多两银子远远不够,而且这笔补助只提供五年,以后就要自己想办法。靠了张莲菩提和法尊法师等人的资助,我才有能力继续在西藏学经,直到考到格西,否则很难想象。欧阳无畏学经时是靠着中央大学的资助,其他的汉僧也是一样,身后没有施主的支持难以在三大寺生存下去。

汉人喇嘛聚在一起,时常会谈论起个人今后的打算。在西藏学佛几年,显密佛教都学了,以后怎么办呢?将来回到汉地,会遇到什么样的结果呢?这都是我们要考虑的。到了西藏以后,环境所限,以前在汉地的很多习惯都改变了,在汉地法师都是吃素食,到了西藏以后没有这个条件,只能开始吃荤,这是其一;穿的衣服也改变了,在汉地穿的是和尚装,如今当了喇嘛,身上穿的喇嘛衣服。将来回到汉地,这些习惯又要再改回来,否则难以安身,身穿喇嘛服怎么进和尚庙子?这是其二;此外,喇嘛的修法和仪轨与汉地的法师又有不同,就算你考下了格西,学了不少密法,恐怕也很难被汉地的很多大寺庙所接受,长久以来汉地的佛教界对藏传密教一直持有一种偏见,这是其三。其实,若讲到佛学上的造诣,我们在西藏所学远远超过了汉地一般和尚的水平,但这对于他们来说却是很难接受的。所有这些都成了将来我们与汉地佛教间的隔阂，让我们不得不考虑回去以后如何适应。

部分汉人喇嘛在三大寺学成格西后，便远离尘世，找清静的地方去闭关清修了，多杰格西的弟子张注旺就是其中的一位。他并没有报考拉然巴格西，尽管他完全有资格和足够的资粮，他只在康村里考了一个灵舍格西，然后便离开西藏到滇藏边境一处人烟稀少的地方闭关修行，再没有听到过他的消息。也有的汉人喇嘛回到汉地后收弟子传法，颇受欢迎，太空法师就是一个，他曾经在哲蚌寺做过大布施，学习了很多经典，但没有考格西，回到四川以后收了不少弟子，很有名气，解放后还当了重庆佛教协会的副会长。

多杰格西的另外两个弟子在解放以后被人民银行吸收了，从事财政管理的工作，大概是因为他们曾经管理多杰格西的大批财产，积累了很多经验。他们学了很多年的经，结果没有考到格西，令人惋惜。

密慧法师后来留在了西藏，被驻藏办事处聘请做一名办事员。一九四九年办事处撤出西藏时他没有同大家一起撤退，以后自己去了印度，一直留在那里没有回来。

第七章

❖

汉藏关系

拉萨的汉族商人和居民

汉人来到西藏做生意的不少。最早到拉萨的是北京商人。北京人在拉萨有几家铺子，两家最大的铺子一家叫"文发隆"，另一家叫"兴记"。后来一位名叫张奇英的北京人又开了一间店铺，取名"德茂永"，租用哲蚌寺果莽扎仓的房子。还有一家叫作"裕盛永"。这五家店铺都是北京人开的，以贩卖内地的绸缎和瓷器生意为主。都开在拉萨的八廓街上，商业最兴旺的地区。西藏人称这些商店为"北京冲康"，冲康在藏语里意思是商店。在西藏的汉商以北京人的势力最大，实力也最为雄厚。

北京商人所经营的产品以绸缎为主，这些绸缎大多产自南京，以前是专门提供给清朝皇室的。缎子分为大公司缎、小公司缎和库缎等品种，有不同的种类。西藏贵族里面穿的衬衫都是绸子做的，领子向外翻出来，保护外套的领子。女人的绸子衬衫多数为粉红色，男人多为白色，僧官喇嘛的衬衫大多是黄色。贵族们所穿的外套都是缎子做成，绸缎不能洗，穿脏了便丢掉或赐给佣人，因此绸缎在西藏的需求量相当大。瓷器的需求也很大，西藏贵族每个人都有自己专用的茶杯，茶杯装在特制的盒子里，每次去布达拉宫开会时，都要带上自己的专用杯子，因为布达拉宫只供茶而不提供茶杯。大的铺子如"兴记"也卖其他的百货和杂货，从皮鞋、手表、收音机到海参、鱼翅、酱油等等一应俱全，这些货色都能卖到好价钱。西藏贵族请客时，尤其是请汉族客人时，菜式都包括海参、鱼翅这些名贵菜，所用的厨子多在四川受过训练，能够烧出很地道的汉菜。

兴记的总经理名叫梁子质，北京人，后来生意慢慢做大了，在香港开了一间分店，由一位叫作乔景新的经理负责。梁老板娶了藏族女子为妻，把家安在噶伦堡，并不住在拉萨。文发隆的老板名叫叶增隆，平时也不在拉萨，常住北京，铺子由经理代管。除了买卖绸缎，他们还在北京收购鼻烟壶、玉扳指、瓷器等运到西藏出售，获利不少。另外他们也把西藏的羊毛出口到外地去。货物都是从上海海运到印度加尔各答，然后从陆路由印度进入西藏。商人们向西藏的贵族购买英国人所发的免税证，货物入印度时可以免税。货物从上海来时用大箱装，到了印度要分成五十公斤以下的小包，因为去西藏要用骡子驮运，翻喜马拉雅山，分量不能太重。

德茂永在生意上的规模比不过文发隆和兴记，但它的老板张奇英却是靠了另外一层关系做起了中央驻藏办事处的生意。张老板在西藏娶了一位名叫隆真拉的藏族女人做偏房，把她带回北京，但是在北京家里的正房夫人规矩很多，西藏太太没有办法适应，觉得总是被大太太欺负，住了一段时间就吵着要回西藏。张奇英只能把她带回来，这时驻藏办事处的沈宗濂处长正要找一位西藏人学习藏语，隆真拉能讲汉语，于是就被请去当了沈的藏语老师。沈宗濂没有带家眷来拉萨，单身一人，与隆真拉相处长了，便日久生情。于是德茂永商号也跟着沾了光，成了

北京商人叶增隆老板（右）和商店经理张某

办事处的专卖店，沈处长不论大小东西都要去这间店采购。但沈宗濂在西藏只待了一年多就住不下去了，想回到内地，隆真拉不肯分手，一直跟到印度。沈宗濂自然不可能带着她回内地，最后给了一笔钱，将她打发回拉萨，自己回到内地后，通过蒋介石侍从室的关系谋到了上海市政府秘书长的职位，当时上海市长为吴国桢。

还有另一位北京商人，名叫袁葆中，原本生意做得很好，却因不听当地人言，引鬼上身招来祸害。袁老板经常带货物经锡金和印度来往于内地，有人警告他，锡金一带巫术流行，常有巫师下蛊，这种邪术厉害无比，因此切不可随便去碰当地的东西，否则被鬼缠上难以脱身。袁某对此嗤之以鼻，心想光天化日之下哪里会有什么鬼。一次运货经过锡金，他看到道路两旁栽满果树，果园无人看守，正是丰收时节，果树上

左:云南商号永昌驻拉萨的经理杨汉臣
右:云南商号马铸记驻帕里宗的经理,负责转运货物和信件

的橘子黄澄澄刚刚熟透,于是嘴馋了起来,顺手摘下一个橘子吃了下去,谁知就惹了大祸。当天晚上鬼找上了门,来的是个印度鬼,身材只有三尺高,出现在他面前,对他说:"主人要我看守果园,你偷吃了橘子,主人现在要惩罚我,你要把橘子赔给我。"原来锡金的果园主人请了巫师下蛊,要鬼来为他看守果园。从此这个印度鬼每天上门纠缠,一到傍晚时分便现身,这时袁葆中便开始头痛发烧,日日如此痛苦不堪。为了将鬼请走,他花了大钱请喇嘛念经修法,又请天主教的神父为他祈祷,还请道士作法驱魔,能做的法事做尽了,还是挡不住这个小鬼。最后被鬼缠得没有办法,眼看身体就要被折磨垮,袁葆中只能离开,丢下拉萨的买卖,仓皇逃回北京,从此不敢再进入西藏。听说他一离开西藏,鬼便消失了,或许是超出了鬼的活动范围。

在西藏做生意的汉人有他们的行规，商店的伙计很小就被送到西藏当学徒，都能讲一口流利的藏语，有的还能讲蒙古语，能和当地人打成一片，他们都是单身，商号除了老板，所有的伙计一律不准携带家眷。每隔两年，店上会给伙计探亲假，让他们回一次内地。伙计们平时不准嫖赌，一切要以生意为上。汉商十分善于拉拢当地的上层人士，与西藏的贵族和政府保持着很好的关系，他们常和贵族一起打牌交际，贵族们没事时也喜欢去汉商的铺子里逛店，消磨时间，彼此之间互相依靠，也互相利用。汉商靠了西藏贵族得到货物经印度免税的优惠；西藏贵族也通过向他们出售免税证而赚钱，又从他们的铺子里买到自己需要的商品。

汉人的店铺不仅买卖货物，同时也经营类似钱庄一样的生意。他们拉西藏的汉人喇嘛和驻藏办事处的人员把钱存在他们那里，由于每年可以收取利息，大部分的汉僧都喜欢把自己的钱存在这些店铺里，店铺于是拿了这些钱去做生意，到了年底的时候向债主派发利息，存五千两的银子一年下来可以拿到大约一千两的利息，很是可观。这样一来，喇嘛有了收入，商店也增加了做买卖的资金，两相得益。

在拉萨的汉族商人除了北京帮，还有云南帮。云南人很早就来到拉萨做生意，后来成立了云南会馆，为在当地的云南人提供方便。云南商人与北京商人不同，生意大多以贩卖茶叶为主。他们将云南的茶叶分两路运到西藏，陆路走缅甸，水路经印度，运到西藏各地。当我到拉萨的时候，云南会馆的负责人是张筱舟和他的太太。张本人好抽鸦片，他不仅在拉萨有买卖，在印度噶伦堡也设有分公司，分公司的经理名叫张相诚。这位张相诚先生在印度的商界很有名，为人乐善好施，陈健民居士在印度闭关学佛便得到了他的赞助。另外比较出名的云南商人为赖家昌和马铸记，两人在云南商人中都很有影响力。

除了北京和云南帮以外，也还有不少四川人、西康人和青海人在西藏经商。四川商人的生意在规模上不如北京和云南商人，经营茶叶做小生意的居多。在抗日战争时，内地的物资严重匮乏，做生意的人一下子便多了起来，四川和云南的不少公司将内地缺乏的用品，如布匹、毛呢、棉纱等经由印度运入，获取很高的利润，光是做运输也能发大财。

西康的商人大多是专门代理寺庙的生意，寺庙把自己的钱交给这些西康商人去打理，生意额很可观。他们在西康、西藏和印度等地都有买卖，运输队拥有几百匹骡马之多。而青海商人则主要经营骡马买卖，每年秋天的时候，有一帮青海的商人，将骡马从青海贩卖到西藏，很多人买。因为他们这些骡马年轻，受过良好的训练。跑得快的马，像跑马场上的那些赛马，在西藏并不值钱。西藏人讲究马的颜色要好，善于小走，走时蹄子轻起轻落，步伐稳健，人骑在上面四平八稳。马的身体健硕，肥而光亮，这样的好马都要卖到藏银一二万两。骡子也是如此，青海来的骡子身形高大，与四川的骡子不同；四川建昌也出骡子，这种骡子个头虽小，但能吃苦耐劳，驮负货物在路上不容易死亡。青海的骡子不是用来驮货物，而是用来骑的，西藏的贵族一买就是两匹、四匹或六匹，成对地买。这些骡子价钱也很贵。青海的商队从青海来到西藏一次在路上要走三个月，他们不仅仅贩卖骡马，也贩卖青海的大曲酒和青海出产的醋。这些醋和酒用木桶装运，路上三个月的时间，由于高原的空气稀薄，到达目的地时已经蒸发了很多。因此这些酒喝起来很冲，容易醉人。而醋呢，到了西藏，满满的一桶只剩下了半桶。

除了做大生意的，还有部分汉人在西藏靠做小本生意为生，像剃头店或裁缝铺这类的小铺子，靠着手艺谋生。拉萨有一位远近闻名的剃头匠，姓李，前清时就来到了西藏，因为资格老，后来当上了汉人在拉萨的保正，因此人称李保正。老李的剃头手艺高超，一把剃刀为人剃出的头既干净又舒服，大活佛、贵族、商人和寺庙上的大喇嘛都来找他剃头。

还有一位名叫刘云峰的裁缝，会缝汉袍，手艺也不错，汉人做衣服

噶厦政府的汉文翻译马宝轩

都是请他来缝。刘裁缝在一九四九年的驱汉事件中被西藏政府列入驱逐名单,本来商人不在西藏地方政府的驱逐范围之内,但他平时过于活跃,时常去驻藏办事处,凡有汉地的官员到拉萨来他都去欢迎,结果被西藏地方政府看在眼里,最后被赶出西藏。那时这位老先生已经七十多岁,在西藏生活了很多年,落到被扫地出门的境地,很是可怜。

这些商贩们每年都要为西藏地方政府当差,西藏地方政府并不向商人要钱,但规定他们要义务为政府当差提供服务,裁缝铺也要当差,指定你每年为达赖宫或者是为某一个公共事情缝衣服,有时要连续缝一个月,有时是指定的数量,这些是不付钱的,要你免费服务。

在西藏的汉人除了商人和喇嘛,还有一批定居在西藏的汉民,他们都集中在拉萨的一个区,叫作河坝林,这里住的都是汉人,大多数是当年满清驻藏军队的后代，信奉回教，在当地设立了清真寺，从青海甘肃一带请来阿訇主持。他们大约有几百户人，以种菜园、开磨坊等为生，其中有穷有富，大多数人的生活贫穷。驻藏办事处所请的佣人多来自这些家庭，西藏噶厦用的汉语翻译也请这些土生的汉民后代来担任。噶厦政府所用的汉语翻译就是个西藏土生的汉人，名叫马和堂，他的父亲在十三世达赖喇嘛清除汉人势力时被杀害，此人当时任噶厦的秘书，好抽鸦片，能唱西藏歌跳西藏舞。后来马和堂去世，噶厦政府又请了一位秘书，叫马宝轩，这个人原来在交通部拉萨的电台当翻译，翻译电报，中文很好，嘴巴又牢，当地的汉族商人对他的印象都很好，于是被噶厦政府看中，请去做翻译。马宝轩的嘴巴虽然很紧，但他的侄子被军统特务收买，经常借着看望叔叔的机会，从马宝轩的口中打探一些西藏地方政府的消息，出卖给军统。

西藏的贵族

在历史上，西藏一直是个农奴制的社会，土地都分配在达赖喇嘛和一批贵族手里，由他们掌握西藏的权力和绝大部分的资源，而广大的百姓则生活极其贫穷。西藏的贵族加起来不过一百多家而已，统称为"古扎"，这些家族代代世袭，西藏地方政府都有登记。其中也有少数人原本只是平民，后来因为得到达赖喇嘛的宠幸而被升为贵族，十三世达赖的一个卫兵就是由于救过达赖的命，后来被达赖提升为大贵族。当然也有本来是贵族，后来因为得罪了达赖喇嘛或犯了罪而被剥去贵族头衔的。贵族之间很多都有亲戚关系，但这并不妨碍他们之间的钩心斗角，时常为了权力与财富斗得你死我活。这些贵族又都是佛教徒，很多是大活佛。对他们来说学佛是必需的，他们当中很多都进入三大寺，经过学习五部大论，考格西的过程。因为西藏的人没有不信佛的，佛教在西藏

贵族青年

的地位是至高无上的,西藏的文化就是佛教文化。西藏的贵族当中也有真心学佛,得到大成就者,这些活佛很受人们的敬仰,但他们并没有权力。但是佛教也被西藏的贵族们用来作政治工具用,利用佛教对外,甚至把它作为西藏独立的理由,这是无可争辩的事实。这些贵族们真正学佛吗?当然有师父教他们学佛,但是不是真的依照佛法,而修行则只能看他们自己了。

西藏的贵族以四大活佛为首,他们是:功德林、策墨林、赤觉林和丹杰林,此外还有热振林。丹杰林活佛在十三世达赖喇嘛与满清政府冲

四大林之一的策墨林活佛,他后来犯了淫戒,被摄政王免去活佛头衔,赶出寺庙,贬为平民

突中帮助了汉人,结果达赖率军打回拉萨以后便遭到了清算,活佛遭处决,整个庙子被夷为平地。这以后便只剩下了四大林。四大林都是大活佛,已经转世了许多代,都曾受过满清皇帝的册封,他们当中有的出任过摄政王,有的甚至出过达赖转世。"林"即是庙的意思,四大林各自有自己的庙子,拥有大量的田产和房产,以及大批的农奴。他们是在达赖之下最有权势的贵族。他们之下一等的贵族,虽然比不上四大林,但也拥有大量的财产和一定的权势,很多在西藏地方政府里当官,或在西藏的国民大会中拥有一席位置。

洛桑珍珠喇嘛（邢肃芝，中）与贵族夏扎公子（左）和嘉措郎杰公子（右）

当时西藏的贵族之中分为两派，一派为保守派，他们主张绝对保持西藏传统的佛教文化和政体，抗拒外来势力进入西藏；另一派则是改革派，受到了西方思想的影响和英国人的拉拢，提倡改革政府，希望搞独立。英国人为了拉拢西藏的贵族，每年向这些贵族们提供所谓的"免税证"，即凡是经由印度进入西藏的商品凭此证可以在印度享受货物进出口免税的待遇。抗战时期，内地物资极度匮乏，不少商人从西藏经印度向内地贩卖商品而牟取暴利，他们都是向西藏贵族们买"免税证"，这样一来，让不少贵族们的口袋里流入源源不断的横财。此外，

贵族嘉措郎杰公子在家中听留声机

英国帮助西藏训练军队，提供枪支，在噶伦堡的英国学校接收了不少西藏贵族的子弟，长期以来，英国人用这些方式扩大自己的影响，在贵族中建立起亲英势力。历史上，英国对于西藏始终有着明确的战略目的，在政策上前后连贯，这与它的政治体制比较巩固有相当的关系。相比之下，自二十世纪初中国的政治局面一直在动荡，中央政府对西藏的政策始终摇摆不定，极不连贯，满清有满清的政策，到了中华民国又有中华民国的政策，造成西藏很多人，包括不少本来亲中央的大贵族的不满。

贵族在家中打麻将取乐

在哲蚌寺学佛的期间，我结识了不少贵族朋友，其中包括功德林活佛和后来担任摄政王的达隆扎活佛。我那时只有二十几岁，作为一个由中央政府派来的交换学者，从汉地来拉萨学佛，而且本身具备了一定的佛学基础，引起了不少贵族们的好奇和尊敬，经常被贵族请到家中做客，奉为上宾。与他们相处的过程中，我观察到大部分的贵族平日的生活实际上十分单调，不少贵族的日常生活也并非十分奢侈。他们多数平时很节俭，吃饭无非是糌粑和酥油茶而已，只是在请客时要大摆宴席，通常一次请客便是整整一天，从早请到晚。有的贵族家中还有专门做汉

贵族小姐们在家门口迎接客人

菜和西餐的厨子,能做出各种味道正宗的汉菜和西餐。当官的贵族每日上午要去布达拉宫开会,如同上朝,这种会议通常没有什么大的议题,照例是大家喝喝茶,大约一个来小时,到了时间便散会走人。回到家里,也没什么事情可做,听音乐或打麻将消磨时间。有的贵族喜欢听唱片,而且收集了各种汉地流行歌曲的唱片,如王人美和周璇的歌曲,有的还喜欢听京剧,甚至能唱。到了夏天,不少贵族带了全家到他们在郊外的别墅去消夏,或者到印度去旅游,看电影。他们看电影的方式很特别,一部电影要翻来覆去地看上十几遍,直到能把电影中的插曲唱得滚瓜烂熟了，才算罢休。

麻将在西藏很流行，贵族聚在一起时打麻将作乐赌博十分常见，有时在麻将台上下注，一掷千金，将家产输光的事情也曾发生过。有一位当了噶伦的贵族以嗜赌出名，打麻将输了大笔的银子，最后连自己在拉萨的房子也输光了。他的太太终于忍无可忍，到摄政王面前去告状，说这种事情你如果再不制止，让他这样打下去，我们就要倾家荡产了。后来摄政王下了一道命令，从此禁止官员打麻将赌钱。

噶厦和西藏的官吏制度

噶厦即是西藏地方政府。它的设立可以追溯到乾隆年间，乾隆皇帝派兵征服了尼泊尔之后，西藏才设立了噶厦制度。噶厦由四位噶伦（宰相）组成，一僧三俗，以喇嘛官为首席，其他三位是俗官，均由贵族担任。噶伦中有手握实权、精明能干的，也有只挂个名字，而无实权的，其中的奥妙就看这个噶伦是否精明和政治手段的高低了。日常的政府事务都由噶伦处理，遇到了重大的事件，噶伦要向达赖喇嘛请示，必要时要召开西藏国民大会来谈论决定。国民大会中包括所有的僧俗官员，三大寺的堪布以及在三大寺放了大布施的喇嘛。每遇重大事情，还要请西藏地方政府的护法神——乃琼神降神，请求神明的开示。但是乃琼神的指示，噶厦也并非样样照办。五十年代与解放军在昌都交战前，噶厦政府请乃琼神降神，神开示说这一仗是不能打的，但噶厦不满意这个答案，硬是逼着降神的人改口盖印，说成可以与共产党打仗，结果一仗下来由噶伦阿沛·阿旺晋美率领的藏军被解放军打得全军覆没。

西藏所实行的官吏制度为僧俗共治，落实到西藏的各级政府。每个县有两位首长，也是一僧一俗，僧官坐首席，尽管他的实权并不一定大过俗官。县在藏文中称之为"宗"，县官叫作"宗本"。僧官通常不参

僧官吞巴济众。传说他的祖先为创制西藏文字的图弥桑波扎

与具体的行政事务,由俗官来主持日常杂事。西藏全境分为七个大区:前藏区、后藏区、阿里区、竹摩区、山南区、茫康区(即昌都区)、姜区(藏北区)。每区所辖的宗有多有少,最多是山南,辖二十五宗;最小为姜,仅辖五个宗。每区都设有济巧一人,地位约相当于汉地的行政督察专员。西藏境内各区济巧以茫康区的地位最高,一般由二品噶伦或札萨克担任,因为此地富庶,在军事上位置也很重要。一旦当上茫康济巧,约可获得五十万两大洋的进账,如索康札萨卸任后,除在拉萨市郊建立了一座豪华住宅外,还拥有大批的金钱供他享受晚年。

众柯（俗官）夏扎公子，身穿全套贵族官吏服装留影。夏扎家族家世显赫，他的祖父曾代表西藏地方政府与英国签订麦克马洪条约，后被中央政府否决；他的叔父为色拉寺的夏扎活佛

第七章 汉藏关系

众柯夏扎公子身穿军装留影

西藏地方政府每年有三次补选僧俗官吏的机会，正月摩朗，四月萨噶，十月安曲。每次可以申请选补官吏三到四名，如果是俗人可直接向孜康请求；若是僧人，则可以向译仓请求。新增补的僧俗官吏由各所属机关发给证明文件，他们除了每天早晨九点前必须赶到布达拉宫参加茶会外，还必须实习极为繁琐的下等公务，每月的薪俸只有三斗青稞。所以西藏的官员无论僧俗，在取得公务员资格后的五六年内，生活都极为艰苦。等到实习期满，遇到有宗本出缺，可以活动递补。一旦担任了宗本，少的可获藏银二十万两上下，多的可获三四十万两，因宗本可在自

众柯詹东公子，一九三九年他与夏扎公子一同被噶厦政府选中担任接待中央特使吴忠信的礼宾官

己的辖区内大做生意，如遇到人民打官司，就好像是财神上门，能发一笔横财，所以僧俗官吏都梦想谋求宗本这一肥缺。

想要当官，就少不了要活动，必须花上一笔活动费，不同等级的官位有不同的价码。噶伦索康（即昌都札萨索康的公子，曾在昌都总管府任秘书长）曾私下告诉我，他花了两万坪银子（大约一百万两）才谋到了噶伦的位子。这个数目虽然听起来惊人，但只要当上噶伦，花去的这些银子很快就能捞回来，因为下面的人要做官，要当宗本，都要来向噶伦求情，送上大礼才行。当一个宗本起码要几百坪，代本、甲本等职位

贵族唐埂，曾留学英国，任拉萨电灯局长，当时全拉萨只有一盏电灯，竖立在大昭寺门口

都有各自的价钱，因此仅是封官这一项就能为噶伦带来不少好处。此外商人或贵族之间打官司也要向噶伦求情送礼。你去找一个噶伦送礼还不够，他会告诉你，我非常同情你，可我一个人说话不能算数，另外还有三位噶伦，他们那里你也要打点一下才行哦。就这样，有的商人为了打赢一场官司不断地送上大礼，结果官司还没有告下来，送礼已送到倾家荡产。这种官场的腐败在西藏由来已久，不仅是噶伦，满清政府时连驻藏大臣也涉入了卖官谋利的活动。因为依照当时的规矩，所有官员的任命都要由达赖喇嘛和驻藏大臣共同上奏朝廷，后来的钦差大臣张荫

棠在给朝廷的奏本中，对于驻藏大臣的这些行为有着详细的揭露，并加以痛斥。

为了培养地方官员，西藏地方政府开设了专门训练俗官和僧官的学校各一间。俗官在藏语中叫作"孜康"，培养俗官的学校只收贵族，当贵族子弟长到十几岁时必须进入这间学校接受教育，准备将来担任政府官员，藏语叫"孜巴"。学校里主要教算术，教会学生如何算账，西藏的算术有自己一套独有的口诀，算起来速度也很快。另外也教语文，教授如何写像样的公文和信件。藏人写信有专门的格式，信的开头是收信人的尊称，某某某，接下去便是四句诗或赞语，然后才开始进入正文，这是比较高级的写作方法。文化修养高，能写出漂亮的文字的都是喇嘛，官员们的文化水平大多无法与喇嘛相比，连噶伦写出的公文时常都是错字连篇。在孜康学习的时间长短不等，聪明的人学得快，笨一点的就要多学几年。学生要经过考试，合格后才能出去任职，在政府里面从最低层的工作做起，当秘书或勤务等等。以后逐年累月，慢慢提升，直到升了宗本，管理一个宗的老百姓，这时便开始有了可观的收入和各种捞油水的机会。

僧官在藏语里叫作"济众"，训练济众的学校也是由西藏地方政府开办的，设在布达拉宫。在西藏，穷苦人家的孩子想长大当官是不可能的事情，出人头地的唯一的办法只有去当喇嘛，拜一位当僧官的喇嘛为师父。喇嘛僧官也收徒弟，按照喇嘛的戒律他们是不能结婚的，于是徒弟就如同自己的儿子，这一点与汉地私庙里的和尚大同小异。僧官喇嘛收了徒弟以后，要负责徒弟的衣食住等，僧官徒弟的衣着有时比三大寺的喇嘛还要讲究。僧官师父把徒弟送到培养僧官的学校去学习，学习的内容与俗官所学习的相似，主要是学习如何写公文。学习期间是很艰苦的，虽然学校不收学费，但没有薪水，一切生活费用要靠自己。学上若干年，到了能够书写像样的公文时，就有差事派了。派什么样的差事，要看你的师父面子有多大，师父的官阶高面子大，可以把徒弟介绍去做比较体面的差事，或当低等的小僧官，以后慢慢向上升，运气好的将来可以当上噶伦，或是布达拉宫的大仲译或总堪布，这时官至极品，位高而权重，名利双收是不在话下了。

达赖喇嘛

达赖喇嘛从第一到第五世是真正学佛修行的，也是有成就的，那时的达赖喇嘛还仅仅是个宗教领袖，并没有获得统治西藏的权力。从五世以后，达赖喇嘛大多不长命，卷入政治斗争里而不能自拔。历史上很长一段时间达赖喇嘛的转世控制在几家大贵族的手中，为了争夺权力，贵族之间互相残杀，不择手段，甚至不惜引入外来势力，如尼泊尔或蒙古的势力，来解决内部的纷争。有好几世的达赖喇嘛在十几、二十岁时就死了，成了疑案，有人说他们很有可能是被毒害的，成了权力和政治斗争的牺牲品。为什么？贵族们看到这个小达赖太聪明，恐怕将来不能驾驭，便干脆除掉，再去找一个转世，反正达赖小孩子的时候，政权是由大贵族们来掌握的。达赖喇嘛不到二十岁是不能掌权的，由贵族们把西藏的统治大权瓜分。当年乾隆皇帝正是看出了这其中的弊病，才制定了经过金瓶抽签选择达赖的转世灵童的制度，以杜绝因为达赖转世所造成的动乱。

到了十三世达赖喇嘛时，由于晚清政府的衰败和帝国主义分裂中国的企图，使汉藏关系一落千丈。而达赖利用了英国人的资助与中央政府对抗，设法将中央政府的势力赶出西藏，使西藏基本上与中央政府隔绝。一九三三年十三世达赖喇嘛去世，由西藏国民大会推选热振活佛担任摄政王，主持政务，并负责寻找达赖的转世灵童。这时中央与西藏地方政府的关系开始有了转机，由北京雍和宫一位名叫宫阙仲黎的札萨，也是西藏地方政府派驻内地的僧官，在中间牵线，热振活佛先后会见了蒋介石和林森，表达西藏噶厦政府愿意与中央修好的诚意。中央政府决定抓住这个机遇，重新恢复中央政府对西藏行使主权，于是派出蒙藏委员会委员长黄慕松为国民政府专使，借道印度赴拉萨代表中央致祭达赖喇嘛。黄慕松此行由一批官员陪同，其中有蒋致余、刘朴忱、张威白以及中央研究院的气象专家高某，并携带了一部交通部的电台。完成了致祭达赖喇嘛的任务后，黄慕松与西藏地方政府达成协议，在拉萨设立一个办事机构，叫作行政院参事处，留下随行的高级参事刘朴忱负责，并将电台留下，作为拉萨与中央联系的唯一电台。台长由张威白担任，这部电台也可以为西藏地方政府免费提供服务。电台与内地的联系都要经过成都交通部电讯管理局的总台，然后转到南京。

在寻找达赖喇嘛转世灵童时，摄政王热振活佛与其他的贵族发生了分歧。部分贵族唯恐汉人势力进入西藏，要求摄政王只在西藏地区内寻找一个灵童就可以了，不要扩大到西藏以外的区域。但摄政王则坚持寻找灵童必须依照传统的仪轨，不肯马虎从事，于是寻找灵童得以按照以往的仪轨进行。摄政王首先派出一组喇嘛及一批画师到圣母湖边，由喇嘛修法念咒，不久湖面上显现出转世灵童所住的地方的图像，画师们当场将这图像绘制成图。然后摄政王派出三组人马，分头沿着三个不同的方向按照图的启示寻找，最后在青海找到了一位转世灵童。

摄政王热振活佛于是通知中央政府，达赖喇嘛的转世灵童已经找到三个，一个在青海，两个在西藏，依照传统请中央政府派大员赴拉萨主持金瓶抽签仪式，以决定灵童，并主持十四世达赖喇嘛的坐床大典。蒋介石接到报告后，派出国民政府蒙藏委员会委员长吴忠信为特使入藏主持大典，由一批官员随从。吴忠信与蒋交情深厚，早年留学日本，曾经与蒋一起在陈士英手下当过连长。他为官清廉，不贪污，一生到老都很清贫。在出发之前，吴忠信正式向西藏地方政府提出要求，将中央政府在拉萨的机构提升为正式办事处，并任命蒙藏委员会藏事处长孔庆宗为处长。由孔庆宗率科长朱少逸，藏文秘书李国霖，职员刘桂楠、吴三立、苏大成等人作为吴忠信的先遣人员先行赴藏筹备吴忠信主持坐床大典的各项事务。他们于民国二十八年（一九三九）六月由重庆出发至康定，之后由西藏地方政府派遣乌拉为交通工具入藏。孔庆宗一路乘坐轿子，其他随员骑马跟随，于十一月二十五日抵达拉萨，筹备参加坐床大典。中央特使吴忠信则率领秘书罗良鉴、顾问奚伦、曹湘蘅、会计张国书、机要秘书周昆田、办事员何某及金某、中央电影制片厂导演徐苏灵、摄影师沈家谟、医官单问枢、中国旅行社沈永年等也在同年十二月由印度经哲孟雄抵拉萨，这是黄慕松专使入藏以来最大规模的一次汉官聚会。驻藏办事处为吴忠信专门设计了一副八人大轿，因为达赖喇嘛与摄政王出门时是乘坐八人大轿的，中央政府的特使在地位和待遇上必须与达赖平起平坐。

到达了拉萨以后，吴忠信才发现事实上达赖的转世灵童只有来自青海的一位，所谓来自西藏的另外两位根本不存在，因此也没有办法举行金瓶抽签。摄政王解释说，经过乃琼神降神和圣母湖显圣以及种种试验，都已证明这个灵童就是十三世达赖喇嘛真正的转世，所以不需要再寻找其他灵童了，而且我已经为他授了沙弥戒。摄政王向中央政府耍了个把戏，将生米煮成了熟饭，不接受也没有办法。吴忠信为此十分恼怒，义正词严地向摄政王表示，依照传统选择灵童必须经过金瓶抽签，我是作为中央的专使来主持抽签仪式的，不这样做就有欺骗的嫌疑；我明白你所讲的简易办法，但我不能决定，一定要向中央政府行政院请示，经行政院同意，否则我立刻离开。听了这番话摄政王有点心虚了，同意立即打电报向中央请示，行政院很快回了电，决定"免予抽签"。吴忠信与西藏地方政府经过商议后决定，十四世达赖的坐床大典于一九四〇年二月二十二日在布达拉宫举行。

摄政王热振活佛（左），由他主持，找到了十四世达赖喇嘛的转世灵童

一九三九年达赖喇嘛的转世灵童从青海到达拉萨,在郊外休息,我将照相机藏在袖子里,拍下了这张极为难得的照片

十四世达赖喇嘛的父亲（左起第五）与驻藏办事处官员合影，右起第二为邢肃芝

国民政府对于如何将达赖的转世灵童安全护送至拉萨十分重视。青海过去曾与西藏起过军事纠纷，而当时青海省主席为军阀马步芳，为人专横霸道，难以控制。蒋先生为了防止灵童从青海进西藏的途中发生意外，特向马步芳赠送四十万大洋，请他派遣一个营的兵力沿途护送灵童。马步芳于是派了一位名叫马源海的师长率领一营的卫队护送。灵童抵达拉萨后先在郊外驻扎，然后再依照正式的仪式迎入夏宫。十四世达赖喇嘛抵达拉萨郊区时，我正在场观看，将照相机藏在袖子里，把这一难得的场面拍摄了下来。

十四世达赖的僧名叫丹增嘉措，他生于一九三五年五月五日，在家中排行第四，上有三个哥哥一个姐姐，下有一个妹妹。达赖正式入宫以后，根据传统，他的全家人，父亲兄弟姐妹都跟随着来到拉萨，他的父亲立即升为贵族，按照满清时的规矩册封为公爵。在达赖没有掌权以前，手下的人为了讨好达赖家族而出谋划策，告诉他们哪家贵族的庄园好，哪个贵族的土地丰沃，这些下属靠这种方法讨得达赖的欢心，希望将来达赖执政时能捞到些好处。凡是达赖家人看上的东西没有人敢不给，不论是什么样的贵族，拒绝达赖家族的要求，后果不堪想象。因为一旦达赖掌权，这家人必定遭灭顶之灾，达赖有权将他的财产充公，家人流放。

西藏地方政府专门为达赖喇嘛的家属修好了宫殿，拨出最好的庄园归他们所有。达赖的父亲在青海本是个贩马的马夫，能讲汉语，相信中医。入了宫殿，当了大贵族，依然改不了以前的习惯，每日早上四点多钟就要起床到马房去喂马。达赖喇嘛的母亲名叫德吉才仁，大哥叫晋美罗布，二哥名叫嘉洛敦珠，三哥叫洛桑散旦。姐姐名叫才仁卓玛，嫁给了一个叫作黄存真的汉人，藏文名彭措扎西。初到拉萨时，这位黄某无所事事，四处游荡，喜欢向人炫耀，常把布达拉宫里慈禧太后的亲笔字画和其他珍品偷出来当礼物送给朋友。此事很多人都知道，只不过因为他是达赖的亲戚，无人去讲罢了。达赖还有一个妹妹，叫杰尊白玛。他的家族中很多人都会讲汉语，他本人原来也会讲的，但后来逐渐忘掉了。为了使达赖喇嘛以及他的家属熟悉汉族文化，国民政府费了不少苦心。中央政治学校特别派遣老师教达赖汉语，此外，后来的驻藏办事处处长沈宗濂将一位中国民航姓朱的航空小姐介绍给达赖的二哥嘉洛敦珠为妻，并安排他到南京入中央政治大学学习，希望能借此潜移默化地增强达赖家族与中央及汉人的感情。

作为西藏的最高精神领袖，达赖喇嘛身边有八个近身侍者在布达拉宫专门侍候他。这些侍者在藏语里称作"金舍"，他们年轻健壮，相貌端正，十七八岁时被选进宫，有的服侍达赖喇嘛多年后，获得达赖的信任，享有很大的权力。我进入哲蚌寺时为我担保的世间师"兰州僧"

十四世达赖喇嘛的教经师"勇尊"领苍活佛

就曾经是十三世达赖的金舍,另外与陆军司令龙夏一道图谋造反而遭到流放的贡贝拉也曾是达赖的金舍。

专门负责教授达赖学习经典的喇嘛叫作"勇尊",由摄政王指派。十四世达赖的勇尊是达龙扎活佛,后来接替热振活佛任摄政王,另外还有两位勇尊分别为赤江活佛与领苍活佛,两位都是著名的大活佛。赤江活佛是黄教中数一数二的大德,是少数几个能够在拉萨开法会传法的大师。领苍活佛原是哲蚌寺的大格西,也曾经是我的教经师父,被请去布达拉宫做教经师以后,我依然常去拜访他。去的次数多了,布达拉宫

达赖喇嘛外出时的仪仗队

达赖喇嘛外出时的仪仗队

的守卫都认识了我，不必通报便让我入宫。这位活佛在佛学上的造诣高深，在修证上也很有成就，但他有个特别的嗜好，喜欢收集各式各样的钟表。一进到他的房间就看到四周摆满了各种样子的钟，都是外国人送给达赖的。达赖喇嘛从小很聪明，但很贪玩，迷恋外国人送给他的很多各种各样的新式玩具。有时领苍活佛私下对我说，今天达赖喇嘛经文背不出来，挨了打。如此看来，当达赖的师父是有权管教他的。一九五九年西藏叛乱时，领苍活佛与达赖喇嘛一起逃亡到了印度。

布达拉宫的全部事务由济巧堪布掌管，也就是总堪布，为二品僧官，与达赖最接近。总堪布以下为仲侬钦波，相当于达赖的秘书长，也是二品官，他管理所有的僧官。另外还有一位仲尼钦波，专门负责传递达赖的指示，又称作"大传号"。此外与达赖最接近的还有几位堪布，其中一位是神本堪布，即达赖侍卫的首领，"神本"即是侍卫的意思，神本堪布即是侍卫长。达赖近身的四个护卫也都是喇嘛，他们从各地选拔出来，一个个年轻力壮，身材高大威猛，一旦被选中立即被剃度成为喇嘛，为他们专门缝制特别的服装。尽管当了喇嘛，他们并不一定要学经。负责达赖喇嘛法会和修法的堪布叫作"却本堪布"，"却"一字在藏语里意思是"法"。达赖喇嘛哪一天要修法，修什么法，需要哪些法器等等，这些事务都由却本堪布来安排。达赖喇嘛修法时在布达拉宫内一个专门为他设的札仓，叫作囊结札仓进行，这个札仓专供达赖使用，里面有修法用的各种法器和供具，札仓设堪布一人。这些接近达赖的堪布拥有的权力都很大，而且都有机会升做噶伦。

布达拉宫的库房是由四个噶伦共管的，每次进库房必须四个噶伦一同进去，出来时一起出来，共同在门上加封打火漆印。管理布达拉宫财务的叫作拉让强左，他负责管钱、放债和收债等等，有时驻藏办事处的美金汇款一时还没有汇到，也可以向他们借钱，日后再还。另外西藏的施主也会把一笔钱放在拉让强左那里，请他们去放债，用每年放债收到的利钱来布施。所以强左手中管理着大量的金钱，他们中间品行好的能严守本分，品行差的就要贪污了，有时大家串联贪污。

中央政府的驻藏办事处

国民政府驻西藏的机构是在蒙藏委员会主任黄慕松作为中央代表赴拉萨致祭十三世达赖喇嘛时建立的，这是在达赖扫荡了驻藏清军，切断了与中央的联系后，首次恢复中央在西藏的办事机构。黄慕松经噶厦政府同意，在拉萨正式设立了名叫行政院参事处的办事机构，由随同黄慕松赴藏的行政院总参事刘朴忱担任处长。

驻藏办事处所在地叫作"基督坝"，它原是西藏贵族龙厦的产业，龙厦因密谋造反被摄政王热振活佛革职并剜去双眼，家产被充公。黄慕松抵藏时，西藏地方政府就将这栋房子拨给了黄慕松作为行署，以后就成了驻藏办事处。办事处首任处长刘朴忱上任的时候年纪已经不小了，不久在一次骑马时，突然坠马中风而去世，死时孤身一人，身边没有任何亲属。为了纪念这位殉职于任上的第一位处长，办事处的全体人员在拉萨东面，清真寺的旁边为他修了一座坟墓，同时建造了一座"刘朴忱纪念亭"。

刘朴忱去世后，处长的职位由蒋致余接任。蒋是行政院参议，湖南人，办事认真，极力要恢复满清时代中央对西藏的各项主权，凡事力争。他初上任时，内地的政治形势相对比较稳定，噶厦政府对于他的态度也较为友善，每次去见摄政王时，专门为他设座，以显示中央代表的地位。不久日本大规模侵华，内地的形势发生了急剧变化，国民政府在战场上节节失利，先是日本人占领了南京，接着国民政府又撤出武汉，丢掉了半壁江山，西藏地方政府驻中央的代表立即把所发生的一切报告回拉萨。这时噶厦政府对蒋致余的态度开始转变，不像以前那般友善了。其

为纪念驻藏办事处第一任处长刘朴忱而建的刘公亭

间又有英国人向噶厦煽动,说中央政府已经快要不行了,你们不必那么听他们的话。于是蒋致余说话失去了分量,在噶厦面前时常碰壁,面对这种一筹莫展的局面,他决定离职回到重庆,将处长的职务交给了负责电台的张威白暂时代理。

张威白本是无线电通讯工程师,此人对政治一窍不通。手下的人向他出主意,如今你既是处长又是电台台长,一切代表中央的事务都由你处理,大权在握,可不要丢掉这个难得的好机会啊。办事处的经费是由中央政府拨给,一向很宽裕,电台又有另外的经费来源,张威白一人兼

象征汉藏民族友谊的唐蕃会盟碑

两职,所有的经费都抓在自己手中,当然是难得的肥差。于是他为了保住自己的权力,开始将办事处经营成自己的独立王国,并千方百计讨摄政王热振的欢心,博取摄政王的信任,使得国民政府几次要派新人赴办事处工作时都被西藏地方政府挡了回去。热振活佛放出话来:我们这里有张威白难道还不够吗?还要这么多人来干什么?我们西藏地方内地人住不惯。很长一段时间,重庆方面对办事处束手无策,明知张威白结帮营私却奈何他不得。张本身既不了解西藏的情况,也没有什么领导能力,个人生活极其腐化,好抽鸦片,又好嫖,家里还专门养了厨子满足他的食欲，所有办事处的事务则一概交给秘书华寄天和通译张旺处理。华寄天是云南鹤庆人，曾经当过康定县长，与刘文辉的关系处得不好，没有多久便丢了乌纱帽。以后来到拉萨，在驻藏办事处工作，同时又在拉萨兼职做生意，和他在康定的兄弟合伙将茶叶运进西藏销售。华某在拉萨讨了一位西藏贵族的女儿做太太，但他自己并不信佛，让太太帮手打理生意。后来他回到云南去探亲，再回西藏时被西藏地方政府拒绝，原因是他在做张威白亲信时，为张出了不少主意，由于他对西藏的情况比较了解，很多主意对西藏地方政府不利，加上他本人不信佛，又利用官职谋取私利，为西藏地方政府所不喜欢，他从此就没能再回来。

到了吴忠信作为中央特使入藏主持达赖喇嘛坐床大礼时，国民政府决定将驻藏机构正式扩大为蒙藏委员会驻西藏办事处，任命孔庆宗为处长。孔庆宗是个学者，学问很好，曾经到法国留学，回国后在边疆学院教书，门下有不少学生，对于西藏问题颇有研究，到拉萨前在蒙藏委员会任藏事处处长，加之相貌堂堂一表人才，很得委员长吴忠信的赏识。他比吴忠信先到西藏打头阵，一路乘坐轿子，俨然一副满清的驻藏大臣的派头。孔庆宗做事认真，为官清廉，生活上并不讲究，也没有什么特别的嗜好，只是喜欢下围棋。但他的一大缺点是任人唯亲，喜欢拉帮结派。他本是四川人，所任命的职员也全部为四川人，形成川帮；而吴忠信是安徽人，带到西藏的一批人也是安徽人，成安徽帮。两帮人马互不买账，办事处内部矛盾重重。

一位无名氏所著《西藏纪要》手稿中对当时驻藏办事处内部情形有一段生动的描写：在吴忠信决定由孔庆宗担任处长宣布后，张威白闻言"遂愤慨，不与合作，后经多方之调解，以孔为处长，张副之。但孔门户之见太重，一切重要公事，独断专行，概不与张闻。张遂愤而置之不问，亦不办公。张威白身体衰弱，精神不佳，为咨议特所有公事皆由秘书华寄天一人处理。孔为处长后，华寄天等于闲散，向孔辞职，孔未

陈锡章处长（左）与首席噶伦让巴喇嘛（中）及尼泊尔驻藏商务代表（右）

允，盖彼时重庆新派诸人未抵耳。吴三立、刘桂楠本蒙藏委员会政训班第一期毕业学生，在康定任调查工作有年。苏大成系新毕业者，因孔曾与苏授课三年，故到藏后，用为心腹，重要公事仅渠一人得闻。刘、吴以后来居上，怒而不言，实同床异梦也。高师原、李耀南本系宪兵出身，张威白为咨议时用为职员。二十九年本机关正式成立，确定二人为办事员名义，但孔无故扣其薪之百分之十，因之亦对孔不满"。

　　孔庆宗上任不久，即向行政院密电，要求将张威白调走。为了此事，吴忠信亲自到交通部，告诉交通部张威白此人绝不可留在西藏，务必要将他调走。不久重庆方面发出调张威白回到内地的正式调令。张见到中央调令时，知道大势已去，不敢不从命，只得卷铺盖走人。不久蒙藏委员会派了满清最后一任驻藏大臣的女儿益西白珍到办事处工作，她和她的兄弟经人推荐进入蒙藏委员会工作，益西白珍是她的藏名，她虽身为满人，但出生于西藏，能讲一口流利的藏语，在办事处工作了两三年后又回到了内地。

孔庆宗本是学者出身，并不擅长政治和行政领导，和他的前任蒋致余一样，也一心要恢复以前满清驻藏大臣的各种权力，为此常和西藏地方政府发生争执。自从国民党在抗日战争中失利撤出南京后，噶厦政府看到中央政府的势力日渐衰弱，对办事处的态度大为转变，因此孔庆宗与噶厦的关系越处越糟。他上任不久又发生了西藏地方政府成立自己的外交局的事情。噶厦政府受到英国人的鼓动，企图撇开中央政府直接进行外交活动，而担任外交局长的正是我的老相识，我于一九三八年进入西藏经过时，在昌都招待过我的昌都西藏边防军司令老索康。孔庆宗立刻向噶厦提出强烈反对，坚持西藏作为中国的一个地区，所有的外交事务必须由中央政府处理，西藏地方政府无权自理。噶厦对于他的反对不理不睬，外交局照样成立了。如此一来他与西藏地方政府的关系更是雪上加霜，久而久之，势同水火，无法开展工作。这情形反映到重庆，吴忠信十分无奈，觉得前后派的人都不理想，这一次还是请蒋介石来决定为好。对于新的办事处长人选，蒋先生觉得应该派一位精通英语，懂得外交，能够与英国人打交道，而且在中央政府有相当背景，直达上峰的人担任这个职务。于是经过戴季陶的推荐，选中了曾在外交部任职，又曾在蒋介石侍从室工作的沈宗濂。此人毕业于美国斯坦福大学，中英文俱佳，知道如何与西方国家打交道。印度独立时，戴季陶率中国政府代表团访问印度，沈即是随行成员之一。沈宗濂到任后，对于如何开发西藏向中央政府提出了种种建议，其中包括派军队进驻西藏等等。蒋介石看过这些建议后并没有直接答复，只是要戴季陶转告他，如今正在抗战之中，政府没有能力做到这些事情。沈宗濂的一腔热情被泼了一盆冷水，从此就灰了心，没有心思继续在西藏工作下去。一九四五年抗战胜利后他借着带领西藏代表参加国民大会的机会回到南京,不久通过侍从室的关系谋到了上海市政府秘书长的职位,将办事处处长一职交给了他的助手陈锡章代理,离开了西藏。

  驻藏办事处自成立以后,先后更换了五位处长,始终没有能够很好地展开工作,未能有效地代表中央政府行使对西藏应有的主权。

第八章

❖

杂日山朝圣

圣山的传说

据西藏史籍的记载,藏传佛教的发展起始于藏王松赞干布从印度迎请寂户法师到西藏弘法。寂户来到西藏后,尽管得到藏王的大力支持,但由于反佛教势力特别是西藏的原始宗教——苯教的重重阻挠,他在西藏弘法的初期进展并不顺利。尤其是苯教使用各种巫术破坏寂户的弘法,让寺庙无法兴建。寂户法师在印度是著名的大论师,精通佛教经论,但并非密宗大师,无法以神通法力破除苯教巫师所制造的种种魔障。面对这些困难,他于是向藏王建议从印度迎请莲花生大师入藏伏魔除障,这样才能使佛教在吐蕃弘扬。莲花生,又称乌金大师,因为他本是乌金国的王子,该国在如今的巴基斯坦境内,他又是寂户法师的妹夫,印度佛教著名的密宗大师。藏文佛教史籍上说,当藏王派专人迎请莲花生大师赴藏时,大师已预先知道使者的来临,认为缘起成熟,于是他主动启程,和前来迎请他的西藏使者在路上相会。入藏的途中遇到了各种妖魔的阻拦，一路上他以密法逢妖捉妖，逢魔降魔，将这些魔怪和苯教的巫师一一降伏，使他们皈依了佛教，成为佛教的护法。莲花生大师因此被藏人尊为祖师，第二佛陀，又被称作"咕噜仁波切"，意思是根本上师。

根据印度历史记载，公元八世纪下半期，佛教在印度早已衰微，因此莲花生大师主动进藏，也是为了使佛教能够向外弘扬。寂户和莲花生来到吐蕃后的第一件事就是为佛教建立根据地——这就是西藏佛教史上第一个剃度僧人出家的寺院桑耶寺。根据西藏的史籍，莲花生和寂户在主持桑耶寺的工程时，曾经和两个妖魔进行多次的斗法，最后终于战胜了这些妖魔鬼怪。桑耶寺建成后，由莲花生和寂户两位大师主持开光，寂户担任寺院的堪布，并有七名吐蕃贵族青年随同寂户出家，他们在藏文史籍中被称为七觉士，佛教从此在西藏生根发芽。

传说莲花生大师只在西藏停留了十八个月便离开了，有人说是回到了印度，但在印度却没有人再见到他。西藏的佛教徒相信莲花生并没有回到印度去，而是将身体修成一道红光，带着两位妻子和子女飞往地处藏南的杂日山顶，在那里建立了修行的宫殿。修成红光身是密法"大圆满"的最高成就，而这一无上密法正是由莲花生大师传到西藏的。因此，杂日山被藏人崇拜为圣山，能够去杂日山朝圣是很多人一生的心愿。但在西藏人中，去过这座山朝圣的恐怕不到万分之一，汉人去过的更是绝无仅有。这个地方在拉萨东南的山南地区，与印度、不丹、缅甸相邻，是个三不管的地方，面积有二十万平方公里，环境十分险恶，当地的居民不同于西藏人，是一种少数民族，过着原始的部落生活，被藏人称为野人或生番。他们世代与世隔绝，不和其他民族来往，而且他们将进入杂日山之路封锁，每隔十二年才开放一次，供佛教徒进山朝圣。对于这座圣山和有关它的种种神秘传说，我心中一直充满无比的向往。到了一九四四年这年，正好是杂日山开放的藏历铁猴年，

桑耶寺,由莲花生大师和寂户大师建立的西藏第一座寺庙

第八章 杂日山朝圣

南喀嘉参塔

终于机会来临：一位我所相识的布达拉宫的僧官堪青（即大秘书）计划前去杂日山朝圣，我立刻抓住这个机会，请求与他同行。堪青见我一个汉人，居然有此诚心不畏艰难前去朝山，实在难得，于是便爽快地答应了。这一年的正月二十一日，我带了徒弟同堪青一起离开拉萨，启程向杂日山进发。

山南路途中的见闻

从拉萨东行约十五英里，渡过拉萨河来到采里，这里是拉萨的贵族薛岗的庄田所在地，设有乌拉站。我几年前从西康入藏时曾经经过这个地方，并更换了乌拉。此地约有十五户居民，南面有一座喇嘛象寺，是由西藏前代大德南喀嘉参大师所兴建的。这位大师与宗喀巴大师齐名，西藏的习俗，凡是供过他的人，都可以丰衣足食。寺庙非常庄严，此外还有一所学经的采里札仓以及两所乃琼护法神行宫。以小小的采里居然能供给三个寺庙，可以想象西藏地区佛教事业的兴隆。

　　向前行走不远，就见到耸立在藏河南边山顶上有名的鹫巴寺。它与桑耶寺齐名，同是西藏历史悠久的寺庙，都是莲花生大师所一手创建，这座寺可与萨迦寺相媲美。热振活佛任摄政王时曾经一度重修，负责修建的人为柳厦拉朗强左。"柳厦"是他的房名，因为他修建这间寺庙有功，被提拔任大昭寺的库房，管理寺庙的金银财宝，这个职位叫作"强左"，因此人们称他拉朗强左。这个位置是不少人求之不得的肥缺，据说一任下来可以赚取藏银五万坪，以一坪五十两计算，一万坪就是五十万两。

　　从采里起，我们与藏河分道，纵横的沙坝上，只有我们五六人的足迹。晚间抵达德庆，住在一所喇嘛寺内，寺内有喇嘛二百多人，寺中最出名的护法神，就是乃琼护法神和工布护法神。我们到寺中朝拜的时候，喇嘛为我们念诵了很长的经文，和平常的不同，据他说这样才能得到护法神的庇佑。德庆是靠近拉萨的一个县，全境有居民三千户，县官是由甘丹寺派遣的僧官，西藏地方政府不得干预，县里全年的收益也全部为甘丹寺所有。甘丹寺是黄教三大寺之一，庙子里面的喇嘛穷苦，为奖励一般的喇嘛来甘丹寺求法，由寺庙上给予生活津贴，每一个甘丹寺僧人每月可得青稞二斗，这种待遇是其他寺庙的喇嘛所享受不到的。

　　从甘丹后山走七公里，便是有名的南喀嘉参塔，这里葬着一代大德——南喀嘉参大师，宗喀巴大师曾拜他为师。塔的建筑采用印度式样，大约有五十丈高，东西两边还有几座小塔，塔旁住着八九户居民，还有许多人在这儿顶礼膜拜。我怀着景仰的心情虔诚地向塔礼拜，缅怀这位了不起的祖师。

继续前行，来到了墨竹工卡。几年前入藏时曾经过这里，眼前所见到的与几年前没什么区别，街道两边有五六十间店铺，房屋很简陋，还有几间铺位在做着生意，出售泥茶壶、云南圆茶和一些日用品。这里的农产品有青稞、豌豆、小麦等等，还有鸡。因为墨竹工卡地处拉萨河的上游，江岸边堆着很多的木板等待运出。这里的东部就是农产区自贡，因为有很丰富的产品出产，所以生意也集中到这儿来做。我们的路线不经自贡，而由墨竹工卡向东南至打扎，那里是达赖的高级侍从之一——众依钦波的庄园。众依钦波是布达拉宫里高级僧官的职称，翻译成汉语是秘书长或大秘书的意思。

再向前到了达劳，这里是出产泥壶的地方，看上去十分萧条，只有寥寥几户居民。继续向前就是江巴下，曾是西藏著名的四大林之一丹杰林的庄园。丹杰林是西藏的四大转世活佛之一，但因为在清末的汉藏冲突中倾向汉人而遭到十三世达赖的清算，寺庙被销毁，活佛遇害，不准再转世。这里出产羊毛及农产品，村落星罗棋布，听人说这是个富裕的地方，看上去的确不错。我借宿的这家房主人很阔气，仆从很多自不用说，连室内也按印度式的布置，这在西藏农村中很少见。主人的母亲曾经两次赴杂日山朝圣，告诉我不少难得的经验。她说朝山时最好自己背粮食和用具，否则就算是雇到人背东西，但因为路途十分险峻，很容易前后失去联络，还有一种狡猾之徒，将背的食物和用具遗弃在山下，弄得你饥寒交迫，饱受难言之苦。

离开的时候这位房主人十分客气，见我们是朝佛的人，非但不收房租，还赠送了我们一堆马料。西藏的马料完全是黑豌豆，拉萨附近还有蚕豆，一斗也值十五六两藏银，这也许是给朝佛人以方便的缘故吧。离开的时候，我们决定下马练练步行，免得朝山时不习惯，于是一鼓作气跑到格桑西卡，直跑得个个汗流浃背，气喘如牛。这是靠近如赤的一个村庄，有三座佛塔作为标记，居民只有五六户，临近一带盛产适宜高原生长的树木，但我无法叫出它们的名称。我们在这儿吃到了一枚橘子，真是润心润肺。从格桑西卡再走两公里半，就是却格喇嘛寺，寺庙建在隔湖对岸的高山上，庙里有喇嘛五十人，是属于哲蚌寺果莽扎仓波巴密村的一个小寺，堪布由他们委派，财产也由他们管理。寺庙约有五百头牦牛，每年生产的酥油运往拉萨，交纳给波巴密村，因此这个小小的僧院也很富有。

西藏三大寺的财产是各自为政的，三大寺的僧侣长久以来养成了一种彼此竞争的习惯，对于应得的施主自然当仁不让，为了争取中央每年在西藏的布施，各寺庙之间也曾发生争执。据说从甘丹寺一翻过山就是止贡，这是拉萨附近一个充满神秘色彩的地区，范围有五百公里，出产大麦、豌豆、马铃薯、木料、皮货等等，全境佛教事业很发达，尤其是黄教占有绝对的势力。在拉萨游过的人都知道在拉萨附近找不到一座红教寺庙，原来的红教寺庙不是被捣毁了，就是被迫改信了黄教，只有桑耶寺因历史上的关系才被保存到现在。难得的是，在止贡居然有一座红教寺庙，在黄教的势力范围内屹立不倒。它之所以能生存下来，完全是因为寺庙的喇嘛们有苦修实证的本领，具有功夫神通。止贡的红教喇嘛的本事在拉萨的贵族当中家喻户晓，据说他们能临空取物，手向空中一伸，就能取来拉萨某个饭馆刚刚出炉的烧饼。因此西藏老百姓对他们很是敬佩，连贵族们也经常请这些喇嘛来家中念经做法事。

相隔五公里的地方叫作巴劳西格，这里是堪青的家乡。堪青十一岁就到了布达拉宫的僧官学校学习，学成后从小官做起，以后步步高升，当上高级僧官，还曾随同十三世达赖喇嘛到北京晋见了慈禧太后。对西藏人来说，一个普通人家的子弟能够如此出人头地是十分难得的事，于是乎一人得道鸡犬升天，一班亲戚朋友都很觉得荣幸，争相攀结。其实堪青此时已经没有什么权势了，十三世达赖圆寂后，他没能获得摄政王热振活佛的信任，始终得不到提升，如今处在半退休的状态。堪青的家庭很富有，相当于拉萨的一个土财主，七口人之家住着一所很大的砖房，前后两个院子，前院拴骡马，后院住人，家中长期雇用着诵经的喇嘛，还有一位到过山西五台山的西藏人，会说几句山西话。我们到的那天是藏历十一月三十日，堪青照例素食，招待我们的晚餐是一锅酥油菜饭。第二天一大早，他们就换成了用牛肉炒蔬菜裹糌粑作为早餐招待我们。晚餐更是丰盛，有米饭、猪肉、萝卜、面条等等，还有馒头，每种食物都用五寸宽的木盘盛着，众人依次而进，还有大麦片做的稀饭，这在西藏农村中可是难得的食物。因为主人特别挽留，我们在那儿逗留了一天，参观了附近的邦沙喇嘛寺。这个喇嘛寺位于巴劳东边十五里地左右，山一带净是梯田，寺中只有三十多个喇嘛，庙子小得很，本来没有什么可参观的地方，但是因为帕邦额和赤江两位大活佛曾经光临过，寺庙因此便身价十倍。在参观该寺的过程中，有一件十分微小的物件引起了我的注意，那就是一位老喇嘛的房中的一尊印度造的四臂观音铜像，铜质细滑油光，不同于凡品。西藏最有名的特产就是佛像，而佛像又以印度出产的最为珍贵，西藏每一个寺庙或世家都藏有几尊视为珍宝的佛像，没有的必会到处求购，以显示自己信佛的诚意。

元月二十六日离开的时候，天空中乌云密布，还飘起了像鹅毛一样的大雪，主人们把我们带到附近的喇嘛寺，陪我们参观寺内的大殿，五年前这座寺金碧辉煌，但如今已是断壁颓垣，好像经历过了一场灾难。寺的周围净是森林，还有一条河流经过，属于拉萨河的上游，从乌苏江直流到拉萨。我们与巴劳送行的人就在此地告别。由于旅途中的耽搁，这一晚我们只能露宿，在一个草坝上搭了帐篷休息。我多年没有经过露宿的生活，这次搞得我彻夜难眠。而堪青这位僧官更是胆小如鼠，生怕晚上发生什么不测，我随身带的武器恰恰在这个晚上又发生了故障，心里也有些不安，于是大家只好围坐在一起念经，度过这漫漫长夜。这里是拉萨附近的危险地带，西康安东一带的无赖之徒常到此地从事非法买卖，本地西藏人对他们最是头痛又毫无办法。印藏交通线上也有类似的地方，西康安东的骡夫对西藏人的骡夫十分凶狠，任意掠夺他们的食物，这伙人性情粗暴，三言两语不对，就上前拳打脚踢。至于当地的西藏人倒是性情温良，而且有忍让的美德。

　　前方的路越来越难行，山上的气候很冷，冬季在零下十八度到零下二十度之间，山间的瀑布都结成了很厚的坚冰。道路在茫茫冰雪中无法辨认出来，只能用自己的佩刀打碎坚冰，再铺上沙土，才能顺利通过。我们一共开辟了七道冰路，在西藏高原山中旅行，要想骑牲口根本就是个幻想，因为骡子在冰上很容易滑倒。元月二十七日我们到达俄噶宗一个叫作降巴林的村落。村子里有三十多户人家，紧靠山脉，有很多农产。这里气候比较温和，清晨的温度是零下二摄氏度左右。村子属于一位贵族的家产，因为有一尊来自印度的降巴（弥勒菩萨），被称为降巴林。当年宗喀巴大师特在此地修建了一座寺庙，庙中有二百来个僧侣，许多远方的佛教徒都来此地向弥勒菩萨磕长头，以求忏悔罪过。有些人要连续磕十万个长头，这要花上一两年的时间。降巴寺的楼顶保存有宗喀巴大师用过的木碗、禅杖，还有前世达赖和班禅的遗物，珍藏着不少经文。我们顺便又参观了附近的两个寺，它们都是宗喀巴大师所创建的。寺有十万尊长寿佛像，古迹众多，还有宗喀巴大师的说法台，石上遗留了圣者的足迹，西藏的男女老少都知道这是前世大师的遗迹，因而万分恭敬，尤其对于石上的足迹，认为那是神迹。现任的宗本名叫江罗坚色，一位贵族名家的少爷，我刚到拉萨时就与他相识了，我们曾一同跟随喇嘛举巴堪书学习藏文语法。江罗坚色的父亲在西藏大名鼎鼎，名叫江罗坚公，因受封公爵衔，因此被称为"公"。此公是西藏有名的文学家，通英语、印度语及藏语等多种语言，后来因为参与陆军司令龙厦发起的政治改革，被摄政王热振活佛流放到了印度。这个家庭的内部关系很混乱，他本人的母亲原是他父亲的少妻，父亲被流放后，他的长兄与其生母发生了关系，但表面上他们依然是母子，保留着原来的人伦关系，这种现象除西藏而外恐怕很难再找到。

我顺便去拜访了老朋友江罗坚色宗本。这里的居民只有三十户，其中包括五户汉人，是清朝汉人的后裔。表面上居民对宗本唯唯诺诺，但私下里却怨声载道，都说宗本对人太苛刻，压榨百姓毫不手软。我当面问他是不是这样，他回答我，当地的居民桀骜不驯，刁蛮得很，只有用野蛮的手段对付他们才能驾驭得住。在西藏全境没有一个宗本不对人民敲诈勒索的，每一个宗本在他一任之内，都会搜刮到二三千坪的藏银；就是他本人不大肆搜刮，他的属下也不会放松。

辅政大臣的款待

顺着藏河继续向东南行进，走过了一大段高低不平的山道来到了大戈宗，前辅政大臣尧西朗顿的官邸便在此处。大臣的小女儿在藏河边迎接我们，姑娘年纪只有十一二岁，她向我们献哈达接风。接着仆人献上糖果，在河边还设了垫子作为我们休息的座位。西藏贵族对于子女的家教是很讲究的，无论哪家的男女小孩，都能出场应酬，而且大方得体，不会失态。女子尤其能干，能唱歌、跳舞，为你解除旅途的愁闷。辅政大臣本人没有出门来欢迎我们，这是西藏的风俗，高级官吏为大，就算是至亲好友，也不能亲自出马来欢迎，必须坐在家中等候客人的进见，然后才能回拜。宗教方面则以呼图克图为大，如果贵族请呼图克图来家诵经，就算是这个贵族位极大臣，也得出马欢迎呼图克图。辅政大臣的家有三层楼，头层是晒台，二层是织地毯的工厂，三层是我们的住处。

尧西朗顿本是十三世达赖喇嘛的亲侄子，深得达赖的信任，曾任达赖的辅政大臣，权倾一时。达赖圆寂后，摄政王上台，辅政大臣的位置便不复存在。尧西朗顿与摄政王热振活佛关系处得不好，最后被排挤出权力中心。为了远离拉萨官场的是非之地，免遭杀身之祸，他退休回到自己的家园，过着隐居生活。朗顿本人并不住在楼房里面，而是住在西侧的花园内。大臣很讲究生活享受，身着缎袍革履，午后在园中射箭消遣。尽管退了休，他依旧忙忙碌碌，不仅兼着大戈宗宗本的职务，还要处理家中的私事生意。作为西藏的名门贵族，他的财产丰厚，拥有庄田十五处，农奴千余人，年产青稞、小麦、杂粮约三万斗。按照粮价每斗藏银十两，这一项收入就达三十万两。此外还有一千八百头牦牛，可产酥油三百克，运送到拉萨出售；他还有一千五百头羊，用出产的羊毛，征集民工制造地毯及氆氇；此外，有核桃树、杏树等，每年收获后都会运往拉萨。此地还盛产木材，可以制成木板和木器，运往拉萨一带销售，这种生意每年收入约合印度卢比十万多盾。大臣本人和四个儿女住在这里，夫人则住在拉萨。他还有一位年轻的兄弟，弟兄俩按西藏习惯共娶一个妻子。在西藏的很多地方，一妻多夫依然还很流行，几个兄弟共娶一个妻子为的是保护家产，使兄弟们不至于分家，说到底，还是为了经济上的原因。

大戈宗的位置大约在东经九十三度零五分，北纬二十九度十七分之间，这一带地方中外地图的标志都不清楚。此地民俗和语言都和拉萨有些不同，不管男人还是女人都爱穿山羊皮的长背心。长背心没有里子，也没有面子。女人们的头上还戴着顶本地的帽子，帽子是用氆氇做成的，平顶，用金丝缎装饰，这种帽子的大小只能盖住头顶的三分之二。男人则说话很粗鲁，而且有刚气，民性剽悍，每个男人出门，都带上一把锋利的尖刀，很少带枪。他们没有西藏中部的人民那样柔顺和巧于辞令，这便是西藏南部人民的特色，他们生长在崇山峻岭，森林茂密之区，西藏中部的文化无法灌输到这里。在新年期中，大人小孩都纵情饮酒，每天都喝得大醉。有的还玩赌钱的游戏，最普遍的玩法是掷石子和点子。

前辅政大臣尧西朗顿在自家花园中（照片为大英博物馆收藏）

我们在这里停留了十九天。这些天里，我每日修法诵经，修大威德金刚和绿度母法，祈求佛菩萨保佑我们一行旅途平安。在朗顿的帮助下，我们备妥了入杂日山的干粮和各种必备用品，包括糌粑、牛肉干、茶等等，足够支持我们在山中二十多天。准备好粮食后，用两根藤棍弯曲成弓状，头尾两端拴上皮条，粮食和卧具就夹在藤夹子中间，就这样将它背在身上，这是边疆民族最通用的工具。为了保险，我还请尧西朗顿派遣十名脚夫为我们背负糌粑和卧具，因为我自己要背着许多日用的物品，如照相器材、雨衣、羊毛毯子、手枪、钢刀，这些东西已使我不堪重负。朗顿爽快地答应了我的请求。

告别了辅政大臣向杂日山进发，前方就要翻一座雪山，气候越来越恶劣，山路也更加险陡。行走不远，到达了一座尼姑庙，据说是属于红教系统的。藏传佛教中没有比丘尼戒，有关比丘尼的戒律始终没有从印度传到西藏，因此在西藏尼姑出家是不受戒的。这个尼姑庙子有个很特别的传统，尼姑可以在周围招男人上门生子。生下来的孩子若是男的，由父亲带走；若是女的，便留在庙子里做尼姑，只认母而不认父。这种习俗不要说是在汉地闻所未闻，就是在西藏其他地方也是不可能存在的。

翻雪山的路步步艰难，山顶海拔四千多米，山上松树茂密，气候寒冷刺骨。我们穿的皮衣都没有系带，冷风刮来，全身瑟瑟发抖。听说前两天降雪时冻死了两个人，更使我们担心忧虑。雪山上雪浅的地方可没到膝盖，深的地方则没到腹部。向导在前面引路开道，我们抓着牛尾巴走了一半多一点的路程，便气喘吁吁，觉得再也没有力气往前走了。这时的雪更深，道路多变，雪山最高峰峭壁千仞，到这时我们已经精疲力竭，呼救不应，只好把驮牛身上的东西卸在地上，坐在上面休息。好在没有盗匪。歇息片刻，我们又骑上牦牛继续向最高峰进发，看见很多乱石，在乱石中我们跳下牦牛，而把这些驮着东西的牦牛放上山去。大家费尽了力气前拉后推地上了高峰，在峰顶上我们感到心惊肉跳，从山顶向下观望，非常险峻。在山顶上等了一个多时辰，我的蒙古徒弟等人才相继到来，一起下山。这时的路更加险陡，路上还有流沙。我们坐在沙上顺溜而下，像坐滑梯一样，此时此地已将生死置之度外。山下的大道上徒步朝佛者络绎不绝，有骑牲口的，也有步行的。此处向南一公里，便是阿曲林大雪山，这是通往不丹的大路。我们目睹有朝佛的人从不丹翻大雪山到此，双腿受重伤，其余的人赶紧帮忙救助。而我们刚翻过一座大雪山，已经是九死一生，哪里还有力量去帮助他人啊！

米及顶的遭遇

经过了七天艰难的路程，我们总算到达了杂日山的外围，一个叫作米及顶的地方。它位于大戈宗境内，西藏解放后大戈宗改名叫隆子县，朝拜杂日山的人将此地作为入山的起点。米及顶在旧地图上相当于东经九十三度又三分之二，北纬九度又三分之二，在一九九六年中国出版的西藏分县地图上，它不再叫作米及顶，而改名为马节敦。由于杂日山并不是一座很大的山，因此在中外出版的地图上都找不到。

杂日山分为内围、中围和外围。内围根本无路可行，只听说以前曾有得道的高人进去过，里边的地势十分凶险，围绕着山头耸立着二十一座山峰，正是天然的二十一尊度母圣相，而山顶便是莲花生祖师修法的地方。通常朝山者走的是中围，绕山一圈要翻过十八个山峰。杂日山一带的气候潮湿，山中大多被浓雾覆盖，但天气晴朗时，可以见到山顶上放出阵阵红光。历史上不少人不惧生命危险前来朝山，他们相信，如果死在这里，必能得到莲花生大师的超度，洗净多生累积的罪业。

前来朝山的各路人马陆续来到了米及顶，其中有不少拉萨有名的贵族，有慈埋巴（医官）、朵德代本（拉萨的农务局局长）、喀雪巴，拉萨的大贵族、济众彭楚加措以及西康大商人商都昌等一班人。再加上来自西康和不丹等地的远道来人，有两千人之多，大大超过了往年。米及顶一带居住的是珞巴人，当时他们处于较封闭的状态，过着刀耕火种的较原始的生活，且民风强悍，藏人当时误认他们为"野人"。为了保护朝山者的安全，西藏地方政府派出一个团的藏兵，由团长（藏文叫作代本）贡香巴率领，以应付山里的当地族人们可能发动的袭击。大家最关心的便是当地族人能不能答应放行，让我们平安通过。

第二天，我终于在米及顶附近见到了"野人"。"野人"穿着西藏氆

米及顶的"野人"跳舞

第八章　杂日山朝圣

氆氇，身上大部分赤裸，头发蓬松，头上戴竹编帽，身上佩刀，背着一个竹篓，大约长一尺五寸。由于长年赤身露体，"野人"的皮肤在阳光的照耀下粗糙如癞。他们身上背着弓箭，箭头带剧毒，见血可以死人。女人的腹部系着一个藤圈，走起路来扭扭捏捏，她们的脖子上系着朱链，腰间系铁圈，衣着上女人和男人稍有不同。这里的"野人"分为三种，第一种称为"熟番"，他们与藏人交往，会讲藏语，与当地的藏人进行贸易；第二种和第三种叫作卡鲁人和丁鲁人，他们只说自己的语言，没有文字，过着原始生活，刀耕火种，结绳为计，不与其他种族交往。"野人"居住的区域里产猴、熊皮、螃蟹等，他们用这些土产来交换米，所以米是他们最大宗的贸易。米及顶的气候温和，上午晴午后阴，气温在零上十度左右至十三度。这里地势低洼，农产品有猪、鸡、洋芋、萝卜等等，都用银币交易，不收西藏纸币。居民约有四十户，分三部分，米及顶本部有尼姑寺七八户，桥的西南有三户，东南十多户，是"野人"居住。在杂日山中居住的大多是"生番"，要与"生番"打交道、谈条件，必须经过"熟番"做中间人才行。

第二天，带兵的龙骨济巧来拜访我们，说到"野人"蛮横，不易驯服。西藏地方政府与当地族人有过协议，他们每十二年开放杂日山一次，供人朝圣。而作为交换，西藏地方政府则要向他们提供各种物品，有丁香、毛布、氆氇、铁刀、盐巴、糌粑。由西藏地方政府供给的有八百余当地族人，此外西藏地方政府还要给一百余头牛。为了保证朝山人的安全，西藏地方政府要他们发誓不伤害人命。多少年来，朝山一向按照这一惯例。但这一次他们却变了卦，他们的头人说在十二年前的那一次藏人朝山时，曾有几个族人被杀，为了报复，这一次不再听从西藏人的命令，也不会发誓。同时他们还声称这次西藏地方政府给的东西并不是他们所要的，特别是交给他们的铜器货不合意，因此这次如有藏兵入山，必定要杀掉一半解恨。听了这番狠话，朝山者人人自危。济巧只能想尽办法安抚当地族人，答应先在他们聚居的地方放几大锅粑沱稀饭，就是把牛肉和葡萄干等混在一起煮成的半干不稀的饭，招待他们，再与他们的头人继续谈判。同时与他们联合举行一次降神大会，祈求护法神灵的保佑。在米及顶的几天之中，我学会了一句当地族人的话"胡都北"，意思就是拿去。

两天过去了，与当地族人的谈判还是没有进展。用几锅稀饭招待他们没获得什么效果，因为当天头人迟到，谈判的事情当地族人没有答应。三月四日初十降神那天，当地族人又声称他们以前的发誓不是自愿的。这天来了三十多个当地族人，西藏人在空场上竖大旗杆，挂红玛尼旗，供金刚手菩萨；而当地族人则舞刀跳跃出场，约有五六次。双方各自表演。在降神会上，西藏地方政府安排了一两个诵经的喇嘛，扮金刚手菩萨，其余的则扮马头金刚，在场的金刚们都穿着金丝缎的衣服，跳跃驱鬼，当地族人舞刀反扑，他们心里明白藏人视他们为鬼。稍后当地族人抬上来一位祭司，开始降神念咒，接着在场中祭牛。只见祭司先是口中念念有词，然后举起手中的利刀向牛背上狠狠砍去，牛倒下后，一伙当地族人立刻举刀蜂拥而上，将牛大卸八块，有的割尾巴，有的砍牛腿，有的砍牛头。一面屠牛，一面把手中血淋淋的牛肉送进口中，狼吞虎咽地吞下肚去。五条活生生的牛一瞬间在当地族人的乱刀之下消失得无影无踪。如此野蛮的场面，实在让人惨不忍睹。西藏地方政府负责跳神的金刚手神也表演了一番，但热闹归热闹，当地族人们还是不满意，继续扬言要杀掉一半入山的藏军，以报十二年前之仇。听了这话，大家不寒而栗。

深山遇袭

为了得到当地族人不伤害朝山人的保证，我们在米及顶苦苦等了七天。到了第七天，眼看与他们达成协议是没有希望的了，代本贡香巴于是只能硬着头皮，依仗自己手下的五百名藏兵，决定带领众人强行入山，有胆小怕死的人当场便退出了朝山的队伍。贡香巴担任总管，为了保证安全，他将朝山的队伍按照康巴人、不丹人和藏人分成三个部分。朝山的人中以藏人为最多，藏人的队伍由俗官在前引路，僧官断后，以保障安全。康巴人也不少，于是大队又分成十二小队，每一队有一百到一百二十人。大家开会以决定如何前进以及领队的先后次序。根据以往朝山的经验，先出发的队伍最有优势，先发先至，不会遭遇食物短缺等困难，宿营时也能占得好地方，另外跟在大队藏兵后面安全最有保障。结果这一次的先发被康巴人获得，藏人心中不满，但贡香巴似乎偏袒康巴人，于是大家只能认可。散会后各队整理行装，向济哥塘进发，济哥塘是我们进入山区的第一站。出发时天下起了毛毛雨，大队由熟番做向导，代本贡香巴带着五百藏兵在前面开路，康巴人、藏人、不丹人，各自编队随后而行。藏人又按不同的地区分成若干个小队，由身上带枪的藏官护卫。按照先后顺序，我们这一队排在第二，由我担任队长，人数有一百二十多人。

　　我们身上虽带着枪，但子弹却不多，为了应付袭击，向藏兵借到了六七枚。三月六日大队从米及顶出发，首先翻越了兴都拉山，一路总算平安，没有遇到任何当地族人。但这里的食物很贵，糌粑一升要一两二钱藏银。第二天我们到达拉骨龙骨山，当地族人向南走，我们则应向西北前进。按照计划向西北走八天可以回到曲桑，翻日拉山，那里气候寒冷。有人说不少康巴人和不丹人已先行进入了当地族人区，后来又听说其实很多人已经进入，不少熟番也夹杂在其中，他们正等候着西藏地方政府发给盐巴、酥油、米、刀、丁香等物，同时为朝山队伍沿途修路。当晚有当地族人前来偷袭，一个不丹人被毒箭射中，当场死亡。

　　本来计划的是每十个人一队，领队负责，但出发后大家一哄而走，谁也顾不了谁，会议讨论的计划顿时成了泡影。由于藏人不讲纪律，乱冲乱撞，刚刚走了四五里路便和康巴人发生了冲突，两队人大打出手，一时间棍石交加，有的人被打得头破血流。而殿后的是不丹人，更是见路就抢，横冲直撞，他们请了熟番引路，不受大队的约束，于是不少藏人也加入了不丹人的队伍。再加上藏人的领队不负责任，使得秩序一片混乱，两天下来，连原计划的一半路程也没能走完。晚上一千多人挤在山下露宿，连一块落脚之地也很难找到，眼看着朝山队伍如此混乱，又想到前方路途的艰难和当地族人袭击的危险，我开始有些心绪不安。

不久队伍中便传出各种流言，有人说康巴的商人花了三十坪银子贿赂藏兵，于是康巴人的队伍便排在了前面；还有人说，当地族人的发难其实是因为带兵的贡香巴在暗中克扣了西藏地方政府发给他们的物资，更有甚者，他还克扣了应该发给朝山人的糌粑。流言传开，在队伍里立刻引起一番轰动，有人愤怒地扬言要杀了这个贪官解恨，几乎酿成暴乱。一时间内忧外患，更令人觉得前方的朝山之路危机重重。为了避免与其他人抢路，我带领着这一组人清晨五点便开始赶路，这时山中浓雾弥漫，四下朦胧一片，只好用手电筒摸索着向前，前方的大山无路可行，只能手攀树枝藤根，身子贴着陡峭的山壁一点一点向上爬行，一不小心脚下踩空，便会掉进万丈悬崖，这叫作爬"溜被"。好不容易才爬到了半山腰，忽然一块大石头从山顶滚了下来，几乎砸在我的身上。我抬头一看，心里顿时凉了一半，原来几个当地族人正站在悬崖边上举着大石头向我们砸下来。此情此景，真是令人叫苦不迭，这时我才体会到什么叫作生死关头。人吊在半空中，继续向上难逃他们的袭击，而向下则更是死路一条。我向下边望了一眼，只见山涧里尸骨遍布，被当地族人的石头击中跌入山涧丧生的人不计其数。眼看没有退路，我只能咬紧牙，一只手紧紧抓住峭壁上的藤根，另一只手掏出手枪，向天上连开了几枪，当地族人听到枪声后四下逃窜，我们经过一个多小时惊心动魄的爬行，总算到达山上的正路。

第八章　杂日山朝圣

山路艰险，随时都可能送命，因此不丹人改由水路前进。河上的桥本是临时搭起的简易浮桥，大家一拥而上，你抢我夺，不一会就把桥压塌，桥上的二十几个人一齐落水，水流湍急，眼看着他们被急速的水流卷走，岸上的人只能眼巴巴地望着，无法援救。不得已，只能用两根竹子架在河上当作临时浮桥，如同独木桥一般，每次只能过一个人，而且人走在上面摇摇晃晃，一不小心身体失去平衡，就会跌入水中丧生。大队人马花了大半天的时间才过了河，按照这样的速度，前面的路程还不知要走多久。于是我和堪青商量，只要有陆路可走，绝不走水路。翻过山，拥挤的情况有所改变，前后稍有次序。这时后面又发现有当地族人跟踪，为了免遭暗算，我向天开一枪，当地族人闻声而逃。走在最前面的几百个藏兵此时毫无用武之地，面对当地族人不时而来的偷袭，顾前便顾不了后，只能眼巴巴地任凭他们神出鬼没地杀人，所谓保护我们成了彻底的空话。

山中到处是茂密的林木，粗大的树木要几个人才能合围，森林中的草丛深过膝盖，蚂蟥如同人的巴掌大，林子里气候非常潮湿，令人喘不过气来。夜晚露宿在大森林中，那种滋味苦不堪言，又唯恐遭毒箭暗算，往往彻夜难眠。三月九日晚开始下雨，大雨下个不停，我们依旧天不亮便抢路先行，手持电筒，一脚高一脚低地在泥泞中艰难行走。天亮到达了山顶，迎面见到三十多个康巴人在那里安营扎帐，正在烧火御寒，阻挡了道路。我和堪青走上前去和他们商量，请他们让路，但康巴人态度蛮横粗鲁无礼，堪青身为僧官，平时作威作福惯了，从未受过如此怠慢，一怒之下便举起手杖打了对方一杖。这一下可捅了马蜂窝，双方人马立刻大打出手。我赶忙上前劝阻，竟然挨了一棍，眼看情况失去控制，只能赶紧逃离战场。只见棍石交加，双方打得你死我活，有人头破血流，堪青的耳朵也受了重伤。事后藏兵和贵族赶到，济巧询问打架的原因，双方互相指责，谁也不肯认错，只能不了了之。从此朝山的队伍更成了

杂日山中临时搭起的浮桥

第八章 杂日山朝圣

一盘散沙，各队自行其是，谁也指挥不了谁。几天下来，又有几十人丧生，有些是在过桥时落水，也有的死在毒箭和刀下，然而最悲惨的景象却是我们在森林中见到的几个被当地族人砍断了双手和双腿的康巴人，他们躺在血泊中，还没有断气，双眼不停地望着过路的人，似乎在苦苦地哀求我们挽救他们的性命。听说当地族人信奉一种巫教，巫师告诉他们如果能砍下一百零八个活人的手和脚，此生就能升天，于是当地族人将砍下的活人手脚带回家中，用绳子穿起来挂在墙上，凑足一百零八个才罢休。看到如此惨不忍睹的景象，我们心中既悲哀，又无奈，没有携带疗伤的药品，即便有药品也救不了他们的性命。于是大家只能眼睁睁地看着他们死去，绕过他们的尸体继续前进。藏兵在森林四处搜索当地族人，但一无所获。夜晚宿营时每个人的心中都无比沉重，山中四处弥漫着死亡的阴影，谁也不知道死神何时会降临在自己头上。

莲花生大师显圣

十几天下来，路程才刚刚走了一半，死亡的人数已将近一百人。由于不习惯森林中的异常潮湿的气候，我的身子开始发肿，两条腿酸疼难忍，渐渐不听使唤，走路时步步艰难。到了第十九天，我们听说在附近不远的地方有一座石头堆成的曼达，于是我和堪青加上我的徒弟一共十一人决定离开大队，前去朝拜。曼达位于密林深处，是由不丹的公主发善心兴建的，以供养莲花生大师。它有两个人高，底部要三个人才能合围。这座曼达的每一块石头都是从外面运进山来，建造时不知耗费了多少人力和财力。我们在曼达前虔诚地礼拜，祈求莲花生大师和佛菩萨的加持，让我们能在朝山的路上平安无事。朝拜过后，我们在林子中寻找水源，准备用山里的泉水烧茶开饭，然后继续赶路。这时奇怪的事情却发生了，耳边明明听到前方有泉水的声音，但当我们随着声音走上前去时,却发现那里一滴水也没有,连续几次,结果都是一样。更糟糕的是此时山中大雾弥漫,我们东闯西闯,已经迷失了方向,再也找不到原来进山的路。

这时我们才感到大祸临头,在原始森林中迷路,只有死路一条。连续两天,我们被困在森林深处,双腿几乎走断,也无法找到出去的路,没有水,糌粑吃不下去。到了第二天的晚上,人人筋疲力尽,心里渐渐开始绝望。我和堪青把大家召集起来,我对大家说,与其坐以待毙,不如大家围成一个圆圈而坐,一齐诚心念诵莲花生大师心咒,祈求大师加持,助我们渡过难关。即便我们真的死在这里,莲花生大师也一定会以无比的慈悲将我们超度到西方极乐净土。听了我的话,大家坐了下来,开始念咒。此时此刻每个人的心中都无比虔诚和清净,心里唯一的念头便是祈求佛菩萨保佑自己的性命,往日的妄念和贪念早已丢到了九霄云外。连续一天一夜,我们不停地念咒。到了第三天的早上,奇迹出现了,森林中的浓雾渐渐散去,只见从杂日山的山顶射来一道红光,照在我们右手边不远的地方。大家顿时精神一振,立刻爬起身,向红光照射的方向赶去,红光不断地向前移动,一直将我们引到水源。我们用清凉的泉水烧了茶,狼吞虎咽地吃下糌粑,这是三天中的第一顿饭。山顶射来的那一道红光若隐若现,继续为我们引路,直到我们找到了迷失的方向,它才慢慢消失。经历了九死一生,每个人对于生命的含义似乎升起了一分更深刻的体悟,面对着耸立在远方云端深处的杂日山山顶,我们全体虔诚地顶礼膜拜,感激莲花生祖师与十方三世一切诸佛菩萨的无比恩德。

连续不断地下雨,使得山中遍地泥泞,加上当地族人肆无忌惮的袭击,使朝山的人个个成了惊弓之鸟。队伍走走停停,行进的速度十分缓慢,大大超过了人们的预期。不少人携带的干粮已经吃完,我们身上带的糌粑虽然还能维持数日,但也因为潮湿而变坏发了霉,吃进肚子里立刻便呕吐出来。我的身子肿得越来越厉害,一只脚被竹子刺伤,多日来的摸爬滚打弄得全身伤痕累累，手足因为不停地攀山被藤枝划出一道道血痕。夜晚露宿竹林中，找不到干柴，无法生火取暖，地上到处是大蚂蟥，跳来跳去，被它咬上一口，疼得钻心。为了防备"野人"突袭，睡觉时只能抱着枪坐着睡，听到一点风吹草动，立刻向天开枪。接下去的几天，每日都有人丧生在当地族人的毒箭或利刀下，有的被砍下头，有的被斩断双臂，当地族人杀人后往往朝天大声尖叫，恐怖的叫声回荡在山谷，令人毛骨悚然。到了三月二十七日，经过二十多天艰难的苦行，我们终于翻上了第十八峰，杂日山中围的最后一座山峰。下山的途中，我们遇上了一位年过八十的老翁，他曾两次入杂日山朝圣，据他说，以往的朝山从来没有像这次这样险恶，有这么多的人送命。我初步清点了一下，此次朝山共有一百多人丧生，其中有僧有俗，有平民也有贵族。所庆幸的是我和堪青这一组人全部平安。从米及顶开始，我们在山中总共度过了整整二十四个昼夜，翻越了十八座山峰，其中有三次是爬"溜被"，过了十四道浮桥，经过了三天的断水断粮，历经生死，完成了这一次令人惊心动魄、永世难忘的朝山之旅。

尧西朗顿的趣闻

三月三十日，我们一行拖着疲惫不堪的身体回到了前辅政大臣尧西朗顿的家园。经过了三十多天苦苦的支撑，此时我的身体伤病交加，虚弱到了顶点。这一路若不是朗顿派出的佣人和他给予的种种支持，我们恐怕早已命丧黄泉。朗顿又一次热情地招待我们，挽留我们在他家中休息调养。交谈之中，朗顿对我讲了不少他过去的经历，还拿出了一张他和国民政府特派代表、蒙藏委员会主任黄慕松在拉萨致祭十三世达赖喇嘛仪式上的合影。照片中的黄慕松身穿黑马褂和蓝袍，神采奕奕，一起合影的还有英国的驻藏代表，照片非常清晰。那时的尧西朗顿在拉萨

哲蚌寺大名鼎鼎的东本格西,他被法尊法师请到重庆汉藏教理院教学传法,不久在内地圆寂

是一位集权势于一身的大人物,如今时过境迁,他已经赋闲在家,过着隐居的生活。

他还告诉了我一件有趣的事情:原来他是西藏有名的丹达格西的弟子。丹达格西主张修行人应以"行"为重,为此他写了一封信给哲蚌寺罗萨林扎仓的东本格西,询问他的看法。东本格西不赞同这一说法,他认为"行"应是对初入佛门的弟子而言,不适于我们这些具有深厚基础的格西。丹达格西不服,于是要求和东本格西举行公开辩论,这个消息在全西藏造成了轰动,因为两位都是西藏大名鼎鼎的格西,各自拥有众多的弟子。但是没有多久东本格西应法尊法师的邀请前往四川汉藏教理院任教，这一场众人翘首以待的辩论最终没有能举行。如果两位大格西真的举行了辩论，结果不论是谁胜谁输，场面都必定空前而且难以预料。

休息调养了十几天，我的身体渐渐恢复。临行前，朗顿要专门写信给他的师父丹达格西，请他为我们打卦，决定走哪一条路回拉萨最安全。原来回拉萨有两条路，一条路途冰雪覆盖十分险陡，另一条路途虽然平坦却有土匪出没。我谢绝了他的好意，还是自己择路而行。我相信一个真心修行的人不论走什么道路都会得到诸佛菩萨的保佑。朗顿又发信给沿途的宗本，要求免费为我们提供粮草，与他的这一段善缘令我深深感动。有了他提供的种种帮助，回程的路十分畅顺。

五月四日我回到了拉萨。这次朝山前后共一百零五天，在拉萨许多朋友都在挂念着我，一直没有听到我的消息，他们都以为我已经在杂日山丧生，正在准备为我开追悼会。看到我安全归来，大家自然十分欢喜，少不了一番真心的祝贺和问长问短。我毕竟是有史以来进入杂日山朝佛的第一个汉人。

第九章

❖

后藏考察

从拉萨到聂塘

到了一九四四年的夏天,我在哲蚌寺学经已基本结束,报考拉然巴格西的申请也已提交给寺庙,我开始准备利用假期赴后藏地区考察。

我应贵族詹东公子的邀请,先搬到他家的神厦去住,同他一同消夏。詹东家族本是后藏的贵族,詹东的父亲原是后藏的官吏,九世班禅被迫出走以后,他就投靠了前藏的达赖政权,前藏政府因此也抬举他,委任他做昌都的总管。一任昌都总管当下来,赚了几十万大洋,他于是在拉萨修了一座很大的公馆。詹东老爷要自己的儿子学习中文和英文,因为他精通双语,当中央特使吴忠信赴拉萨主持十四世达赖坐床大典时,西藏地方政府选派了两位贵族公子任礼宾官陪同,其中一位就是詹东公子,另一位为夏札公子。我认识詹东公子时,他的父亲已经去世,弟弟夹扎活佛正在哲蚌寺学经。詹东公子此时是四品官,有个汉语名字,叫詹逢春。不仅如此,他还跟阿旺堪布的一位汉人徒弟学会了唱京戏。

阿旺堪布的这位徒弟说来话长。他的母亲是四川唯一的一位女县长，丈夫去世，只有一个儿子。这位女县长信佛，皈依阿旺堪布，并请阿旺堪布将自己的儿子收为徒弟，带到西藏学佛。阿旺堪布答应了她的要求，把这位公子送进色拉寺学经。不料此公子从小娇生惯养，过惯舒服日子，无法忍受庙子里的艰苦生活和种种清规戒律，不到两年就离开了色拉寺。他能唱一口京戏，和詹东十分要好，就这样詹东便从他那里学会了京戏。这位县太爷的公子后来在国民政府蒙藏委员会谋到份差事，做了委员，吃喝玩乐的本性依旧不改，在南京时常去夫子庙为戏子捧场。

在詹东家里，我结识了不少西藏的贵族，交了许多朋友。听说我想去后藏考察，安东公子的五叔帮了大忙，正巧他的太太刚从后藏回到拉萨，于是便让我骑了她的牲口赴后藏，解决了脚力，而且价钱极为优惠。这位五叔曾在印度学习无线电，回西藏后在西藏电报局工作。靠着他的帮忙，我得以前往后藏朝拜考察。

本来我是打算自己买骡马旅行，幸好未能实现；如果实现了，还得在路上当一任运泥工。原来从蒋堂公到哲蚌寺的一段路正在维修，凡是从这里经过的骡马都要运七驮泥。我的电报局的朋友派了两位仆人，应了我的名字把差顶了，否则我也难逃运泥的差事。同路上行走的一位红教活佛，也被拉去当差。为了修路，把喇嘛不当差的规矩也破了。

拉萨向西行的第一站是聂塘。这里是一个小农业区，地势平坦，土地肥沃，不少拉萨的贵族把自己的庄园设在这里。哲蚌寺六大札仓之一的罗萨林札仓的田庄就在此处。这儿有专门招待客人的乡村根社，附带提供牲口的草料。然而这里最有名的还是名闻全藏的度母庙，藏文叫作卓玛拉康。据说它是由噶当派祖师阿底峡尊者修建的，里面供奉着一尊体积不大的绿度母佛像。传说当年阿底峡尊者在这里修绿度母法时，度母像曾对他开口说话。行人每到此处，都会非常虔诚地向这尊度母像顶礼膜拜。我也在度母像前五体投地地顶礼，并供养了几盏酥油灯。

詹东公子（前排左二）和家人在家中的花园消夏

藏历三十日晨由聂塘起程，这时晨光初露，寒气逼人，路上结了一层薄冰，马蹄踩上去发出突、突的声音。从聂塘到曲水，沿途经过了许多田庄，这些田庄都是西藏贵族的领地。我们沿着拉萨河行走，向对岸望去，只见一片清绿。这里环境优美，农产丰富，是西藏的宝库。聂塘和曲水两个宗靠近拉萨，在地理位置和资源上都享有重要的优势。有名的降养衮曲就在两个宗之间，它虽然只是一所破庙，但却不同凡响，因为它正是三大寺的喇嘛每年冬季聚集在一起辩论因明学的地方。到了曲水，老远就见到两座碉堡耸立在险要的山峰上。这里地势广阔，拉萨河与雅鲁藏布江在这里汇流,水陆并进,四通八达,坐皮筏子可以一直流到山南的枝塘;再远一点,可以流到印度洋去。枝塘这个地方很有名,前清时驻藏大臣每年都要乘八抬大轿到那里去视察一次。据说有一次驻藏大臣在赴枝塘的途中翻山,大概这位大臣从来没有翻过这样的山,当着陪同藏官的面张嘴就开了粗口:"他妈的,这么大的山。"结果传了出去被藏人笑话。

过了河继续西行,沿路看到不少商人,其中还有拉萨汉商裕盛家的伙计,运货去拉萨。一位苹果贩子运着十几驮苹果,从山南拉去拉萨贩卖,于是河的两岸都散发着一阵阵苹果清香。苹果在拉萨是给贵族和富人享用的,它出产在竹摩一带,价钱本来不贵,但是运到拉萨以后,一个苹果就要卖上半个卢比,销量还很可观。另外山南出产的梨、桃子、杏子、黄瓜等时鲜水果和蔬菜,一运到拉萨价格也成倍地向上翻,一条小小的黄瓜,可以卖到两个半卢比。

曲水到龙蚌宗

从曲水到巴支有两座喇嘛寺,一座在河的南岸,名叫桑巴林,建筑相当别致,风景也很有特色,据说这就是康萨仁波切的私庙。康萨仁波切在西藏是享有盛名的大德,已在两三年前圆寂,还没有小活佛转世。汉地的能海法师入西藏就是皈依于康萨活佛,前后跟随活佛五年,历尽各种艰难,潜心学习显密法要,后来得到康萨仁波切的衣钵传授,回到汉地,译经弘法,成为一位显密俱通的名僧。另一座寺庙在河的北岸,叫作群柯林,看上去比前一座寺庙华丽很多,但似乎没有出过有名的大德。

从这里向岗巴拉山顶望去,只见前方山峦重重,山路辗转曲折。我们天不亮就开始赶路,天空上还有几颗星星在闪烁,只看到前面隐约的山峰，看不到路。我手里拿着手电筒小心地向前方照路，生怕走岔了跌下山涧去。这时寒风刺骨，骑在马上冻得四肢发抖，不时下马跑一段路，只觉得上气不接下气，头晕眼花，直到上午十点钟才到山顶。我估计岗巴拉山的高度大概在六千米以上，而且这座山的坡度很陡。山里没有生物，一片荒秃不毛之地，山顶上更是满地的黑色碎石。不过向前望去，却是一片奇景，南方的羊卓雍湖尽收眼底，这个湖的海拔很高，从东到西大约有七八十里，西北边连接着一片大雪山，只见湖面水平如镜，还有一些水鸭子在水上自在地嬉水。湖的四周有稀稀落落的几个小村庄，村庄的上空飘散着缕缕炊烟。想来这些村庄之间的交通在夏天用牛皮船在湖上划来划去，到了冬天则用冰筏在冰上滑行，实在有点世外桃源的味道。

下山以后走到一个叫作尧色的地方歇脚，在羊卓雍的西面。西藏地方政府将羊卓雍拦截了一个角，填湖修了一条路，从这里横穿过去就是通往江孜及印度的大道，电线杆子就是这儿分界的标志。从这儿继续向西则是往后藏去的另一条小道，说它是大道也可以，因为来往于前后藏的商人都打这条道上经过。

再向西走就都是山涧，没有来过的人是绝不会知道山里有路可行的，因为这里根本看不到路。山涧里的小道崎岖曲折，环境险恶，很有些像四川三峡，西藏人叫作"龙"，意思是鸟道羊肠，极不平坦的所在。在这种险恶的地势，也有不少村落，出产很少量的青稞，大部分的村民以牧牛牧羊为生。每一个村落都有一座碉堡，碉堡是很久以前建的，大约是在古代时用来防御外敌的，如今都已经残破不堪了。我们在龙地一个叫曲灯的地方歇息了一晚，第二天向龙地的政教中心龙蚌宗进发。

龙蚌宗是龙地唯一的农产区，这里的农民引来南山的水，灌溉着几十顷的青稞地，这在龙地是很少见的了。农业一发达，宗教也就发展了起来，向北面的山上望去，可以见到许多修心养性的行者在那里搭建的小茅棚，这些行者常年在山上的茅棚里打坐修行，生活全靠着山下的老百姓来供养，就这样几十年，甚至一辈子。西边的山麓下，有一座很了不起的喇嘛寺，名叫"龙江青滚巴"，这个名字的由来是因为这里供奉着一位伟大的未来佛——弥勒菩萨。寺庙的大门两边挂着两根"煞威棍"，威风凛凛，好像前清时代的衙门一般。事实上西藏由于是一个佛教的地区，佛教高于一切，寺庙就等于衙门一样，代老百姓解决官司及其他一切纠纷。我小心翼翼地走进庙子内，里面的喇嘛诵经完毕正下殿。遇到的一位执事告诉我佛像在三楼上，于是我恭恭敬敬地上楼去拜佛。佛像确实十分庄严，身高五尺，威震八方。我虔诚地顶了礼，祈求佛泽加被。

从庙子向远处望去，只见一座荒秃不毛的山峰，在我看来并没有什么特别之处，但这里的人都说这是龙地的名胜。它叫作"摆拉喀播"，意思很吉祥，翻成汉语为"白莲花峰"，因为这座山峰一年四季冰雪覆盖，终年雪白。比起其他的宗，龙蚌宗的建筑要雄伟许多，看上去犹如西康土司的官寨一般，坚固而雄壮，由此可以想见西藏的宗本是一地之主，一方之霸。有的宗本剥削人民的手段比较高明一些，不太过分地为非作歹，人民也无法起来反对。不少宗本常常不在本地住，把管理地方的责任交给手下的管家，由他们去支配一切。

从龙蚌宗向西行不到十里，有一座白教的喇嘛寺，建造在山顶上，居高临下，坐西向东，俯视着山下的田地。这里天气寒冷，地上的水和土被冷风吹得结成冰，气温似乎比拉萨低很多。而且这里的路十分难行，满地都是鹅卵石，有时鹅卵石嵌入马蹄子里，弄得马也无法行走。骡夫要不断地把马蹄抬起来，用力把嵌在里面的石块弄碎，马匹才能继续向前走。

在举步难行的羊肠小道上走了大半天，来到了娜拉河。河的北岸有一座规模很小的喇嘛寺，寺庙的旁边有不少牦牛，当地人用牛皮船将这些牦牛运送于两岸之间。这条河大概有六七丈宽，属于雅鲁藏布江的支流，我们这一路上看着它断断续续流到这里，然后河面开始变阔，因为到了这里两岸的高山才渐渐地平坦下来，地势也逐渐开阔。开阔的地形让人精神也开始振奋，不像在深山野谷里长时间的行路，闷得人心里发慌。我们在娜拉河边的一个小村落歇脚，骡夫们饮酒吃糌粑。这一天的路程实在太长，走到这里才只有一半的路，到前方的聂木火达还有四个扎康的路。扎康在西藏文里意思是邮站，"扎"是邮，"康"是站，西藏人用扎康来计算路程，一个扎康大约为十里。这样一算前面还有四十里的路，按照我们的速度还要走四个小时。这一带气候干燥，风沙滚滚，我脸上戴着风镜似乎也没有多大的作用。

　　聂木火达显然要比我经过的其他几个地方生活水平低很多，物价也相对便宜。这里的一个鸡蛋才卖一个藏噶，而在拉萨的售价是藏银二两七分五厘，到了曲水就是三两银子。而且那里鸡蛋并不多见，因为在高原上母鸡的产蛋能力比较薄弱，一年只能生产一百八十到二百个蛋；可是在后藏，鸡蛋到处都有，成为这里乡村主要的食品之一，不像在西康和门达旺一带，有钱买不到货，这里是有货而无市场。我们当晚在这里过夜，第二天一大早在漆黑的夜色中上路。此时星光四射，两眼望去，只能辨别东西方向和远方山峦的起伏，脚下路的高低一概不辨，简直是盲人骑瞎马。看见路两旁的大坝，好像是一片荒原，又像是已经割过的麦田，因为此时正是后藏的秋收季节，到处都在打麦。然而从龙地走到这里还没有见到过大农场，听人说，最大的农场还在前面呢。

巴朗宗的贵族之家

　　再向前行到了巴朗宗，从这里可以直通江孜，与江孜之间有邮政，地方不能说偏僻，但在地图上却找不到。这里的宗本名叫赖夺巴，但他本人却在拉萨，留下一位管家在这儿管事。这个宗里住了不少在拉萨有权有势的人物，有名的贵族、机布，如詹东和擦绒等人在这里都拥有田庄。这样一来，宗本的差事就很不好干了，一来得罪不起这班权贵，二来又不敢胡作非为，于是只能按规矩老老实实地征收粮税，做他应该做的事情。巴朗宗可以说是个大农场，一片平原，大概不止二百平方公里的面积。附近有一座喇嘛寺，名叫"噶岗寺"，寺里有三百多个喇嘛，属于哲蚌寺的罗萨林札仓管辖，寺庙建得十分堂皇。从喇嘛寺向南，就到了贵族摆那的庄园，我起先以为这个贵族不过是个普通的家庭而已，谁知到了那里才知道这里住的是拉萨的一位古扎，有名的贵族，他在拉萨的神厦就建在糌粑康村的旁边。这家的老太爷已经告老还乡，如今和全家人住在这里。儿子现任帕里宗的宗本，娶了辅政大臣尧西朗顿的大女儿为妻，妻子容貌秀丽，又与詹东家有亲戚关系。全家人见我是远方来客，很真诚地欢迎我住在他们家中，招待周到。他们的住宅和环境都很漂亮，可以说是离开拉萨以来最舒服的寄宿之处。

这个家庭中充满着一种天伦之乐，二老爷和他的亲姐妹以及原配夫人都住在一起，还有五个儿女，一大家人其乐融融。大儿子管理田庄上的一切，二儿子当宗本，小儿子还很年轻，准备将来当僧官。两个女儿都是住在家中的尼姑，年轻而活泼。当晚我和现任宗本的二少爷长谈了一夜，了解了不少当地的情形。原来现在的宗本除了他以外还有一位僧官，两人共同管理宗上的所有政务。帕里宗的范围并不大，老百姓不过一千五百来人，不丹籍的人占了多数，其他还有外来的客籍人。凡是来往于不丹和印度的过客商人都要抽藏噶一枚，作为人头税，这样每年的收入有六十坪银子（五十两为一坪），此外宗本还享有若干亩的草地。帕里宗是个经商的要道，由于这里的气候寒冷，草料的价格十分昂贵，卖草料的收入就成了两位宗本的俸禄，作为他们生活的来源。

帕里作为来往经商的重要通道，每年有不少茶和羊毛等商品在这

贵族夹扎全家

第九章 后藏考察

贵族夹扎在巴朗宗的庄园

左：夹扎的二少爷帕里宗宗本及妻子
右：帕里宗宗本的妻子，前辅政大臣尧西朗顿的大女儿

里出境，有专门的官员负责各种商品的抽税和管理货物出境的事情。同时每年也有大量的木板和纸来自不丹，经过这里入境，又有专门的人负责入境的手续和税项。这些事情宗本是不过问的，宗本最主要的事务就是处理老百姓之间的各种官司。帕里的人种复杂，聚集了祖巴人、康巴人、汉人和尼泊尔人等等民族，彼此常常发生矛盾而打官司，每个月的官司不少，同时因为商业而引起的诉讼也经常不断。宗本主要的精力就花在了处理官司上面，当然也从中捞取不少的好处。

　　二少爷还告诉了我不少自己的家事。原来他们这个家族的身世显赫，非同一般，第二代的赤觉林活佛，即西藏的四大林之一，就转世在他家。此外，黄教中被人尊为日月二轮的两位大德帕邦额仁波切和康萨仁波切都曾光临过这里。宗本告诉我，他们的庄子每年大约有七千克

左：夹扎活佛在家中，身穿戏服扮戏子娱乐
右：与贵族夹扎的二儿子帕里宗宗本（中坐者）及夫人（后排中）和弟弟（左立者）合影

（西藏单位，每克相当于两磅多）的收入。此外家族还有不少其他的生意，在拉萨有一所住宅。目前庄子上的住宅是新修的，一律仿照西式，房间的光线和空气都很充足。正南面是一间大餐室，两端是他父亲和自己的住所，西面是两位小姐住的，北面是客房，里面有钢椅和钢床，我就住在这里。这所房子在后藏可以算得上是数一数二的豪宅了。我们是新交的朋友，相处得很融洽。他们的生活很摩登，家里有留声机，收集了不少汉地流行的中文歌曲唱片，宗本的太太还唱歌给我听。离别时一家人依依不舍，坚持要我多住几天，直到我答应他们回拉萨经过这里再来时，才肯放我走。

离开这家贵族的时候是藏历八月初七的下午，这家的佣人说我们当天是到不了扎什伦布了，我半信半疑，以为这些佣人在故弄玄虚哄

三位贵族小姐，都当了尼姑

我。结果果然走到下午四点左右才到了詹东家的庄子，这里距离扎什伦布还有六里的路程。我拿了詹东的亲笔信去上门拜访，遇到詹东的三叔父，他本是前藏的济众（僧官），现在后藏任众依钦波，权势很大，他见到信知道我是詹东少爷的好友，立即安排我住下。

詹东家的房子算不上十分华丽，而且有些年久失修。这样的房子在后藏只能说是第三等。它距离扎什伦布寺很近，就在寺的东方，而詹东二字的意思就是看到扎什伦布寺。从他家的窗口向前望去，扎什伦布寺金碧辉煌的屋顶和层层叠叠的僧院一览无余，确实壮观得很。

在哲蚌寺与詹东公子的弟弟夹扎活佛（中）合影，左为活佛的侍者

前藏统治的日喀则

第二天我同詹东济众一起来到扎什伦布寺朝拜。扎什伦布寺由宗喀巴大师八大弟子中最年轻的弟子根敦珠巴兴建，建于一四四七年。根敦珠巴曾经担任甘丹寺的寺主，后成为第一世达赖。他圆寂后，为了纪念他，哲蚌寺专门保留了一座空殿，名叫"甘丹颇章"。扎什伦布寺是黄教有名的大寺，与拉萨的三大寺齐名，寺庙的内部组织也相仿，有札仓，札仓下设有康村。札仓共有四个：拖桑林、夏栽、机康、俄巴。其中拖桑林札仓内又分出二十五个康村，康村的内部很大，也很富有，在扎什伦布寺排第一位，喇嘛来自安多、蒙古和西康等地；夏栽札仓有十五个康村；机康和俄巴则不分康村。全寺的喇嘛约有三千至三千五百人，每个僧侣每年所有的布施算下来可得青稞二十斗，藏银三到四坪，呗东康村和甲康村的扎巴还可以多得二分之一。这种优厚的待遇完全来自班禅喇嘛的恩惠。班禅将自己多拿的庄田收入都赐给了全寺贫穷的僧侣，所以他的私产同达赖相比并不算富有，然而后藏人对班禅的拥护与信任和僧侣们对他的信仰与崇拜比达赖还要超过几分。其原因就是人们相信班禅有着佛一般的大慈大悲。

历代的班禅都住在这里，又称为"班禅拉章"。如同前藏达赖的规模，这里是后藏的政治和宗教的中心。多少年来，班禅喇嘛作为宗教领袖在这里主持着后藏的政教大权，这里面有很多旧式的办公机构，还有很多与前藏相仿的政府官吏，四品五品的官吏不在少数。从前他们有权有势，主持后藏的一切政务。"后藏"这个字成了一个特区的代名词，也意味着它是班禅喇嘛的私有财产和势力范围。但自从九世班禅被达赖逼迫出走到内地，这个特区即开始瓦解，前藏达赖喇嘛的势力开始侵入后藏，涌进了一批前藏的僧俗官吏，把持了后藏的政教机构，后藏人不

扎什伦布寺一角

扎什伦布寺塔

第九章　后藏考察

为九世班禅建造的塔

得不听命于这些前藏来的官老爷。前藏政府在这儿安插了许多特派员，另外还派了一营最精锐的古松军驻扎在这里，防止后藏人起来造反。如今后藏原属于班禅的政权已经落在前藏政府的手中，大势所趋，不少后藏原来效忠班禅的贵族纷纷改换门庭，投靠了前藏。

后藏不但是农业区，而且是兵源区。西藏边境一旦有战事，后藏人就要充当候补兵。一个较大的庄园要出到十三至十五个兵，小一些的庄户也要出到二三个兵。而且当兵的制服、伙食、兵饷等等一律要由庄园主负担。如果自己的庄上出不了人，就要雇人去服兵役。如此一来后藏要占到全西藏十分之三的兵源，假定西藏有三万军队，后藏人就占了九千。此时尽管青康边境的形势紧张，但后藏仍然驻扎着一千人的军队，为什么呢？就是要强压着后藏人民，不让他们有机会造反。但是后藏军队声名狼藉，士兵纪律涣散，四处酗酒，打架行凶，老百姓畏之如虎，连政府官吏也对他们敬而远之，惧怕几分，由此可见后藏军队的淫威。

与扎什伦布寺争相辉映的就是日喀则宗，督办就住在这里。现在的督办是拉萨的贵族朗萨林，四品官级，督办后藏的所有官员。除了日喀则，他还管辖着十几个小宗。这个地位在后藏可谓首屈一指了，而且在西藏的七大区内也是地位很高的专员。督办的住宅很像布达拉宫，据说第五世达赖喇嘛曾经到过这里，至今城堡里还保留着一所神圣不可侵犯的住所。城堡下就是日喀则市，市民最多不超过一千户，除了后藏的官民外，还有尼泊尔、不丹、汉族和回族人。除了汉人外，这些种族的人多数是商人，经营布匹洋货等买卖。日喀则市并不大，每日早上有一次早市，大家都把自己的货物拿去陈列在地上贩卖，铺子以西康茶商开的最多，但多数都很简陋。前两年拉萨的汉族商号文发隆在这里建造了一所很大的铺面，取名"天聚成"，成了日喀则唯一最漂亮的建筑和汉人在当地最体面的形象。因为和文发隆老板的交情，我在日喀则停留期间就住在了天聚成的店铺里，由文发隆在后藏的经理白万金先生负责招待。

这里的汉人有二三十户，他们既没有产业，也没有像样的职业，更没有机会接受教育，贫困潦倒，常受人欺负，境遇十分可怜。这些汉民大多是前清戍卒的后代，都是四川人。前年有位中央派来的官员曾大喊要救济西藏的四川同胞，结果最后无声无息地没了下文，充分体现了中央驻藏官员的作风。后来蒙藏委员会派了一位名叫刘桂楠的视察员到后藏视察，初来乍到时声势浩大，口口声声说是中央派他来改进汉藏关系的，把整个后藏都震动了。班禅拉章特别指定两名官员招待他，把他招待得得意忘形，于是更加高高在上，官架子十足，无事不轻易出大门，变成了大老爷，哪里还有机会去实地视察，去和当地的人民接触？听说有一次他提出要去萨迦视察，接待他的藏官说委员的贵体太高贵了，我们不敢怠慢；但是没有去后藏的文件，如果发生了问题，我们可是无法负责的。听人这样一说，他就打了退堂鼓。萨迦其实距离扎什伦布只有三站，往返十分容易。表面恭敬顺从，暗中百般阻挠是西藏地方政府对付中央驻藏官员一贯的手段。一个连门都出不去的官僚，哪里还谈得上改进汉藏关系呢？

"山中无老虎，猴子称大王"，就是这些中央政府驻边疆公务员的一个极好写照。一个地位很低的公务员就有这样大的派头，不得不让边疆的少数民族害怕，让人觉得中央的官员都是一批腐败官僚。藏人不满意中央政府的管辖，中央官员的腐败无能就是其中的原因之一。日喀则在西藏是第二大地区，与拉萨同等重要，而且这里距离江孜只有两站，离印度十三站，实在是政治军事的要地。但中央政府在这里却没有真正的机构，只有一位蒙藏委员会派的刘君及一位军事委员会的官员，做不成什么事情。听说前年国民党组织部要派一位名叫王信隆的人士来后藏调查，这位王某人到现在连影子都还没见到，据说已经把上方拨给他的调查费当结婚费用了。

与日喀则的汉人商号"天聚成"经理白万金（右）和伙计曹某（左）合影

我在日喀则一共停留了十七天。期间拜访了刘桂楠专员，正赶上刘专员的随从与藏军士兵发生了冲突，一时搞得不可开交，很花了一番工夫才平息下去。接着，刘专员大约是接到了驻藏办事处主任孔庆宗离任的消息，突然宣布要离开日喀则，两天之后，就匆匆地在后藏两位礼宾官的欢送下于藏历九月二十五日离开了。人人皆知，刘某能当上这个专员纯粹是靠着驻藏办事处主任孔庆宗个人的一手提拔，如今上司离去，他这个专员的位子自然是坐不下去了，看来他是很懂得"朝中无人莫做官"这句名言的。此人才干平平，却贪图小利，要求我把后藏贵族送给他的绸缎带到拉萨出售,替他赚钱。他的口碑不佳,在后藏不受欢迎,因为人们见到他的所作所为都是在谋求私利,根本没有为政府工作。

天聚成在后藏是数一数二的大店铺,很多贵族和要人都常来光顾,或是购买绸缎,或是闲得无聊,前来串门聊天。这其中就有后藏的总管朗萨林,前藏派来统治后藏的最高首领,权大势大。有一天朗萨林上门的时候,正好我在,于是白经理就将我介绍给他,并告诉他我即将去萨迦朝拜。朗萨林听说我要去萨迦,立即表示可以为我写封信给萨迦活佛,嘱咐他要对我善加招待,并将萨迦寺内的各种珍奇法宝让我尽情参观。朗萨林的信当然是很有分量的,因为萨迦也在他的管辖范围之内。

藏历九月二十七日,我离开日喀则向萨迦进发。詹东公馆为我提供了牲口,还指派一个熟悉道路的佣人随我前去,西藏人对于出家人的招待可以说是一丝不苟。

那塘寺的风貌

从日喀则向西不多远就有两条岔路,一条向西南,直达龙棍寺;另一条向西,通往萨迦。沿着向西的大道行三十里,就到了西藏佛教史上极负盛名的那塘寺。

这是一座历史辉煌的寺庙,它建于一一五三年,由噶当派大师东敦罗智扎巴所建。东敦罗智扎巴曾经从师于印度那烂陀寺的最后一位堪布喀日班钦,并从印度带回了佛教一切有部所有的戒律。阿底峡尊者来到西藏后创立了藏传佛教的噶当派,而那塘寺便是当年噶当派的主寺,在藏传佛教的历史上拥有很高的地位。

那塘寺的周围建有很高的土墙,从外面看不到全寺的面貌。我请了一位寺内的喇嘛引路,才进到寺内。庙子看上去一片残败之象,房舍已经破败腐朽,但里面供奉的每一尊佛像都有几百年的历史,堪称稀世

左：那塘寺所藏的宋版大藏经
右：那塘寺的汉文匾

之宝。庙子里珍藏着一个铜钵，传说是十六罗汉留下的遗物，用一根木棒沿着它向左转，钵就发出如雷声一般的巨响；向右转时，发出的却是清脆悦耳的妙音。按照喇嘛的解释，向左转时发出的是男音，向右则是女音，与西藏文字的字母有密切的关系。庙子里还有三部用金水写成的《甘珠尔经》和木刻的《甘珠尔经》《丹珠尔经》各一部，这是西藏最古老最完整的经藏。十三世纪末，那塘寺的住持君丹惹犀编订了这两部经典，成为西藏最早的大藏经。外国研究西藏的学者都以《甘珠尔经》作为研究的依据。经房里还藏有一副雍正皇帝御赐的匾，上书"普恩寺"，这就是该寺的御名了。

那塘寺的僧侣待人十分和蔼，颇有噶当派的遗风。噶当派当年是西藏佛教中的新派，在戒律和教义上与萨迦等派有不同之处，在西藏很受尊敬。后来的黄教也是从噶当派演变而来的，但如今的黄教在很多方面已经变质了。

那塘也是一个宗，宗本照例由一个僧官和一个俗官共同担任。俗官由西藏地方政府指派，僧官则由哲蚌寺桑罗康村的冲都选派。僧官所得的利益全部要上缴给康村，现在的僧官名叫巴登罗桑。这种制度保证了三大寺在政治上的势力和所享有的特权。

达拉与朗拉

自从离开日喀则，我自己就变成了旅行队长，路上不再与人结伴。时间上的控制灵活了很多，不再像以前那样每日早上四点起床赶路，而是常常睡到日出才起身。我在达拉寺附近的一个叫咱那的地方歇脚一晚。这个地方属于日喀则宗，人民极其穷困，已经被当地的官吏剥削得体无完肤，看了令人心酸。这里的房舍也很特别，墙上的颜色白中混合着土红和黑色，看上去很有些阴森可畏。据说这些颜色是护法神所喜欢的，涂上会避邪驱魔。

与达拉连接的是朗拉。一直向南行，太阳迎面来，前方一片火红，原来这里到处是红岩石层，大约一米高，我们走在上面大有孙悟空过火焰山的滋味。在山上遇到了四位朝佛的老太太，她们的虔诚、勇气和毅力是汉人妇女所无法相比的，我们骑了牲口，居然还赶不上她们，实在让人佩服。

下了朗拉继续向西，眼前是一片大平原，西山的雪照着，地面下大概是含有盐分，草上布满了白霜。走了四个小时抵达一座小庙，名叫南摩则，绕过庙子向南再行一个小时就到了擦绒的庄子。这里的地质含有大量的硫黄，到处有温泉，可以说是个温泉区，可惜地方太偏僻，从日喀则到这儿，单为洗一个澡要花上两天的时间，实在有些不划算。我从

贵族擦绒庄园的温泉，一九四四年摄

离开四川后就没有再洗过温泉，这一次难得的机会可不想放过。

温泉就在擦绒的庄子正南方约五里。山上堆积着厚厚的冰雪，但山下的温泉却有四十五摄氏度的高温，这种地理环境真让人纳闷。一开始我心里犹豫着就这样洗澡会不会生病，在旅途中生了病可不是闹着玩的事。然而洗温泉的诱惑终于战胜了生病的恐惧。老天爷也很帮忙，天上大太阳高照。这天洗澡的人很多，大多是来自很远的地方。擦绒家为了方便旅客，盖了不少简易的客栈。温泉的四周用石头砌成围墙，风刮不到，可以尽情地享受日照。温泉从地底层涌出来，发出笃笃的响声，它的出口处就是冰川，而冰川的发源地则在南山，形状如馒头，因此得名馒头拉。这条河西藏人也叫作藏布，其实应该称呼为馒头拉河才最恰当。

在温泉遇到一位刚经寺的喇嘛，年纪有五十多岁，在温泉里已经住了半个月。他摔伤了腿部，正在用温泉水来医病。西藏人都以为温泉里面有药能医百病。这位老喇嘛告诉我，刚经寺创建于扎什伦布寺之前，在那塘寺之后，僧侣不多，只有二百多人，名气也不大，六七年前才建成"称尼札仓"，将寺庙分成两大部分，一部分为夏栽，另一部分为降栽，堪布由扎什伦布寺派遣，两个札仓的教经格西则由前藏三大寺聘请。如今寺庙为扎什伦布寺所控制。这个寺的主要施主是贵族夺书，但是庙子的财产并不富有，喇嘛们的生活主要靠在乡村里为人念经收取一些供养来维持。

擦绒的小管家是当地的地主，说话没人敢不听，他在我洗澡的时候把周围的人都赶开了。但是这些当地人你越是轰他们，他们越是好奇，躲在一边偷偷窥视，大概是想知道汉人的生理结构是不是与他们的不同。

朝拜神奇的萨迦寺

为了能早一点到达萨迦，我们深夜便起来准备，天快亮时就收拾完毕离开擦绒的庄子。一晚上的大风刮个不停，迎面吹来，有如针扎一般，让人难以忍受。从擦绒的庄子出发以后便是上坡，这里是雪阿拉山的起点，逶迤起伏，山势虽不算险恶，但绵延不断，从早起一直走到下午，才爬上山顶。山顶的风刚劲有力，牲口遇上顶风走得特别缓慢，这种滋味实在不好受。

翻过雪阿拉山，风势更加猛烈，尘沙滚滚，不见人影。山下是一片荒原，继续前行唯恐前方有盗匪，停住不走又怕后面有贼，可真是进退维谷了。硬着头皮顶着大风继续向前，走到下午三点才走到雪阿拉山。因为这座山里盛产一种草药，故名阿宗拉，这座山的规模比达拉大一倍。

下了雪阿拉山，远远就见到萨迦寺。这是西藏最古的寺庙之一，建于一〇七三年，历史悠久，可以算得上西藏佛教的鼻祖，西藏有名的大藏经就是从这儿一部一部翻译出来的。这座寺庙是由萨迦派的创始人贡噶宁波从印度学佛归来后建造的。他并不是出家人，从他以后，萨迦派历代祖师都是娶妻生子，代代相传。

这座大名鼎鼎的寺庙所处的地势和环境可算不上好。雪山在四周照耀着，地气寒冷异常，所谓灰白二宗实在是此地最恰当的称呼。整个萨迦寺的建筑被刷成灰白色，有一种惨淡的感觉，一座了不起的寺庙从远处看上去令人多少感到一点畏惧。听说萨迦活佛就在寺庙的宫殿里，我于是拿了朗萨林的介绍信去晋见他。人们都说见萨迦活佛就如同见一国之元首一样地难见，但我一到就见着了，真是幸运，当然还是朗萨林的信起了作用。大约是由于他的前辈与汉人有不可分离的关系，萨迦活佛喜欢汉人，而且看得出来，这种喜欢是发自内心的，特别是在汉人的势力在西藏几乎已经被扫地出门的时候，他还能如此热诚地对待汉人，实在是十分难得的了。

萨迦活佛在西藏的地位极为尊贵。萨迦派在西藏密宗中为重要的一派，在西藏、青海、甘肃和西康等地都有他们的庙子，有相当的势力范围。萨迦活佛是萨迦派的最高领袖，从第一世创教祖师贡噶宁波起，到了第五世八思巴被元朝皇帝忽必烈封为国师及万户侯，萨迦派进入了最兴盛的时期，成为统治全西藏的教派。后来萨迦派的政治势力虽然渐渐衰落了，但在宗教上仍然保持相当的势力。作为一派教主，萨迦活佛在宗教上的地位可以与达赖相比，他到了拉萨可以乘坐十二人的大轿。在拉萨有资格坐轿子的人没有几个，除了达赖、班禅和摄政王之外，就是萨迦活佛了。他可以坐了轿子赴布达拉宫，达赖见他时要起座相迎；见其他人，达赖是不起座的，仅仅在座上为人摸一下顶而已。由此可见萨迦活佛在西藏密教中的地位之高。但不同于黄教，萨迦派各个庙子的堪布由庙子推选，不需由萨迦活佛来指定。萨迦活佛还有一点与其他的法王不同，活佛的位置是由萨迦的昆氏家族世代相传，不是靠转世来继承。从第一世开始直至今日，萨迦活佛是可以娶妻的，以此而传宗接代，按他们的说法是要留下一个智慧的种子，使它代代相传。历代的萨迦活佛所娶的妻子都必须是贵族小姐，不能娶平民。除了萨迦活佛以外，萨迦派的其他喇嘛都是不能结婚的，如同黄教的喇嘛一样。

萨迦活佛这年四十三岁，有两个儿子和五个女儿，儿子是将来萨迦活佛的当然继承人。我到达萨迦以后，萨迦活佛便派人将我安置在他经堂内的一间卧室，第二天早上又派他的大女儿送来了许多礼物，其中有一只羊，几十个鸡蛋，一斗白面，一克酥油，一斗马料。活佛的大小姐还告诉我，活佛关照说，我如果有什么需要和要求尽管提出。活佛的大小姐是位尼姑，那时只有十几岁，但十分热情而能干。

萨迦最负盛名的是"拉康青摩"，创自八思巴大师从汉地回藏以后，施主是仁青释迦桑波。大殿内所有的柱子都是世间稀有之物，如果不是亲眼所见，绝不敢相信。殿北有一根柱子，是一根万年的甘蔗树，大有两围，长约三丈，吃上去甜如蜜。与甘蔗树相对的有一根莲花根柱，高大要超过甘蔗树。这根柱子好像不仅是一株莲树根所生，而是许多莲树根结合而生。听说当初取材的时候就用铁箍了几百年，才能长成这个样子。大殿的后面有一根红檀香及白檀香柱，要三个人合抱才能围起，闻上去有一股奇妙的香味。殿前有四根大柱，由东到西，一是乌木柱，二是黄木柱，三是白木柱，四是棕木柱，都是元朝皇帝所赠之物。在萨迦寺每参观一殿都能感受到萨迦与汉人根深蒂固的关系。大殿里还陈列了许多瓷器，十分名贵，以明朝的为最多，宣德年和成化年制造的触目皆

萨迦活佛

第九章　后藏考察

萨迦活佛的子女及仆人

是。上古的佛像也是琳琅满目，特别是大殿的顶上，堆满了佛像。萨迦是西藏制造佛像很有名的地区，其佛像用金、银、铜三种原料混合而成，色泽柔和而光亮，大殿上的这种佛像不下万尊，真是佛宝。大殿的四壁堆满了经书，都是黄金写成的。萨迦人说，如果殿外的墙壁倒了，经书就是第二层墙壁，由此可知经书之多。算一算经书所耗费的黄金，何止千斤！外人仅从寺庙破旧的外表看去，哪里会知道原来里面藏满珍宝。

我在这个历史悠久而又充满了神秘色彩的寺庙朝拜参观时，看到了不少珍贵稀奇的物品。庙子的大殿上有一部用金水写成的大藏经，是萨迦寺的宝物之一。我翻开一卷，只见经的底色是黑色，上面是用金水写成的经文，十分庄严。大殿的楼角上有一个海螺，据说是释迦牟尼佛在世时用的，由印度国王赠送给中国皇帝，以后忽必烈皇帝将它送给了八思巴大师，由八思巴将它带回西藏，供养在萨迦寺。海螺上能现出观世音菩萨像、灵鹫山和佛塔的倒影，奇怪而神秘。一个喇嘛走上前来询问了我的姓名，然后将海螺吹了几声。他对我说，这个海螺有着无比的加持力，听了它的声音，人死了以后就可以不堕入三恶道（畜生、饿鬼、地狱）中。

朝拜了大殿，我又继续参观了几座有名的殿堂，瞻仰了八思巴大师的肉身塔。有一个殿上堆满了萨迦第一代祖师贡噶宁波所用过的经书，其中有梵文的古经，还有中国宋版的大藏经。宋版的大藏经在汉地只有山西曾发现过一部，所以极其珍贵。我试着和看守经书的喇嘛商量购买一部以作纪念，但这位喇嘛却是一百个不肯。由此我深深地感叹，汉地佛教的很多稀世珍宝，要么丢失，要么被洋人盗光了，不像西藏，还能保留着这许多。

在另外的几个殿上，我又见到了不少的神秘之物。有一只大锅，里面盛满了污水，据说如果一个信徒的信心坚实，发愿诚恳，锅里面的水可以变成红、黄等各种颜色。我还看到一柄宝剑，听说只要人对它发过誓后，剑柄里就会滚出许多粒珍珠，如果滚出来的珠子是单数，代表吉祥，双数则不祥。单数又以三个为最吉祥。在一个护法殿上挂着一张人皮，这个人偷了寺里的宝物，逃跑时在半路上被抓到，将他活生生地剥了皮以警告后人。还有一根柱子上钉着一个干了的死尸，这个人也是犯了相同的偷盗罪，被钉死在这里。

萨迦最有名的是四大宝物和四大颇章。四大宝物中，第一是卓玛，即度母，曾经说过三次话；第二是八思巴大师肉身塔；第三是降被则像，曾经放过光；第四就是释迦牟尼佛的海螺。四大颇章（宫殿）是彭措颇章，即现在的萨迦活佛的住所；卓玛颇章，萨迦活佛的弟弟住在那里；喜饶颇章，集中诵经便在那里；以及登柯颇章，是护法神贡布的所在地。这四个颇章相距得很远。

在赴后藏之前，我在拉萨曾遇到安钦活佛到汉地时的汉语翻译，是个藏族人，汉语名字叫作王明清。他告诉我萨迦活佛有抓鬼的密法，要我有机会向他求这个法。尽管我会见萨迦活佛的时间不长，我还是抓紧机会向活佛求法。活佛笑着告诉我，抓鬼的目的不是要杀害，而是要度化它们。以我的基础他可以将这个法传给我，但是一旦开始修这个法，就必须待在他的身边，否则难免被鬼所害。听了这话，我只能作罢。

萨迦活佛那时正在计划推动萨迦派教制的改革，想仿照噶当派来整顿和规范萨迦派喇嘛的生活，因为萨迦派如今在政治上已经今非昔比，没有什么地位，只有在宗教上创造新的前途。他为此提倡喇嘛诵戒和四十五天的结夏安居。但是这项改革却遭到了教内两位资深喇嘛的反对，他们联名向西藏地方政府上书反对这一计划，说是在萨迦派的历史上从没有这种先例。其实他们是害怕新的制度一旦实行，将会增加老百姓的负担和差役。活佛向我讲了不少新制度的好处，希望我回到拉萨有机会把他的想法转告给西藏噶伦。他还告诉我，他发愿要重建萨迦寺。在我两天的朝拜参观里，所到之处大部分都已是残破不堪，倘若寺内没有这些宝物的吸引，大概不会有什么人会钻进那些腐旧而黑暗的殿堂去。活佛的愿力令我感动，但这个愿力可实在太艰巨了，以他萨迦王的地位也是达不到的。他希望能利用汉藏双方的势力达到他的目的，因此也想到汉地去一次，以他个人的名望在汉地弘法化缘，用他个人的力量加强汉藏人民之间的感情。但据我所知，萨迦教主从八思巴大师以后便不再有人去过汉地，元朝时八思巴祖师是应忽必烈皇帝之邀而赴汉地弘法的，今天没有政府的邀请，萨迦活佛是不可能轻易出行的。活佛很少出门，至今他只去过两次拉萨和一次印度。

我在萨迦停留了三天，在第三天时见到了萨迦活佛的夫人。她看上去四十多岁年纪，身上佩戴着后藏流行的巴珠。看得出她年轻时一定是位很漂亮的小姐。活佛夫人向我购买了一些我所带的化妆品，因为我所带的有限，路上还要用，因此答应她到了日喀则以后再设法寄一些给她。作为对我诺言的交换，她送了我一尊镀金的释迦牟尼佛像。她喜欢汉人的蔬菜和干菜，对我送给她的一些干虾米，喜欢得不得了。活佛夫人出身于拉萨有名的家族，地位很尊贵，藏人称呼她为古察，和她的丈夫享受同等的地位。据说萨迦活佛的女儿是不嫁人的，因为她们的福报太大，谁娶了她们就会折寿，不能白头偕老，所以她们索性就不嫁人了。

虽然在萨迦只有三天，但我和活佛的几个女儿已经相处得很熟了。离开的时候她们都来向我辞行，送给我不少苹果，祝我一路平安。这些苹果是锡金国王送给她们的，萨迦活佛和锡金国王本有亲戚关系。向萨迦活佛辞别时，活佛很有些依依不舍之意。活佛送给我两尊佛像，一尊是长寿佛，一尊为释迦牟尼佛。他的一位十岁的小少爷也送了我一尊释迦佛像，我收集佛像的心愿这次是彻底满足了。

农产区至拉孜

一出萨迦就有三条大路,一条东南行,翻越罗拉山走八天直通锡金,活佛的两位长女去印度就是取道于此,比绕日喀则要近很多,这条路在地图上没有。第二条西南行,第一日翻山,走七天直达定日。第三条路向西北行,一片平原,可直达拉孜,我们走的就是这条路线。我们本来计划是到刚噶曲休息,顺便参观刚噶寺,谁知走了一天还没有到达这个寺。询问人才知道原来我们已经走过了。上午在山顶上见到的一个寺原来就是刚噶寺,当时没有留意,便错过了。晚上我们在解青歇息,这里是噶伦众泽朗巴的庄子,出产陶器,提供给萨迦地区。我的向导告诉我,他二十年前来过这里,那时是个很小的地方,如今比当年扩大了许多倍。

在解青找个地方借宿很难,家家都不肯借,以我喇嘛的身份也不行。最后还是靠了向导找到了他二十年前相识的一个女人,才有了歇脚的地方。这个女人问我是不是去朝佛,我回答说是。于是她告诉我拉孜没有什么可朝的,最好是绕过江拉山去拉孜,道上有很多神奇的古迹,有空山、宝洞,都是西藏以前的圣人大德住过的地方,是朝佛的必到之处。

萨迦到拉孜的沿途没有什么荒原,到处都有村落。由萨迦西行五里就出了萨迦的管辖区域,最明显的标志是房子的颜色,萨迦人的房子都涂成紫灰色,而属于班禅管辖地方的房子则是白色。由此看来萨迦的范围并不大。萨迦活佛私人在西康有不少产业,但自从二十四军进驻以后他就失去了统治权。萨迦活佛对我说,将来要设法讨回这些地方,以作为萨迦僧侣的香火之资。

解青这个地方气候寒冷,平原上有水的地方都结了很厚的一层冰,骡子走在上面像溜冰似的东绊西跌。我们跌跌撞撞地行进,连路也走错

背负陶器的小商贩

了,最后还是靠了当地人的指点才找到了往拉孜的大道。这一路都是大平原,从日喀则以来连绵不断的山路到此告一段落。拉孜宗高耸在平原上,十分雄伟,宗外的四周都是广阔的农场区,每一个村落都建得很漂亮。这里平原上的农业灌溉利用雅鲁藏布江的水源,江由西向东,弯弯曲曲,一直流到曲水,再经山南汇入印度洋,这就是雅鲁藏布江的上游。

拉孜不仅是首屈一指的农产区,在交通和商业方面也相当重要。从这儿渡雅鲁藏布江,行一日半即到达藏北的厄任宗,厄任也是农产区,属于扎什伦布寺管辖。它的附近有两个湖,农田就利用湖水来灌溉,农田的亩产量每年大约有三十来斗,此外还出产羊毛。居民约有三千户,在人口和农业上都比不了拉孜。再从厄任宗向西北行三日,就到达了"擦卡",产盐的地区,这里的盐是湖盐,天然晒干,不需要提炼。擦卡的盐都集中到拉孜,再销到其他地方。因此西藏贩盐的商人都会集中在这里,使得此地有如江苏的盐城——当然在繁华程度上无法与江苏相比。相当一部分的盐贩卖到尼泊尔,那里缺盐。当地人用羊来驮盐,每只羊背上驮二十到三十磅盐,一路赶到尼泊尔,到了那里将盐和羊一起出卖,这样连运费也省去了。

西藏人叫拉孜为"堆里",其实这只是通往堆里的大门,就像打箭炉是西康的大门一样。从这儿到拉达克还有二十个"作东",约三十站,由此地经藏北草地到雪山比较近,走大道则反而较远。堆里的物产如米、毛织品、羊毛、羊皮、枣子和水果等都集中到这里,再向外推销,使得这里的物价比拉萨便宜很多。

拉孜目前是贵族曲佩土丹的私有宗。曲佩土丹的官位是众依钦波,就是达赖的秘书长,是布达拉宫里很有权势的人物。由于西藏的高级官吏没有薪金,这个宗就成了他无限制的薪俸。宗里的老百姓大多是商人,住所的窗子上安装着新式的玻璃,不像其他地方的百姓那样清贫。人说这里是富庶之地,确实名不虚传。这里有居民一百户左右,还有一座喇嘛寺,名叫"拉孜曲灯",有四百多个黄教喇嘛。我因为有詹东的介绍,认识了一位喇嘛,为我在寺内提供了住宿,还带我到各处参观了一番。

雅鲁藏布江的上游多是大雪山,那里的冰雪不化成水就流了下来,因此拉孜河的河面上漂着大冰块,缓缓下流。夏天的时候,水面要比现在高出几倍,牛皮船就失去了作用,因此拉孜人架起了两座铁桥,横跨雅鲁藏布江的两岸。这两座桥的建筑都很原始,似乎一阵大风就会把桥掀起来,我走在上面试了试,感觉与小时候坐摇篮差不多。

彭措林——觉囊巴的今昔

　　藏历十月六日离开拉孜,忽而向东北,忽而向西北,翻过了两个绵长的山嘴,沿着雅鲁藏布江走了好一段,来到一个地图上叫作"查"的地方。"查"的意思是地上多石块,缺少平原,但是这里却都是良好的牧场,漫山遍野都是山羊和绵羊。我们经过一个最狭窄的地段时,路被羊群占据,向前夺路时,羊竟用它们的角来触马腿,险些把我们推下河去。

　　查的中心有一个村落出产小麦、青稞和豌豆,产品输出到彭措林——一个黄教较大的寺庙。这个寺庙有僧侣四百多人,堪布由扎什伦布寺委派,寺庙依山向东而建,前后都是高山,太阳只能在寺庙的上空逗留半天,使得这里的气候干燥而寒冷。寺庙后面的山上堆积了厚厚的一层黄沙,那便是四季刮大风的成绩。彭措林在藏语里也称为泽里,这儿有万年不化的积雪,河边还有四季如常的坚冰,冰上布满了黄沙,简直让人分不出是路还是冰,直到骡子滑倒了才知道是走在了冰上。

　　彭措林附近不远有一座很有名的寺庙,那就是觉囊巴。这座庙子大约创建于明朝,是西藏佛教晚期翻译师达惹纳蒂所创,大概是在他于印度留学回来以后,在西藏佛教中另创一派,称为"觉囊派",与当时的萨迦等派鼎立争衡。那时的西藏佛教共有六大派:一是萨迦,二是宁玛,三是噶举,四是噶当,五是觉囊,六是格鲁。如今噶当巴和觉囊巴都已灭亡了,噶当巴的根本寺——那塘寺已经归顺了黄教,觉囊巴归顺黄教以后又遭覆灭。如今这个庙子已经改成了尼姑寺,原来寺里所有的经卷都移到了彭措林看管。

　　明朝万历年间,觉囊派出了一位大德名叫多罗那他。他精通梵文,是著名的译师,一生中撰写了不少重要的著作,其中最闻名的是《印度佛教史》。这本著作很受研究佛教学者们的重视,已经有了德文的译本,

外蒙古大活佛哲布尊丹巴的转世灵童,一九三九年摄于哲蚌寺

我为了寻找他的全集,特别在彭措林多待了一天。

多氏的全部著作有十八函,以密宗部分最多,占全部的三分之二。他的传记也包含在全集中,这是一部研究觉囊派起源不可缺少的著作。我遇到了彭措林管理经板的主管,可是他没有纸也没有墨,我想印刷一套的愿望成了泡影。但这位喇嘛自己珍藏了一套《印度佛教史》,这是我最希望得到的,于是我向他恳请,他居然转让了,使我多年来收集这套名著的愿望终于实现。

据说觉囊派的灭亡并非由于本派的教徒不精进努力,反而是由于他们过于精进才导致了覆灭的结局。多氏去世以后,他的徒众希望扩展本派的势力。这时正是五世达赖喇嘛执政,觉囊派的努力引起了达赖的嫉妒,于是他强令该寺僧侣改信黄教,多氏的遗像和遗留的物品都被彻底破坏,遗像还被丢进雅鲁藏布江,漂流到不知何处。如今这座当年名震西藏的寺庙只有十几位年长的尼姑,往日的风采与辉煌已荡然无存。

这里又是蒙古教皇哲布尊丹巴的私庙。这事说起来要追溯到多氏当年受到达赖喇嘛的排挤后,远赴外蒙古传法。他在蒙古极受尊重,信徒众多,蒙古汗王尊他为"哲布尊丹巴",这是藏语的音译,意思是"尊胜",为外蒙古地位最高的活佛。一六三四年他圆寂在外蒙古,蒙人为他找了一位转世,尊为蒙古教皇。康熙三十年(一六九一)朝廷封哲布尊丹巴为呼图克图大喇嘛,管理外蒙的佛教事务。其地位之尊贵,有如西藏的达赖喇嘛。到了一九一一年,第八世哲布尊丹巴曾经宣布独立,一度称自己为"大蒙古皇帝",直到外蒙在苏联的唆使下从中国独立出去,哲布尊丹巴才失去了所有的权势。以后哲布尊丹巴下面的一位名叫拉帖摩儿的大喇嘛来到了汉地,投靠了中央政府,希望日后借助中央政府的力量来恢复在外蒙的统治。中央政府给了他一个国府委员的位子,并没有什么具体的工作,他所希望的事情中央政府当然是无能为力的,能得到一个象征性的位置已是不错了。

庙子里的大殿上供着前一世哲布尊丹巴的像,相片中的他身着蒙古礼服,仪表堂堂,一派威严。一九二四年第八世哲布尊丹巴圆寂后,蒙古的活佛为了延续传承,又找了一位转世灵童,送来西藏,当时正在哲蚌寺学经。蒙古的活佛迪鲁瓦准备礼请小活佛到彭措林小住,而这里的僧侣们也期盼着小活佛的到来。这位小活佛与我在哲蚌寺的同一札仓的同一康村,我见他过着平淡的生活,与其他喇嘛一样,并没有享受到大活佛的待遇和特权,很难想象他的前世曾经是外蒙古万人敬仰的大教主。可叹世事无常，今日的小活佛已经失去了他的前世在蒙古的势力和地盘，而今日的外蒙也已经另成一国，小活佛复辟的希望只能落空了。

江孜的英国势力

辞别了彭措林，沿着雅鲁藏布江前进，江面变得越来越狭窄，上面布满了大块的冰块，把一个雅鲁藏布江点缀得如同擦了粉一般。我们离开彭措林向东北方向走，太阳从右肩的侧面照来。西藏北部的气候严寒无比，我们却还在继续向北部行进。这种寒冷的感觉非亲身经历者难以领会，早上的太阳照在身上感觉不到一点温暖，在马上冷得受不了。于是我们下马步行，沿着布满冰石的河岸走了六七里路才将身上的血脉活络开来。

走了几个小时，到达了一个叫作"雄"的地方。这里地势开阔，也是我们与雅鲁藏布江分手的地方：它沿着山边向东北流去，我们则向东南进发。此时的太阳照在脸上，让人开始感到温暖。从"雄"再向南行走五里左右便是吉喇嘛确格，是彭措林附近唯一比较富裕的地区。西藏人说这里的田庄有如天上的星，遍布四周，可见村庄之多。这里也有不少温泉，可以与擦绒的庄子媲美。

第二天的下午我们返回到日喀则。在路上遇到不少尼泊尔人，他们从这里经拉孜到聂拉木，从聂拉木就可以直达尼泊尔边疆。去年拉萨的布匹价格高涨时，尼泊尔商人就利用这条路运货，虽然比经过帕里慢一些，但运费却便宜不少。我看到他们就想着有一天一定要去尼泊尔访问。

在日喀则住了几天，一直想拜见后藏著名的大德安钦活佛，却正好遇到活佛外出，等了几天没有消息，于是我决定先赴江孜，然后从那里返回拉萨。

江孜与日喀则相距约十个扎洞，一个扎洞大约有十二华里。我们行进得较慢，共走了两天。人们说日喀则到江孜的途中有一个最危险的地方，不知有多少孤魂野鬼丧身在此处。这里的山路十分险要，两边是悬崖峭壁，土著人出没于山中，常袭击过路人，抢掠财物。他们杀人的方法不用刀也不用枪，就站在山崖上将大石块丢下来，把下面的过路人砸死，掠走财物，便消失得一干二净。我们在深夜三点钟经过此地，马惊得跳了起来，夜里寒气彻骨，冷风瑟瑟，我们心惊胆战地在山中行走，很有些到了枉死城的味道。

有惊无险地走完这段路，总算到了江孜宗。这里是印度和西藏之间的交通要道，地方比日喀则要繁华许多。江孜宗耸立在南边，喇嘛寺雄踞在北部，这中间就是江孜市。市里约有居民二百来户，有专门为旅客而设的客栈。这在西藏是很难得的了，西藏大部分地方是没有客栈的，出门旅行只能找人家借宿。我们于是在一家客栈住了下来。

江孜是英国军队和西藏军队衔接地，英国人在江孜市南边建了一所很大的兵营，这里距江孜一公里半。兵营占地有四十来亩，英国的商务官及军队都驻扎在里面，英军的士兵全部是印度人，军官则是英国人，负责邮电的是尼泊尔人，而最低等的勤务人员是西藏人，一个兵营里混杂着四个种族的人。他们的生活习惯各不相同，住处也彼此隔离，尼泊尔人住在北面的一所洋灰平房内，他们都娶西藏人为妻，每个家庭之间隔开。西藏籍的勤务和打杂人员住在兵营外围的两侧，士兵住在兵营内围的两边，最里面才是英国商务官的住所，房屋的布置完全按照英国式样。在这里，英国的兵营已成为一个颇有规模的前站，设有自己的邮局和电报局，还有合作社，出售各种日用品。邮政和商品的价格一律按照印度卢比结算，因此在江孜市面上藏银和卢比都可以使用。英国人的邮政要比西藏邮政快捷，由江孜到噶伦堡只需要五天，他们采用驿马日夜传递，每两日就有邮班一次。现在住在江孜的英军有一百二十多名，包括步兵八十名，骑兵四十五名。

光绪三十年，英国军队入侵西藏，十三世达赖的藏军与英军爆发战斗，结果藏军大败。英军由指挥官荣赫鹏率领长驱直入打进拉萨，十三世达赖逃往蒙古避难，当时的满清驻藏大臣有泰与英国人签下了不平等条约，使英国人的势力正式进入西藏。细考历史，汉人在西藏的势力和影响力从那时起，便被英国人所取而代之，英国人开始以战胜者的身份高高在上。尽管当时中、英、美三国并肩打击法西斯，但英国人并没有因此而放弃强加给中国的不平等条约，还在不断地扶植西藏亲英势力，离间西藏与汉地之间的关系。英军每年为藏军训练三十名炮兵，西藏军队中的炮兵将领就是在江孜训练出来的。

英军最早的驻扎地在江罗。藏历木龙年，英、藏双方冲突后，英军便移到了现在这个地方。它建造于民国十四年，这里植有树木，建有网球场、足球场和大操场，比以前扩大了几倍。英国人在江孜除了有兵营外还建有学校和班卡楼（bungalow），即是西式的小平房，作为英国和印度公务人员的客栈，设施齐备而舒适。从江孜一直到岗拖，西藏是没有这样的客栈的，因此西藏的贵族和高级官员都喜欢住在这里，以求旅途舒服。

西藏地方政府在江孜也设有商务官，与英国的商务官相对垒。当时的商务官是济众巴康札萨，他是以前的昌都札萨，地位很高。现在他本人在扎什伦布寺，清理班禅宫的债务。九世班禅被迫逃亡汉地后，后藏官员很多的财产都被前藏政府没收充公，他们将没收来的财产变卖，但多年来一直没有收清变卖财产的款项，如今这位商务官就住在扎什伦布寺专门负责这件事情。

江孜宗无论是在农业上还是在商业上都可算得上西藏的一等宗。正因如此，宗本地位是四品。这一任宗本是彭康塞，但他本人却不在，职务由他的管家来代理。

上：江孜城

下：江孜大桥远景

第九章　后藏考察

江孜寺塔

江孜的市面上到处充斥着印度货，纸烟、布匹、毛呢、火油和水果等等，种类齐全，价格要比拉萨便宜一些。江孜出产羊毛，当印度的羊毛市场走俏时，江孜可以向印度销售一千多包羊毛。此外，江孜还是毛纺业发达的地方，几乎家家都织造地毯和各色马垫，据有人统计，江孜一地有七百多人从事毛纺行业。西藏各地收购地毯的商人都以江孜为中心采购，使得市面上不论是大商还是小贩都把自己的毛织品抱出来求售，价格不算便宜，质量好的要值二百五十至三百盾，次一点的也要七八十盾。除了地毯，这里毛呢哔叽和冬天披的长毛斗篷等也很有名。

做江孜的地方官可不是件轻松的差事，因为这儿集中了很多西藏的贵族和世家。这些地方头人的势力很大，当宗本要应付这些人是很头痛的事情。每逢有政府的差役公文到了江孜，都必须经过各村头人们的商讨，决策要由头人们的会议来制定。这里宗本捞钱的机会是靠老百姓打官司，从中收取好处；再有就是经营运输，因为这里是通往印度的要道，过往印度和西藏之间的人对于骡马的需求很大，从这一项每年就可以获取丰厚的利润。

江孜境内还有一处十分著名的神迹，那是在距离江孜三天路程的地方，有一个在山上的湖，四周被山所环抱，它就是圣母湖，地理位置非常奇特。听说很多人到这个湖去求知自己的前生来世，或是询问世间的种种事情，在湖上都会有影像出现。有一个蒙古人，很多年没有见到他母亲了，来到这里祈祷，期望能见到母亲，结果湖水中现出了他母亲的形象，原来母亲已经去世多年了。这个蒙古人伤心过度，跳湖而死。我们在江孜的时候是隆冬时节，湖面已经结了冰。听当地人说，四月以后八月以前是朝湖的最好时节，而每逢十五，这里朝拜的人最旺盛。

在江孜停留的几天里，我先后去英国人的兵营参观了三次，还在兵营里的邮政局寄过信。在邮政局里我看到不少中国来的邮件，没有办法投递，因为邮件上的地址是拉萨，而英国人的邮政只能通到江孜；要寄到拉萨,还要经过西藏邮政局的投递才行,实在是很麻烦。讲到西藏的邮政,真是可怜得很,东面只能通到江达,西面只通到日喀则,南面到帕里,帕里这一段的邮政还要多谢担任邮政局长的贵族擦绒的努力。

兵营里的小卖部我也光顾了,在那里买了两筒麦片,每筒是四块半卢比。小卖部里所有的东西都比江孜市面上便宜,比如蓝炮台纸烟,在江孜市上最低的价钱是六十五两藏银,而小卖部只售十七块半卢比,相当五十五两。但是因为战争的影响,货物来源缺乏,小卖部里只有少许的纸烟、罐头水果、手巾、洋锁、帆布鞋、阿司匹林片等,此外没有什么可买的。小卖部的主人是个印度大兵,有专门的翻译为他服务。他看到我的派克水笔,便出价六十卢比向我购买,因为在印度这种笔的价值是一百六十卢比。我以日常要用为理由,拒绝了他的要求。

印度兵在这里的生活是很苦闷的,他们只准在兵营的四周活动,不能去江孜市;所有的生活资源都是西藏人送去,木材、牛粪、草料和牛羊肉等等。据说有十六个宗负责提供他们各种差役,每年的十月二十五日结算账目一次。这十六个宗包括了后藏的全部及前藏的三个宗,范围之大,真是惊人。

我每年十月二十五日都是在哲蚌寺度过的。在西藏,十月二十五日这一天是宗喀巴大师的生死纪念日,宗喀巴大师的生辰和圆寂之日都是在这一天。西藏的黄教信徒每逢这天都要彻夜燃灯来纪念他,三大寺在这一晚成了一座灯山,拉萨市也特别热闹。我本来想江孜在这一天也会同样地热闹,谁知那晚刮起大风,把所有的灯都给吹灭了,大煞风景。

金刚亥母寺的传闻

从江孜向东北而行,地面非常平整,临近也有不少的庄田。先经过的贵族擦绒的庄子,算不上十分漂亮。听说江孜境内最豪华的庄子是擦绒家的，这位拉萨邮政局长的家产在这里是首屈一指。前两年达赖喇嘛的父亲看上了擦绒的庄子，想要收为己有，把擦绒吓坏了，花了不少工夫打点才保住了这份家产。从日喀则来江孜时，有一条尼楚河，我们一路沿着河走到江孜，现在离开江孜向东，还是沿着这条河而走，走了十几公里，来到顾喜。这个地方十分贫瘠，且气候寒冷，有十几个住户都是靠向过路人出租栈房而维持生活。所谓的栈房实在是破烂肮脏不堪，住在里面我整晚难以成眠。有一个厨房里挤了五个人，有骡夫、邮差、商人和僧侣，挤在一起睡，不堪忍受。

早上三点我们就离开了顾喜，走了将近五个小时到了那龙。热振活佛的庄子就在这里。此处有几栋外形很漂亮的房子，还有电报局。在路上我们碰到了三个美国空军大兵，让人十分意外。在日喀则时就听到传说，藏历的十月三日晚九点多钟有两架飞机飞到了拉萨的上空，然后向南飞去，有一架在桑鹜失事坠毁，飞行员跳伞逃生。日喀则的人都说是中国飞机，后来到了江孜就听说原来是美国飞机，逃生的三个美国飞行员由西藏地方政府派兵护送到印度边境，在路上正巧让我们遇到。这几个美国空军的装束很特别，头戴西藏式的皮帽，身上穿的是空军的短装，有两个藏军士兵跟在后面护送。

在那龙喝了一点茶，继续向北行进。走了一天，晚上到了扎拉。这个地方真是名副其实，既是扎，又是拉，地面上都是碎石，四周被群山环抱。此地只有三家住户，房子是用碎石头堆砌起来的。由于这里是荒山秃岭，没有草地，草料是从外地运来，在这里寄售。从扎拉向东七八里路，地势才渐渐开阔起来。出了山口，就见到羊卓雍湖的一角。上次到羊卓雍是两个多月前，这次又见到它，犹如久别重逢。在汉地，凡是湖滨一带一般都是富庶地区，如洞庭湖和太湖，除了农业还有渔业，住在湖边的老百姓享受着最好的地理环境；可是在西藏却不是这样，湖边是山，湖里的鱼没有人去捕捉，沿湖一带非但不富庶，反而贫穷得很。

上：西藏邮局发行的半藏噶（合藏银七分五）邮票
下：西藏邮局发行的一藏噶（合藏银一钱五分）邮票

来自内地的信件要先寄到印度，由印度邮局转到西藏帕里，再贴上西藏邮票到拉萨，最下面的一枚是西藏邮票，盖有西藏邮戳

浪噶子宗就在湖边，宗本是江孜人聂校少爷，宗下只有寥寥几家住户。我们从宗的中间横穿而过，沿着湖边又走了一个扎康，到达打隆，就在这里歇息下来。

名闻全西藏的多杰帕母女活佛就在浪噶子宗。西藏人认为她是金刚亥母的转世，至今已经转世很多代了。金刚亥母是西藏密教中备受崇拜的一位了不起的大菩萨，金刚亥母法属密法中无上瑜伽部的高深大法，修成了可以了生脱死，得大神通，但修成却是很不容易的。西藏人关于金刚亥母有着各种传说，有的说她是上古时的一位女圣者，修成了道，神通广大，法力无边；又有传说在古印度有一种秘密法术，叫作金刚猪母，有些画像里她的头部右方呈现一个猪头，翻译成汉语则用"亥"来代表猪。这一世的女活佛年纪还小，她冬天住在桑灯寺，夏天则住在羊卓雍湖边。这座寺庙曾现过很多次神迹,据说当年英国军队曾经打到这里,正要闯进庙子的时候,寺庙里突然冲出了一群猪,冲入英军队伍,把英军冲得七零八散,只能撤退,于是庙子没有遭到骚扰。现时寺庙里正在闹着纠纷,起因是女活佛的父母想要获得寺庙财产的管理权,而僧侣们则一致反对。除了女活佛外,这个庙子的僧侣都是男性,他们联名向西藏噶厦政府诉讼。但是活佛的父母也有正当的理由,寺庙的最高领袖是女活佛,她现在年纪还小,可以由父母代表管理一切。这样的宗教内部纠纷是很大的难题,噶厦政府至今还没有办法解决。

返回拉萨

深夜里从打隆出发,摸索着前进,沿着羊卓雍一脚高一脚低地向湖北走去。此时四下一片模糊,只能隐约看见方向和湖面闪出的鱼肚白。因为羊卓雍的关系,使这一带的旅行距离拉长了,如果没有羊卓雍的阻隔,从浪噶子到白帝之间不过是十几里路罢了。沿着湖走,忽左忽右,路程增加了两倍,一直到天大亮才过了湖堤,到达白帝。

深夜中行路,遇到送信的邮差。西藏的邮差起得可真早,鸡叫初遍,就背上小邮包上路了,将邮件由这一个扎康递送到那一个扎康。从帕里到拉萨的沿途经常见到这种邮差和用乱石堆砌成的小邮站。这些邮差们的薪水待遇很低,每个月只有五斗青稞,但是邮章的限制却是要他们迅速递送不得拖延。他们常是一个人行走,手里拿着一根箭,箭上绑着六七个马铃,一步一颠,铃声不断,人们老远就知道是邮差到了。这天早上没有听到马铃的声音,只觉得有个人轻手轻脚地向我靠了过来,我恐怕是盗匪窃贼,手里紧握手枪,向空中放了一枪。邮差被吓得大叫了起来,赶忙说自己是邮差。也是万幸子弹没有打中他,不然就伤害了一条无辜性命。

自从八月离开拉萨出游，已经为时两个多月了，我开始感到归心似箭，于是加快脚步赶路。在回拉萨的途中碰到不少刚从印度回来的朋友，我向他们询问印度的情形，都说印度现今的生活费用比以前增加了一倍多，布匹和日用品的价格比战前涨了两到三倍，而且许多货物根本禁止出口。这还罢了，英国人在印藏边境严密检查，禁止汉人进入西藏，抓到就判以重刑。英国人的这种做法到底是什么居心？难道想彻底扫除汉人在西藏的势力？而中央政府又为什么不予以严重抗议？

我心里带着这许多的疑问，回到了分别了两个多月的拉萨。

第十章

❖

西藏办学

重返内地

到了一九四四年,我在哲蚌寺已经基本完成了经论的学习和辩论。能够在七年的时间内学完五部大论并获得报考格西学位的资格可以说是很快的速度,这与我自小在汉地寺庙中打下的显教基础以及在汉藏教理院有系统地学习经教是分不开的。这一年的年初,我向所在的札仓提出报考拉然巴格西,即最高等级的格西。报名后,又在札仓里放了一次"钦哉",布施全札仓的喇嘛茶和饭,因为不放布施是不能考格西的。由于我在平时的辩经中的表现早已为堪布所知,所以我的名字很快就提交给了寺庙,再由寺庙报呈摄政王。

这时的摄政王已由达龙扎活佛接替了热振活佛。热振在西藏的历史上曾几次出任过摄政王,但每一次的下场都不好。这一世的热振活佛生怕再重蹈以前几世的命运,特别请人来为他打卦,同时又请护法神降神告知他以后的吉凶。结果打卦的人和护法神都告诉他,在未来的三年中他将有一场大难，避难的方法只有辞去摄政王，静心闭关修法三年。热振相信预言，选择了达龙扎活佛来接任摄政王的位置。达龙扎本是藏北的一位小活佛，在西藏算不上大贵族，在正常情况下是根本不可能当上摄政王的，热振选择他是为自己的今后打算，他觉得达龙扎没有什么太大的野心，而且选一位既不具备雄厚的实力，又没有复杂的政治背景的小活佛继任，三年以后待他躲过灾难东山再起时不会有什么障碍。热振将摄政王的位子交给达龙扎以后，便依照神灵的启示回到自己的庙子热振寺闭关躲灾去了。

　　达龙扎活佛曾和我在哲蚌寺同一个康村里学经，彼此早就相识，他当了摄政王以后我依然常去拜访他。一九四四年年底，我参加了在摄政王面前的格西辩经，获得通过，成为西藏历史上第一位获得拉然巴格西学位的汉人。传昭大法会时，我作为新考取的拉然巴格西，依照传统在大昭寺的大殿前坐了一整天，任由来寺庙朝拜的人提出各种佛学上的问题，通过了五部大论的学习和辩经，一般的佛学问题是很难问倒我的。从此以后，寺庙和周围的人开始称呼我为"洛桑珍珠格西仁波切"。

　　入藏八年，求法的目的已经基本达到，在这期间不仅学到了经论，获得了格西学位，而且还先后从一百多位有名的大德接受了六百多次密教各派的传法灌顶，朝拜了萨迦寺和杂日山等，这些殊胜的因缘绝不是随便可以遇到的。国民政府当初派我作为交流学者入藏时，讲明学习时间为五年，每年由政府提供大洋一千，五年过后便不再提供资助。因此在西藏最后的三年里，无法再靠政府的津贴。我在西藏的所有生活费用全部依赖在重庆的法尊法师、我的好朋友张莲菩提和其他内地的友人接济。到了一九四五年时，身上的钱已经差不多用尽。这时我开始考虑返回内地，一是阔别了八年，再说抗战已近尾声，想回去看看内地形势的发展；二是我曾经希望能留在西藏做一些对汉藏关系有益的工作，但在这几年里，我目睹了国民政府蒙藏委员会驻藏办事处人员交替和变化，

取代热振活佛担任摄政王的达龙扎活佛

第十章 西藏办学

政策的前后不一，中央派来的大员对如何团结西藏的上层社会和发展汉藏民族的关系一筹莫展，结果使中央政府和西藏地方的关系不进反退，在这种情形下，我深深感到自己留在西藏并不可能为发展汉藏两地之间的关系做成任何事情，于是决定还是返回重庆，先看看内地的形势再做今后的打算。

打定主意后，我首先去拜见摄政王达龙扎活佛，向他辞行。摄政王很想挽留我，但见我主意已定，便对我说，好，你既然要急着回去，那么我想写封信给蒋委员长致以问候，希望你到了重庆能代我转交。达龙扎活佛在给蒋介石的信中大致说道，在西藏尽管有部分贵族受到了英国人的拉拢，但西藏人民是亲近中央政府的，因为汉族人民一向是藏人的施主，我们之间一直保持着良好的关系，特委托洛桑珍珠格西向您叙述西藏的最近情形，并带上长寿佛一尊为礼品。事实上，摄政王眼看此时内地抗日战争即将胜利，中央政府的力量强大了，希望借这个机会向蒋介石示好，同时他对于蒙藏委员会驻藏办事处的一些做法一直心存不满，知道我对西藏情况的了解以及个人与寺庙和西藏地方政府的关系远胜过驻藏办事处的人员，因此希望我能把自己所了解的真实情况转告给蒋介石。

返回内地的路线，我选择了跟随云南土司的商队，经西康入云南再到重庆，希望能领略一下这一路上的风土人情。云南的土司商人和我的交情一向不薄，他们最初来到拉萨做生意时四处租不到房子，西藏的贵族不肯把房子租给不熟悉的外来人，他们于是找到了我，请我一定帮忙为他们说情。我去见了这位贵族，讲明由我来担保，对方看到我喇嘛的身份，不再迟疑，将房子租给了他们，从此我和这批云南商人结成了好友，经常往来。土司听说我准备与他们一同返回汉地，一百个欢迎，同时又建议我在拉萨采购一批内地紧缺的商品，由他们的骡队帮我运回内地，到了那边转手卖出就能赚到三倍的利润，这样就解决了我囊空如洗的困境。我听从了他的建议，请他为我买了一批布匹和棉纱，夹杂在他们的货物当中运去云南，土司为了报答我当年为他们帮忙，运费分文不收。离开拉萨前，我又专门采购了一大批咔叽布、毛呢、皮货、丝袜等等，作为礼品，准备送给重庆的亲朋好友，阔别了八年，如今回去总不能空着手。这些东西在拉萨不难买到，可到了内地就成了人人喜欢的稀罕物品。

从西藏到云南的传统路线是西藏—西康—金沙江—洛隆宗，这一路整整走了三个月，可谓风餐露宿，基本没有帐篷休息，晚上常常睡在露天。商队要看马匹的情况调整休息时间，因为马背上驮的是布匹和棉纱，驮到云南便是一本万利。那时昆明属战区，物资极度缺乏，什么东西都能卖出好价钱，因此绝不能让马累垮。长途跋涉，马背经常被人骑烂，万一马匹在途中死了，非但货物无法运到，人没有马骑要穿越茫茫荒原也是无法想象的噩梦。

我们的商队缓缓而行，过了洛隆宗向东南到达了澜沧江，过江的方法惊险无比。原来澜沧江上没有桥，只有一条溜索悬在空中，连接两岸，过江的人和牲口要用竹皮绞成的竹索吊在溜索上从江的一头滑到对岸。这种竹索用的时间长了便开始脆弱，断裂的事情也发生过，人一旦掉进江中立刻被激流冲走，连尸首也难找到。有时候由于惯性不够，人滑到江中间的时候便走不动了，此时无法前行又不能后退，吊在半空中眼看着下面波涛汹涌的江水实在让人丢魂丧胆。这时只能在对岸一头挂起一匹骡马用力打过去，把停在空中的人打到对岸。过江前，土司拿出酒，商队的每个人都要喝三大碗酒壮胆，我平生从未饮过酒，但看着眼前这惊险的场景心里也多少有些紧张，不由得随着众人也喝了三大碗，好在没有意外发生，人和货全都平安地过了江。

过了澜沧江，我本以为会从此一路平安，顺顺利利地到达昆明，谁知前方还有更让人想不到的意外。土司本是云南地方上的一霸，平日为

一九四五年返回内地时滑"溜"过澜沧江

躲过灾难，云南土司下令宰牛犒赏庆祝

人残暴，以高压手段统治敲诈百姓，而且为了争夺利益与地方上的其他帮派结了不少怨仇，因此在云南不少人欲取他的性命为快。我们刚过了澜沧江行走不远，只见前方的一个山口前突然闪出了八个彪形大汉，一字排开，每个人手中持了枪械，横挡在路中。土司一见，脸色立刻变了，马上将我拉到一边告诉我："前方大概是劫匪，你是喇嘛身份，还是请你来走在最前面，土匪是不会对喇嘛动武的；如果他们真的开枪，我们在你的身后立刻还击。"听他这样一讲，我无法推托，只能硬着头皮走在最前面。我当时头上戴着一顶鸡冠帽，手持念珠，一身喇嘛形象，走到这八个大汉面前时，他们问我是什么人，我回答是喇嘛，外出游方；接着又问我后边是什么人，我说是随从的侍者。这八个人立刻低头跪下，请我为他们摸顶赐福，土司和他的手下乘着这个机会赶忙从两边溜了过去。事后土司才告诉我，这八个人正是他的仇人，打探到了他要回云南的消息，便埋伏在路上，准备乘机"做掉"他，多亏了我，让他逃脱了性命。从此以后，将我当成救命恩人，对我更是百般殷勤地招待。到达云南后土司立即将我在拉萨买的货物出了手，果然赚了三倍的利钱，我的口袋里一下子有了四五百万的法币，顿时阔气了起来。

到了昆明，我首先找了一间洗澡堂子洗澡。在西藏的八年里一直没有真正地洗过澡，身上的皮也不知结了多少层。一位搓背师父走上前来为我搓背，他先是打量了我几眼，然后开口说，先生，您这身子一次可洗不干净，要洗上几次才行。接着又问，不知先生有多久没洗澡了？我打趣地对他说，也算不上太久，不过八年而已，把他听得目瞪口呆。

蒋介石见到了一位汉人喇嘛

休息够了，养足了精神，我发了一封电报给重庆蒋介石的侍从室，说我携带西藏摄政王的亲笔信需面交总裁。对方马上回了电，告诉我已通知空军驻昆明的晏上校派运输机把我送到重庆。第二天我就去昆明空军司令部面见了晏上校，随后就飞往重庆。到达重庆时正是一九四五年的四月，抗战即将胜利，重庆街头到处可以感受到一种喜悦乐观的气氛。一到了重庆，我立刻去见太虚大师。老人家见我回来了十分开心，要我住在他那里，详细询问我在西藏求法和生活的情形，并安排我在中央大学讲授西藏佛学。不久，其他的学校闻讯也来请我演讲，一时各方应酬忙得不可开交。

没多久蒋介石侍从室来了通知，告知委员长要会见我，地点在上清寺。上清寺有一间求经中学，蒋介石就在那里办公。我就此事向太虚大师征求意见，他支持我去会面，但嘱咐我不要过多牵涉政治。太虚大师说国内目前的形势复杂，各个党派之间纠纷很大，委员长要见的人太多，颇有应接不暇之感。他又嘱咐我去见蒋介石的时候，最好穿喇嘛装去，会给他比较深的印象，如果穿中山装或西装去，这样的打扮委员长见得太多，不会对你有什么印象。除了太虚大师，周围又有其他的朋友为我出谋献策。有人说，见蒋介石时说话务必简单扼要，如果有文章呈给他看，千万不要写得太长，最好写一个一百字左右的提纲，长篇大论的东西他既没时间看，也不喜欢看。会见的时间定在了下午两点，定久法师精通相术，在我赴会前专门为我看手相，看完他告诉我，可惜这次会见安排在下午，如果是在上午的话，你将来肯定很有权势。

蒋介石会见的前两天，陈果夫先召见了我，详细地了解了我的个人经历和在西藏求法的情形，他鼓励我把自己在西藏的观感跟蒋先生详细谈谈。陪同我会见蒋介石的是蒙藏委员会委员长罗良鉴，原来的委员长吴忠信此时已调往新疆任省主席。会见前罗良鉴特别关照我说，见到委员长时，在西藏问题上请不要提出太多的建议，很多事情即便你提出来，我们也做不到；不是我们不想做，而是西藏地方政府不答应，我们又有什么办法呢？这时我开始感到蒋介石本人大概并不一定昏庸糊涂，倒是他手下用的这班人却是无能之辈，不想做，也做不成事情。

按照太虚大师的指点，这一天我身穿喇嘛装到达蒋介石的办公室。警卫通报之后，蒋先生出来迎接我。握手时我只觉得他的手十分柔软，不像是一位强人的手。我向他呈上了摄政王的亲笔信和赠送的长寿佛像。蒋先生一边让座，一边问我为什么去西藏。我告诉他是为了求法而去。他又仔细询问了我的家庭情况和经济情形等等。我告诉他，我自小出家，入藏以前学习了藏文，做了充足的准备，我要为汉地的僧侣争一口气，让西藏的佛教徒看得起我们汉僧，如果进了三大寺一无所知，让人家觉得内地来的法师学识浅薄，会贻笑他人。他接着问我有没有什么著作，我说有。他说，很好，你的著作可以直接交给我，不需要经过中间人。

第十章　西藏办学

话题转到了西藏的局势，蒋先生问，依你之见我们应该如何开发西藏呢？我对他说，就我的了解，总体上说藏族的民众同汉族是很有感情的，尽管有部分贵族想依靠英国人的势力搞分裂，但那只是少数。我向他讲起在西藏八年的感受，我说道，我们要开发西藏，首先要真正了解西藏，懂得人家的文化和风俗，还要和上层阶级有交往，得到他们的信任，才能做成事情。像这次摄政王主动要我带信给您，就表示了他对汉族年轻人的信任；我个人觉得，西藏虽然国际关系复杂，但军事力量并不强，不需要我们派军队去，中央政府对西藏的开发应该以长远和稳健的策略为最佳。长远战略中首先应该是办教育，因为无论是现在或将来，我们在西藏都需要大量的人才和干部，因此要从教育着手，要办现代化、高质量的教育，如果我们不去发展教育，就要落后给英国人，因为如今英国人在大吉岭和哲孟雄都开办了很好的学校，吸收了不少西藏贵族的子弟，他们正在那里培养一批西藏亲英势力。蒋先生似乎被我的一番话所打动，问我办这样一所学校，大约需要多少经费？我说开创的时候大概五十万美金就够了。我知道那时中国的外汇储备还是不错的，所以敢开这个口。蒋先生又对我说，你将来有任何的事情，可直接写信或打电报给我，不用经过其他部门转呈。

趁着蒋介石询问我经济情况时，我借机向他敲了一笔竹杠。我告诉他，我现在正需要钱，因为我带的钱在西藏都已经用完了，而且欠了债，我说我不需要政府拨款，如果能允许我在政府所属的中央银行用官价购买外汇就行了。蒋先生问我要购买多少外汇，我回答有五万美金就足够了。他立刻嘱咐侍从室办理拨款，我说不要让我全买，买一半就行了。那时外汇的法币官价和黑市价差得很远，一块印度卢比在黑市上卖到了五百，而官价才五块。我从云南带回来的钱已差不多用尽，随身带回来的礼物也早已送完。这时的重庆样样缺乏，物价贵得惊人，年轻的姑娘喜欢穿裙子，但是买不起玻璃丝袜，只能光着腿，因此我从西藏带回来的玻璃丝袜立刻成了抢手货。

三天以后,蒋介石答应给我的钱就到位了,但我到中央银行去取时却拿不出来。我于是给陈布雷打了一个电话,陈告诉我你再去一次就没问题了。我第二次再去银行,果然顺利地拿到一张五万美金的支票。我和蒋介石关于西藏问题的一番交谈显然打动了他,会见后他即关照蒙藏委员会的罗良鉴委员长封一个专门委员的头衔给我,几天之内,委任状就送到了我的手中。那年我只有二十八岁,还是个娃娃!在国民党的官场,像我这样的年纪,若没有后台和背景,不知要等多少年,经过多少苦心经营和谋略才能捞到这么一个位置。

我接受了这一任命,并不想借此升官发财,而是希望将来能够运用在政府内的影响和官职推动佛教事业,多少年来,中国的佛教事业在政治舞台上没有任何力量,十分软弱,任人欺负,小时候在江苏的寺庙出家时所看到的寺庙遭人强占,和尚被欺负的情形一直留在我的脑海里,心中始终有个愿望,那就是希望以后自己能够在政府中有一定的权力,为振兴佛教事业做些工作。我还有一个心愿,希望能够把汉地和西藏的佛教联合起来,这样才能真正将中国的佛教事业发扬光大。

衔命返藏

我的前途当时有几条路可以选择:一是作为一名藏学和佛教专家,以讲学为主,那时已经有不少大学请我去讲课;二是去闭关静修一段时间,把在西藏学到的密法实修,可证得大成就;三是参加国民政府开发西藏的工作,发挥自己的优势和特长。本来我并不急于选择哪一条路,毕竟离开内地已八年之久,还是应该好好看看形势的发展,多熟悉一下周围的环境,再做决定。但就在这时,教育部却派人找上了门。

来者是教育部边政司司长林纯声,此人是一位留学法国博士,中央

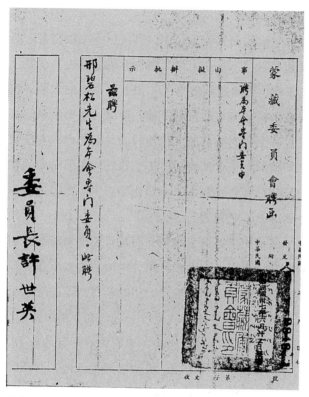

蒙藏委员会的委任状

研究院院士,另外还兼任中央大学教授和边政系的主任。林教授特意上门来和我商量在西藏办学的事情。他告诉我,关于在西藏办学校的事情中央政府早有考虑,在陈立夫当部长时就已做了决定,只是始终没有找到合适的校长人选,这次我被蒙藏委员会任命为委员,加上我本人对西藏的了解和与当地政府的关系,实在是校长的不二人选,因此教育部准备委任我为国立拉萨小学的校长。事实上在多年前,在拉萨的一位名叫马千臣的回民就开办了拉萨小学,以招收当地的回民子弟为主,以后驻藏办事处将学校接管了过来,但由于缺乏资源和有能力的人主持,学校

由国民政府教育部长朱家骅签发的国立拉萨小学校长的委任状

未能有长足的发展。这次教育部准备重新组办,小学将直属教育部,故称为国立拉萨小学,这在全国还是首例,当时还没有任何小学能够享受国立的待遇。林教授又表示,他已经接到了教育部的指令,要派我去拉萨办学。我回答他说,恐怕你已经迟了一步,我已接受了蒙藏委员会委派的工作,对于办学的事情没有办法立刻答应你,我还要仔细考虑。在西藏办学本是我向蒋介石提出的建议,但我当时最大的忧虑是能否找到合适的师资和具备各种资源,因此对于这项任命我要慎重思考一下才能决定。

太虚大师支持我去西藏办学，这与他一贯主张发展教育、实现人间佛教的理想相符合，但他并不希望我太多地涉入官场，卷在政治圈子里面。太虚大师对国内政治局势的发展并不乐观，抗战虽然胜利，但他老人家已经感觉到新的政治风暴即将来临。

林博士回到教育部，将我的情况向部长朱家骅做了汇报。朱部长要他继续做我的工作，并表示有什么困难或为难的地方尽管向教育部提出。我于是提出了三个要求，如果要我当这个校长，第一，我要拥有处理一切的全权；第二，我要能掌握预算和财务安排；第三，学校的人事安排要经我同意，上方不能随便安插人进来。不久教育部答复同意我的全部要求，授予我全权处理学校的事务，无须层层向上汇报。

过了三个月，到了将近双十节的时候，林博士向我介绍了一位名叫胡继藻的朋友。胡先生毕业于清华大学，获电机工程和社会学的双学士，对西藏很有兴趣，愿意去那里办学。不久教育部又向我推荐了一个人，此人精通藏文和英文，曾经在西藏学经拿到色拉寺的格西学位，后来又在印度的孟买大学教过书，名叫康刚民，人现在西藏。接着又有朋友先后介绍了一位曾在中央大学学经济的老师和教育学院的一位教员，两个人也想去西藏教书，这样我就有了四个基本骨干，都是很优秀的人才，于是我终于答应了教育部的要求重返西藏任拉萨小学的校长。

教育部的任命拿到了，但是经印度赴西藏依然十分困难。尽管中英在第二次世界大战中结成同盟，共同抗击法西斯，但英国人依然严密控制内地经印度赴西藏的人，不肯轻易发给签证。想经这条路线去西藏只能以赴印度讲学为理由申请签证，到了印度后再潜入西藏，不让英国人知道。这时太虚大师为我想了个办法，那时在重庆的社会名流中有一个"素食会"，每月办一次，参加者均是中外各界的名流，包括考试院院长戴季陶、英国驻华人使和参赞、法国驻华大使等，大家坐在一起品尝素食，谈谈佛学，常常请太虚大师主持。恰好此时在印度泰戈尔大学中国学院担任院长的谭云山刚刚回国，太虚大师便把我和谭教授一同带到素食会，逐一向在座的名流介绍说我是他的弟子，刚刚从西藏回来，正要到印度泰戈尔大学去讲学。谭云山立刻应声附和，向在场的英国大使表示要为我去印度讲学申请签证。当时英国驻华大使叫作薛穆爵士，经太虚大师介绍我们互相认识了，又和他谈了佛学，原来他也喜欢参禅，尽管未必懂得多少佛学。在场的还有一位叫作普洛夫的参赞，对中国的禅宗倒是颇有研究，很喜欢谈论佛教包括西藏的密宗，和我交谈得十分投机。经过了太虚大师精心安排的这次素食会，我和英国使馆的官员建立了关系。

过了几天，我前往英国大使馆回拜普洛夫，他虽然是参赞，但并不负责签证，签证归英国驻重庆总领事审批。于是我又去拜访薛穆大使（Sir Horace James Seymour），恰巧大使有事外出，太太在家，普洛夫当场为我引见。我向大使夫人表示自己是太虚大师的弟子，要到印度去讲学，不知是否能拿到签证。薛穆太太当即关照普洛夫，以她的名义写封信给总领事，签证的事情请他酌情处理。英国大使馆和领事馆不在一起，领事馆设在嘉陵江南岸，我拿着这封信立刻赶到总领事馆，领事看到大使夫人的信马上批准了签证。

除了我，另外几位赴藏办学的人也在分别申请签证，准备由印度秘密入藏。为了不引起英国人的怀疑，我们决定大家分头上路。这时印度的政治局势动荡不安，反英的浪潮不断高涨，甘地与尼赫鲁都被关在监牢里，印度民众到处用石头砸英国人的商店，几乎天天都有抗议游行，这混乱的局面正是我们潜入西藏的大好良机。

入关涉险

飞到印度的那一天,我身无分文,五万美元的外汇支票揣在怀里不能用,要到了加尔各答的中国银行才能兑现。上了飞机,我一眼就见到英国使馆的普洛夫参赞,正巧和我乘同一架飞机准备经印度回英国,于是两人聊了一路佛学。

到达加尔各答飞机场之后,他用计程车直接把我送到了中国领事馆。到了中国领事馆我就放了心,因为驻藏办事处在领事馆中有一个部门是专门负责采购的,可以和他们先借钱使用。在我出发以前,教育部和蒙藏委员会都向驻藏办事处发了通知,告知我已被任命为特别委员和拉萨小学校长,办事处对于我的到来已经有所准备。到了加尔各答,我住在中国旅行社在那儿办的一个招待所,这时因为水土不服生了病,招待所安排了一个名叫罗布的工作人员照顾我,他本是西藏出来的汉人,通西藏话,也会讲印度语,我把他留在了身边做佣人。休息了几天身体康复后,我们立即开始上路,我和罗布将自己打扮成西藏人,趁着混乱搭上了印度的火车直奔大吉岭。不久前,驻藏办事处的沈宗濂处长刚刚从拉萨抵达噶伦堡,准备回上海参加国民大会,知道我即将到达,沈处长特意指示将他使用的几匹骡子留下给我使用。

这天晚上月儿高挂,寒气逼人。当我们匆匆赶到噶伦堡时,骡子及其他行军用品已准备停当,我一身藏装,骑上骡马连夜赶路。第二天天亮到达了一个英国设置的警察哨,哨兵问道,你是什么人。我说我是西藏人,准备回拉萨过年。哨兵一摆手就放我过去了。过了警察哨,走到下午之后,天突然下起大雪。我们到了一个村庄,在村子的主人家里借地方喝杯茶,歇息片刻,准备继续赶路。这时村子的主人好心地劝我说,你不要再往前走了,前面要上山,越到山上雪越大,今天你们是过不去山的了。我心里想噶伦堡是英国人控制的地区，这里的住户鱼龙混杂，其中有不少是英国人的眼线，不能轻易相信任何人的话。想到这，我谢过了主人的招待，不理会他的劝告，继续上路。

　　出了村子便开始上山，果然不出主人所言，接近山顶时雪越下越大，地上的积雪几乎没过了膝盖，我们顶着大雪到达山顶时，只见周围四野茫茫，不辨东西，觉得身体疲惫不堪，寒冷刺骨，见到山上有不少过路人搭起的玛尼堆，于是就过去烤火取暖，本来想休息一下，等到雪小一些再继续赶路，谁知天公却偏偏与我作对，大雪不停地落下，丝毫不见减弱。不久玛尼堆已经烧完，再无东西可烧，我只能把袋子里的钞票拿出来烧火。看着冒着火苗的一把把钞票，心里已经顾不得可惜，想的只是如何寻路下山，保住性命。此时漫山白雪覆盖，根本找不到下山的路，又不敢轻易向前探路，生怕掉进深沟里。正在无计可施时，不小心手一松，结果马就跑掉了。马背两侧驮着很多重要的文件，包括我和蒋先生及中央各部通讯的密电码，还有很多钞票，万一遗失就不能进西藏了。于是我只能咬着牙上前追马，跟着马蹄的印子向前追赶，马背上驮的东西稀稀落落地掉了一路，我在后面边追边捡。此时身上穿的皮袍已经被雪全部打湿，十分沉重，再加上要将马丢下的东西背在身上，这滋味更是难以形容。

　　在下山的途中，更有神奇古怪的事情不断发生，先是遇到了两只狗熊，晃晃悠悠地向着我走了过来，我急忙冲上高处，倚在一根电线杆旁边，拔出藏刀准备拼命。但狗熊却没有理会我，从我的脚下溜溜达达走了过去。走着走着，眼前又突然现出一片村落，隐约可见房子的烟囱还在冒烟，我心中大喜，急忙走近一看，哪里有什么村落，不过是一排矮树，矮树上面覆盖着积雪，远处看去如同村庄一般。接着又有一条大路展现在眼前，可以清楚地看见有人骑着马在上面匆匆赶路，我心想这下好了，路上出现行人，离有人烟的地方肯定不会太远，但再走近一看，又是一无所有。这时眼前的幻觉和现出的境界越来越多,我不由得开始警觉,自知这些幻觉都是自己的心识所显,按佛法的解释是人多生累积的业力在起作用,《金刚经》上说,"凡所有相,皆是虚妄",如果此时执着于这些幻象,必入魔境而不可自拔。想到此,我开始定下心来,摒除杂念,口中诵持咒语不断。就这样跟随着马蹄,一路挣扎着走到天蒙蒙亮时才到达了一个村子,恍若梦中一般,看上去似乎眼熟,却又不记得这是什么地方。进得村子,惊动了主人,开门一看,我不由得愣住,原来这位主人就是昨天劝我们不要上山的那位,此地正是昨夜歇脚的村子,原来牲口识路,走了一圈又把我们带了回来。

　　再次见到这位主人,心中颇感惭愧,昨日不听人劝告,险些送命。主人却是十分热心好客,帮我们把皮袍、裤子烤干,烧茶取暖。等太阳出来后,我们备好骡马,再次辞别了主人,沿着昨天的旧路重新出发上山。到了山顶上又看到昨晚取暖时所烧的钞票和玛尼堆的灰烬还堆在那里,仿佛依然冒着青烟。此时我们还没有进入西藏,仍然在锡金境内,这里还是英国人的地盘,要翻过山向西再下去才到西藏的边境。晚上我们到达了山下的驿站,驿站里熙熙攘攘挤满了赴西藏的商人,吵吵嚷嚷一起议论着明天过关的事。只听到其中一个商人问另一位:"你带了多少纸烟啊?"对方回答:"我带了六驮货,已经交过税了。"因为纸烟进入西藏是要抽税的,从印度进入西藏必须要事先和西藏海关讲好,才会被放行,印藏边境的关卡都有士兵把守。这个问话的商人又说:"我只带了四驮,也给了钱啦。"我一听,马上凑过去说:"哎,我这也有几驮货,咱们一道走怎么样?"商人们表示同意。第二天出发时我就混在了商队的驮帮里,到了过关时,西藏关卡的士兵用英语问我:"Is this yours?"(这是你的吗?)我说"Yes"(当然是我的),士兵向我们摆了摆手,我们就这样顺利通过了关卡。

　　过关之后我快马加鞭赶路,一口气走了大约六十英里,到达了帕里宗。这里是西藏海拔最高的地方。到达了帕里，我开始放心一些了。在这里见到了我要找的康刚民，我对他说："老康啊，在重庆的时候就有人推荐你和我在西藏一起办学，你可不要拒绝啊。"康刚民马上答应了下来。康先生和帕里宗的宗本是好朋友，正在宗本的家中做客，宗本名叫崔柯。

当时中央政府与西藏联络的所有邮件都必须经由印度转到帕里，然后再通过西藏的邮政转到拉萨，因此在帕里驻有一些内地的办事人员。从帕里到拉萨的道路相对显得平坦，这时正是藏历新年十二月底，西藏人快过年了，我骑着一匹马，身边跟随着佣人罗布，肩上挎一支装有二十发子弹的毛瑟枪，经常是披星戴月地奔走在路上。在去拉萨的这条路上，时常有抢劫的事情发生，当年我从西康入藏，是由噶厦派兵一路保护；这次进藏却不同：我此次是带着特殊的使命秘密入藏的，不能太过招摇，只能自己保护自己，处处提高警惕。每当在路上看见有人出现在我的前后时，我就放慢脚步让他先过去，或加快脚步超过对方，手里的二十响毛瑟枪子弹全部上膛，随时应付任何突然发生的意外。

国立拉萨小学小史

到达拉萨时正是新年，热闹非凡，所有的藏官高级的人物都身穿黄袍，低级的官员身穿紫袍。我们先在一个云南商人朋友的家中借宿了一晚，第二天立刻赶去驻藏办事处报到。办事处已经接到蒙藏委员会的电报，知道了我的使命。过了些天，其他几个教员也陆续抵达了拉萨。

拉萨小学的校址设在一个叫作基督坝的地方，学校的教员加在一起有二十来人，包括来自内地各方面的人才。因为经费充足，开办得很顺利。由于西藏物资贫乏，办学所需要的大部分的东西都要从印度运来，笔记本是在印度印刷的，而学校使用的书和部分文具则要在内地购买，由外交部使用外交邮包空运到印度，不需入关检查，然后由中国大使馆委托商人转运到拉萨交给我们。学校不收学费，学生的所有费用都由校方负担，对于家庭困难的学生校方还给予补助。除此之外，学校每年还发给学生两套校服。国文课程使用教育部的统一教材，藏文和其他一些特殊的课程，如社会学等，由我们的教员自行编写。学校还采用了电化教育，即从南京运来教育电影。从办学初始，我就按照我向蒋介石阐述的想法，务必将拉萨小学办成一所现代化、高水平的学校，把英国人比下去。

一九四六年的春天，学校正式开学。第一学期就招收了一百八十七名学生，开设十三个班。这一批学生主要为定居拉萨的汉族、回族子女，有相当一批是云南商人的后代，云南大商人马家就将孩子送来读书，其他在西藏经商的汉人包括北京商人也将他们的子弟送来学习。后来又有尼泊尔人、拉达克人、克什米尔人、蒙古人的子弟纷纷前来入学。幼儿班一般在六七岁入学，其他年级则按八岁、十岁、十六岁来划分，高年级班的入学年龄一般要到十五六岁，每班学生的入学年龄都比较平均，学校教维吾尔文、回文、英文、汉文等多种文字。一年下来，学生的成绩普遍都很理想。

到了第二年，学生增加到二百五十多人，并增加一班，变为十四个班。这个班专门招收西藏贵族的子弟。吸引贵族子弟入学是件很困难的工作，汉藏民族之间多年来错综复杂的关系，加上英国人的不断挑拨和用种种利益拉拢西藏的贵族，使得这些贵族对来西藏开发事业的汉人疑虑重重。同时，他们一向看不起当地的汉民，因为当地的汉人大多为当年满清驻藏士兵的后代，多数家庭贫穷，没有接受过多少教育，而且从事的大都是下等工作，比如杀猪、杀羊、种菜、缝纫等等，因此他们不想让自己的子女和汉人一起读书，总是把子女送去印度，在英国人开的学校就学。在拉萨小学开办的第一年里，西藏地方政府和所有贵族对我

拉萨小学的骨干康刚民，西康人，曾在色拉寺当喇嘛并考取格西，精通汉、藏、英文

们的一举一动都在好奇地观看，英国人更是密切注意着办学的进程和效果，他们都想知道我们是否在真的办学，还是在利用办学搞其他名堂。英国人曾经在拉萨附近开办过一间学校，租用了贵族功德林的地皮。但学校开办不久就遭到了三大寺喇嘛的反对，喇嘛们不希望英国人在西藏借着办教育扩大他们的影响，更不想看到西方的思想和生活方式引入西藏。结果，在三大寺的压力下，英国人不久就被迫将学校关闭。从办学初始，我心中就十分清楚，西藏各方的人都在注意着我们的发展，因此不能出任何差错，只要我们能把教育办好，就能获得他们的信任，相信我们是真心办教育，为西藏人民谋福利的。

经过一年，拉萨小学站住了脚。学校成绩斐然，有口皆碑，加上我们不时地对贵族进行工作，这时噶厦政府开始相信我们确实是在办教

一九四六年在校长就职典礼上讲话，学生、教师及驻藏办事处官员齐聚一堂

育，不少贵族也开始动了心。一次康刚民先生对一个贵族讲，你们何必把孩子送那么远地方，花那么多的钱去受教育？现在我们开办的学校里，先生都是名牌大学请来的，懂几种语言文字，都是专家，我们的水平绝不差过英国人。康先生在西藏生活了多年，又有色拉寺格西的身份，讲话有说服力；而我的背景更是早已被大部分的贵族所知，于是开始有贵族将子女送来了。在藏文班里我们不仅教授藏文，也教授英文；又根据贵族子弟的特点，在贵族班里同时教授藏、汉、英三种文字。学校的组织包括教务主任、训育主任、推广主任——负责向西藏贵族做宣传，专科主任有音乐主任、幼儿园主任及各班班主任等等。由于师资雄厚办学认真，声誉很快便传遍了西藏，甚至传到了印度。

到了第二年，学生已发展到三百多人，规模达到十八个班。两年下

庆祝儿童节时向学生们发放礼品

来,学校声誉越来越高,不仅让英国人看着眼红,在国际上也已有了名望。一些来往于四川、云南和印度的商人到处对人讲拉萨小学的成绩。越来越多的贵族看出我们是在真正办教育,于是陆续把他们的子女送来读书。学校继续发展下去就需要扩建,当初建立时就规划有蓝图,我们准备修建自己的校舍。建校舍必须要划定一片房基,而地皮是由噶厦政府控制的,要么直接购买,要么和噶厦政府沟通,由噶厦直接拨出一片专地。我们当时划出的一片地位于拉萨郊外的南面,靠近拉萨河,到处覆盖着树林,规划中的校舍包括篮球场、网球场、操场等等。但此时国民党政权已经开始动摇,国共战场上解放军已经取得了优势,今后的前途难以预料。因此我没有向噶厦开口要这片地,以我和噶厦的关系,如果真的开口是可以拿到这片地的,但土地拿到后不能建设又有什么用呢?

部分小学生

为了丰富学校的生活，我们专门带了一部电影机去，还有中央电影制片厂提供的电影，记得其中有王人美主演的片子。在当地放映时十分轰动，因为在西藏一般的老百姓是看不到电影的。放电影的工作交给胡继藻负责，他是学习电器工程的，懂得如何操作。有一段时间学校每星期在操场上放一次电影，招待学生家长和市民，这时人们从四面八方赶来，房顶上常常站满了人，几乎将房子都给压塌了。

拉萨小学因为预算雄厚，教师的待遇在全国算得上首屈一指，最高薪水为每月一千美金，不知是当时内地教师的多少倍。教员胡继藻的哥哥在美国读博士学位，全靠弟弟在拉萨小学的工资供养他一直拿到学位。我们的薪水由教育部从内地汇到印度，再由驻印度的大使馆转交给我们。一次印度国际大学的谭云山先生告诉我："我和朱部长谈话，他

学生们的拔河比赛

小学生们在操场上列队

第十章 西藏办学

入学不久的贵族子弟

拉萨小学的校篮球队

说你这个校长的薪水大大超过了他这个部长啊。"拉萨小学用美金支付薪水,而内地教育部职员拿的是法币,当然部长的薪水还比不上我这个小学校长。此外,教育部规定学校开多少班就要多少班的办公费,这部分经费由校长来支配,包括应酬、修理、教材、用具等等办公费,因此我手头上的资金是很充足的。拉萨小学所享受的优厚待遇使内地很多人眼红,争着要来学校任教。一九四八年我到南京开会时,负责边疆事务的立法委员都来请我吃饭,他们有子弟在中央受过教育后需要四处安插,希望我能帮忙安排在拉萨小学教书。但我有自己选择教员的标准,要看推荐来的人是否合适,是否具备真才实学。我在接受校长职务时与教育部谈妥的三个条件之一即是人事安排要由我决定,上层不能硬把不合适的人安插进来。

左:军统驻拉萨站长肖崇清(又名马敬佛),此人后来因为在拉萨行凶杀人被调回内地
右:军统派驻拉萨的特务蒋剑秋,此人酷爱唱戏,为青衣票友

  拉萨小学人才济济,不少教员都有骄人的背景。胡继藻老师是清华大学毕业的高才生,拥有电机系和社会系两个学士学位;康刚民老师原是孟买大学的教授;李有义先生是燕京大学的教授;教授藏文的察珠活佛则是西藏有名的文学家,他本来是甘丹寺的活佛,后来离开了寺庙,娶妻成家,寺庙也无法干预他。这些人都是一流人才,我们的小学实际上是由大学老师来任教。

  学校的教职员里包括来自各方的人,因为仅靠我当年在内地找到的几个教员是无法办成一个学校的,因此还要在当地吸纳一些人。学校也聘请部分兼职教师,比如当时在驻藏办事处任科长的李有义先生,他当时负责管文化教育,我也请他来教学。西藏地方政府也推荐一些汉人教员给我们,他们的教育水平并不高,有的只懂得一点文字,但我也聘用他们，付较低的薪水。这样做一是为了保持和西藏官员之间的朋友关系，二是这些人很可能是西藏地方政府的眼线，派过来观察我们的学校是在真办学，还是在从事其他的活动。因此只有使用他们，才能解除西藏地方政府的疑惑，这些人的薪水一律用藏银支付。此外，学校也聘请了一些中央派到西藏来的特务，担任兼职教师。这些特工人员要在西藏长期待下来必然需要有个工作作为掩护，于是学校就成了他们最理想的选择。我当年向教育部强调我必须拥有学校人事权的目的，实际上就是不想让学校成为特务的据点。但由于在西藏能够使用的人力资源有限，学校还是聘用了几个在西藏从事特务工作的人，但他们的薪水只有专职教员的一半，因为他们另有自己的生活来源。

国民党政府曾经派了不少特务进入西藏，军统、国防部二厅和中央党部都派出了各自的特工人员。他们当中很多人夹杂在青海商队中步行到西藏，也有些扮成喇嘛入藏。这些特务开始时隐蔽得很好，但时间久了便渐渐露出了马脚。由于他们是中央政府派来的，待遇优厚，手上的经费充足，于是乎生活奢侈，部分人吃喝嫖赌，骄横跋扈。时间一长就引起人们的注意，为当地的老百姓所反感，进而被西藏地方政府发觉。西藏噶厦政府也有自己的情报系统，由一位叫作薛岗的济众僧官负责，他到处打探和监视在拉萨汉人的举动。国民党特务在西藏四处发展情报人员，其中有当地的汉人，也有喇嘛，为了换取报酬向特务提供一些不为平常人所知的消息。收集情报的对象还包括在西藏的外国人，其中有一位奥地利人，名叫亨利·哈拉（Heinrich Harrer），在奥地利时本是个工匠，曾入伍当过兵，以后游荡到了西藏。这个人从未受过高等教育，但手巧，能做各种工匠活。他在西藏居无定所，四处游荡，经常在贵族们的家中走来走去，为他们打杂，或做一个喷水池，或修马桶或安装电器等等，有时也帮着西藏军队训练炮兵开炮。驻藏办事处每月付给他一百五十两藏银，要他提供一些他所打听到的布达拉宫和噶厦政府的消息。这个人不仅把西藏地方政府的消息出卖给驻藏办事处,倒过来又将办事处的一些情况提供给噶厦政府,从两边拿好处。以后他和达赖喇嘛混熟了,进了布达拉宫教达赖英文。一九五九年他和达赖一起逃亡到印度,后来写了本书,叫作《西藏七年》。书中很多内容都不是真实的情形。但此书却被好莱坞看中,拍成电影,在西方造成不小的影响。其实这个人既不懂西藏文,也根本不是个学者。

由于拉萨小学的财力雄厚,各种人包括特务都找上门来。为了满足学校发展的需要,我只能择才选用,也聘用了几个有特务背景的人,但绝不让他们将学校当作特务基地。

藏兵被殴风波

到了一九四八年,拉萨小学已经发展得颇具规模。这一年,学生增加到了三百多人,学校的发展获得了各方人士的赞扬。但就在这年的夏天却发生了一件惊心动魄的事件。

一天,由徐建章和汪藻两位教师带着一部分学生,去一个幼儿园操场打球。走到半路上,突然迎面遇到两个喝得烂醉的西藏士兵。两个士兵跌跌撞撞地闯进了学生的队伍,将学生们吓得四下逃跑。两个老师抓住这两个藏兵后,因劝阻无效,便下了手,把这两个醉鬼打得头破血流。随后他们将两个士兵拖到了学校校部,向我请示应该如何处理他们。我房间里有几支枪,有毛瑟枪和其他的长短枪,两个教师告诉我说藏兵身上有枪,他们也想借我的几支枪用一用。听他们一讲,我心知事情不妙,两人已经闯下了大祸,藏兵绝不会轻易罢休,如果处理不好会给整个学校带来灭顶之灾。我赶忙说:"且慢,事情的来龙去脉你们先讲清楚,我们再做打算。"一面心里盘算着如何送走这两个被打伤的藏兵,将事情善了。

左：被打得头破血流的滋事藏兵
右：藏军招基兵司令索康多杰代本（左）与驻藏办事处处长陈锡章

　　果然不出我所料，被打伤的两个藏兵所在的兵营很快就有所反应。这个兵营是西藏最有名的招基兵，以凶悍著称，曾经跟随十三世达赖扫荡驻藏的清军。兵营接到士兵失踪的报告后，立刻派出一排全副武装的藏兵包围了学校和驻藏办事处，不准人出入，来势汹汹，气氛十分紧张。这时我只能运用我平时与噶厦政府的交情设法解决这个危机，招基兵的司令就是噶伦索康的弟弟多杰，噶伦索康兄弟两人和我常有交往，又是麻将桌上的牌友。第二天一大早我就赶到了噶伦府，因为时间还早，索康还没有起床。此时我已顾不上礼节，直冲进他的房间去，把他从床上拉了起来。我对他说，这件事情无论如何要请你帮忙，请先下命令把包围驻藏办事处和学校的军队迅速撤回，有什么事情我们可以慢慢商量，我要处罚我的教师，你要处罚你的士兵，因为我们是好朋友，不要把事情搞大。听我一讲，索康也感到事情的严重，立刻爬起床来下命令让统兵的如本撤兵。如本是西藏军队的官衔，下辖二百五十人。接到了索康的命令后，如本立即撤走了包围学校的藏兵。事态平息之后，如本又派一位官员来看我，我就对他和颜悦色地说，这次事件的发生双方都有过失，否则是打不起来的。第一，这两个士兵喝醉了；第二，他们惊吓了我们的学生，所以遭到老师的攻击。作为校长，我会处罚我的老师；而你最好在带回这两个醉鬼之后也给予处罚。会谈的结果，使这个如本感到十分满意。他向司令汇报说，这位年轻的校长很会处理事情。就这样一场危机化解了。

应邀访问尼泊尔

不到三年，拉萨小学已经在西藏远近闻名，名声也传到了尼泊尔和印度。这一年尼泊尔政府通过在西藏的代表处邀请我赴尼泊尔访问。尼泊尔曾和西藏订过合约，在西藏拥有治外法权。即是说，尼泊尔人在西藏经商是不受西藏地方政府管辖的。我收到尼泊尔政府的邀请信后，走吉孟雄赴尼。和一九四五年那次入藏办学不同，那一次我是秘密地回藏，但这一次却持有官方护照，可以名正言顺地出入。我在西藏边界的吉孟雄会见了英国驻锡金的总督霍金森（Hawkinson）。这人是个西藏通，能讲一口流利的藏语。我到印度是以治病疗养为理由，但到尼泊尔却是以拜佛的名义去访问，因为不想让印度人知道，他们会怀疑我去尼泊尔从事什么特别的使命。在办理去印度的手续时，英国驻西藏的代表黎吉生（Richardson）提出要见一见我，因为他也知道我在西藏办学，名声很大。早就有人告诉我说，英国人对我恨之入骨，甚至想"做掉我"。但黎吉生和我见面时倒是彬彬有礼。在我赴印度前，他专门举办了一个宴会，邀请了我和驻藏办事处的所有人员，而且签发了我所需要的签证。

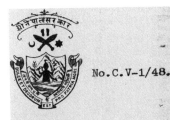

赴尼泊尔的签证

COMMISSION ON MONGOLIAN AND TIBETAN AFFAIRS
NATIONAL GOVERNMENT OF CHINA

TIBET OFFICE

Ref. No._____   LHASA   Dated Dec. 1947

CERTIFICATE

This is to certify that Mr. Shing Su-tse, Deputy of this Office aged 30 and native of Chenkiang, Kiangsu, is going to India for medical treatment and recuperation and requires about 5 months stay for the said purpose. We request all your civil and military authorities to let him pass freely and afford him assistance in case of necessity.

This Certificate is issued him in lieu of a passport and is valid for one year only.

Photo of Bearer

Hsi-Shang Chin
Associate Director
in Charge.

国民政府颁发的旅行证件

一九四八年赴尼泊尔访问前与送行的拉萨小学教职员和部分学生家长合影留念，左起第七腰间佩枪者为邢肃芝

我从江孜一路到锡金的首都岗拖，沿途有英国的班卡楼，即专门招待行人的旅店，有专人管理，设备齐全。住这种旅店需要有英国人发的通行证，每到一地都要出示这种 pass。由于事先办好了手续，一路上我所住的都是班卡楼，十分舒适。既然到了岗拖，我就顺便去拜访英国总督霍金森，同时也想向他借一部汽车去大吉岭。霍金森是个英国的西藏通，早年在英国的东印度公司政治部接受过专门的训练，能讲一口流利的藏语。会见后，他设宴招待我，就这样在岗拖住了一两天。印度与锡金之间有边境，彼此往来需要有 pass，边界关卡是一道桥，叫作龙布桥。我从岗拖到了大吉岭，在那里正好赶上藏历的新年，周围的村子里家家户户都在忙着过年，只有我自己一人孤零零地待在旅馆里，气氛冷清。过年时间，也不好意思去别人的家中打搅。此时从窗口向外望去，只见

第十章　西藏办学

锡金境内英国人建造的班卡楼（bungalow）

远方的山峦起伏，白雪覆盖，近处的村子炊烟缭绕，洋溢着过年的喜庆，天、地、人和谐地构成一幅秀丽而祥和的景象，心中不由得生出一分感慨。这时脑子里产生了一个念头，自己从小出家在外闯荡了多年，如今已年过三十，一直顾不及照顾自己的母亲，或许应该成家，在内地娶一位妻子，将来可以照顾自己的母亲，自从我离家求法，多年来她一直过着清苦的生活，应该让她老人家享受一下清福了。

过了年以后，我乘坐火车赴尼泊尔边境，提前通知了尼泊尔政府。印度的火车不能开入尼泊尔，因为印度的火车用的是宽轨，而尼泊尔的火车是小火车，只有正常火车的一半大，铁路是窄轨。到达尼泊尔时已是下午的五点多了，尼泊尔政府派了移民局长和一位外交部的官员在边境迎接我，当晚安排我在政府的招待所住了一晚。第二天，两位官员陪我坐火

左：与尼泊尔首相摩汉桑仙合影
右：在大吉岭与美国籍天主教神父（中）、噶伦堡小学校长（左）合影

车一直到终点站，然后换乘汽车，到了喜马拉雅山时，再下车改骑马。当晚受到当地县长的招待。第三天骑马翻喜马拉雅山，翻过山后再乘汽车赴首都加德满都，这一路一共用了四天的时间。到了加德满都以后，尼泊尔官方把我安排在一栋有花园的洋房下榻，并指派两位外交部的官员安排和陪同我的各项访问活动。第二天先拜会了国王，然后拜会了首相摩汉桑仙。尼泊尔几百年来一直是首相掌握实权。首相要他担任首都卫成司令的儿子一起参加会见，首相的女婿任国务院的秘书长。除了官方访问，我也参观了不少地方，游览了当地的名胜，一共停留了两个星期。

同西藏相比，尼泊尔的教育事业明显进步，大、中、小学系统齐全，而且学生数目可观，加德满都的中学学生很多。访问过程中，我体会到尼泊尔人对中国人的感情很好，尽管清朝时，他们曾经和中国打仗，被乾隆皇帝的军队打败，以后向中国进贡，一直到民国。那时在尼泊尔还没有英国的领事或代表。尼泊尔的领导人信奉印度教，是廓尔喀人的后裔，但人民大多数是蒙古裔，信奉佛教的很多。

他心通喇嘛的预言

我离开尼泊尔经印度赴南京，应邀参加中国边政教育会议。到了香港，我发了一份电报给中央，告诉他们我第二天将抵达上海。那时上海的飞机场在龙华，我因为带了不少的书及礼品，因此请求中央关照海关免查。抵达上海时，南京政府派了个官员来机场接我，这位官员对我热情周到，帮我打理各种事情，我想请他吃顿饭，他却怎么都不肯。记得他当时身着一身西装，头发油亮，却买不起袜子，光了一双脚穿着皮鞋。临向我告别时，他对我说，请先生到了南京见到我们处长时不要忘记说上几句，意思是要我在他的上司面前替他美言几句。我听了心里很是感慨，国民党的这套官场文化实在令人不敢恭维。

这一次到南京没有见到蒋先生，但见了陈果夫等其他人。他们希望我回到西藏后和他们保持联系，将西藏的情况告诉他们。我在边疆教育大会上提出了加强边疆教育的一些看法，也和教育部就如何继续开展拉萨小学的工作交换了意见。教育部要求把我最得力的助手胡继藻先生调去后藏，在日喀则的扎什布伦寺附近建立起一间分校，于是我就把胡先生和康刚民先生这两员最得力的干将调去后藏办学。我试着向蒙藏委员会的人探问我是否能调回内地工作，结果他们告诉我，还是回西藏的好，在那里起码可以维持一段时间。这里的形势越来越糟，他们在这里的人还不知哪一天死，怎么个死法呢。南京正在举行国民大会，此时国民党的军队在国共战场上已经开始节节败退，整个南京政府上下弥漫着一股悲观的气氛，人人心情沉重。

一九四八年与母亲和兄弟们合影

公事办完,我即去看望母亲。母亲那时的生活很清苦,房子也没有了,我于是用自己的积蓄为母亲买下了一栋有花园的房子。原来的房主是欧阳竟无先生的亲戚,曾任江西电信局的局长,大概在任上捞了不少钱。这是一栋很体面的房子,有花园和车库,我当时想,将来可以将它改成博物馆,把我在西藏收集的各种佛像和佛具放在这里展览。

在南京,各方人士都来给我介绍对象,其中不乏名门大家的闺秀,女大学生,但我都谢绝了。最后我选择了母亲为我物色的对象,一位在镇江师范学院学习边疆教育的学生,订婚在镇江,然后我就准备结婚。我的老朋友欧阳无畏当时正好在南京,特地来到镇江。我和欧阳商量,不在南京结婚,因为那里的朋友太多,应酬起来吃不消,决定在杭州结婚,只请一些比较亲近的朋友。那时是九月,政府把法币改成金圆券。

一九四八年在镇江火车站

还好我们带的是美金,用它换金圆券,用多少就换多少。

离开西藏赴南京前,我在拉萨遇到了根桑活佛。从在汉藏教理院时起,我就和活佛结下了很深的情谊,他曾传给我很多的密法。这次他来拉萨朝佛再次相见,自然是喜出望外。有一天他派徒弟来叫我立即去他那里,说是一个有道行的高人到了,现在他那里,第二天就要走,要我快去相见。这个修道有成的人是个喇嘛,功夫高深,修成了他心通等各种神通,能知道别人心里在想什么。这个喇嘛与一般看相算命的人不同,只要你坐在他的对面,不用你开口他就能讲出你心里正在想的事情,而且能预知未来,解答你想要知道的各种问题。

我想问的第一件事是国共之间的斗争何时能解决。他开口说,我看见了两个大湖,一个湖里有条大蛇,另一个湖里是条大鲸鱼。大蛇的湖

一九四八年在镇江与少年时的师父守培老和尚合影留念

里水在翻动,鲸鱼的湖里水也在翻动,然后就平静了。

这时我心里想,这两个湖会不会合并在一起呢?他马上又说,我看不到这个迹象,这可能要等很多年。

我接着想到自己的婚事,喇嘛又说,哎呀,我看到有一个宝塔,从宝塔上挂下来很多彩旗。

我心里接着想到,这次返回内地,不知能不能再回到西藏?我是有点想调回去的,因为在西藏住得久了。喇嘛告诉我说,看见一张中文的纸张送到我这里,我收下了,就回西藏了。他因为看不懂中文,说不出纸上写的是什么。

他心通喇嘛所预言的除了第一件,其他的几项样样都说得一点不差。我结婚的地点在杭州,喇嘛所说的宝塔就是镇江金山寺的宝塔。他

一九四八年在南京与曾在哲蚌寺一同学经的欧阳无畏合影，他此时在政治大学担任教授

说的那张纸即是我接到的在蒙藏委员会升官的通知，我这次升了简任官。简任下面是荐任，再下面则是委任。

结婚以后，我的原意是将妻子留在南京照顾母亲，但她却坚持要和我一起回到拉萨。她在师范时学习的是边疆教育，一心想到西藏去工作，最后我只能依了她的心愿。我太太不能骑马，于是我在印度雇了轿子，两班轿夫轮流抬轿，一直到了拉萨。这是我的第三次入藏。

驱汉事件和噶厦政府的通牒

一九四九年的六月，国民党政权已在全面崩溃之中，在战场上兵败如山倒，共产党已经夺得大半壁的江山，即将取得全国政权。而这时西藏的政治形势也日趋复杂，拉萨市面上流传着各种谣言。有的说摄政王收到了一个邮包炸弹，又有人说摄政王要用毒药害死达赖喇嘛，因为他觉得这个达赖喇嘛是假的。也有在拉萨的汉人传说见到了藏兵，他们要出动去捉拿国民政府派到西藏的特工。七月八日这天一大早，街面上便开始吵吵嚷嚷，有人传言藏兵已经出动了，是去捉拿摄政王，因为他说达赖喇嘛是假的。拉萨的居民一向喜欢看热闹，不一会儿，各家的屋顶上都站满了人，伸长了脖子四处观望。到了将近中午的时候，没有任何事情发生，看热闹的人才渐渐散去。但我心里似乎有一种不祥的预感，几天来虚虚实实的各种谣言和动静好像在酝酿着一件不寻常的大事。

刚刚用过午饭，驻藏办事处的勤务员气喘吁吁地来到我家，请我立刻去办事处，说陈处长有要事和我商量。我赶忙来到办事处，只见处长陈锡章面色铁青，见我开口便说："出了大事，我们要赶快想办法。"接着他向我讲起刚刚发生的事情。

当天上午，一位噶宗（噶厦政府的秘书）来到驻藏办事处告诉处长陈锡章，说是噶厦有重要的事情请他过去商议。驻藏办事处所在地基督坝离噶厦府很近，步行就可以过去。陈锡章到了噶厦府，接见他的是噶伦索康。当时的噶厦政府的四位噶伦是：让巴喇嘛、鲁康瓦、噶雪巴和索康。索康开门见山地对陈锡章说，你们的国民政府在和共产党的战场上节节败退，徐蚌会战之后已经撤出南京，搬到了广州。如今国民党不论跑到什么地方，共产党就追到什么地方，为了西藏地区的安全和保护达赖喇嘛，我们不希望共产党追到西藏来，所以请你们离开，所有国民政府在西藏的办事机构和人员都必须撤走。说完立刻将一份西藏地方政府的正式书面通知当场交给陈锡章。通知上说，国民政府蒙藏委员会驻藏办事处、国立拉萨小学、在日喀则扎什伦布寺的小学、交通部拉萨电台以及其他所有的中央政府派到西藏的特务人员，必须在两周内撤出西藏。如果超过两周，西藏地方政府将采取行动。陈锡章表示如此重大的

驻藏办事处工作人员合影,摄于一九四六年

事情他必须向中央政府请示,索康毫不客气地回答道:这就不必了,因为我们派在中央的代表已经通知了你们的中央政府;而且从现在开始,你们交通部设在这里的电台也不能再使用,我们已派兵去拆除电台。噶厦政府的态度很强硬,毫无商量余地,对所有中央政府的驻藏机关下了驱逐令。

　　这就是历史上有名的"驱汉事件",是西藏噶厦政府借国民党在战场上失败为理由,企图将中央政府的势力再次赶出西藏而发动的一次突然袭击。整个事件策划得非常周密,事先没有露出一丝痕迹和风声,所有在西藏的特工人员和我们这些驻藏官员全部被蒙在了鼓里。据说为了决定这次行动,四个噶伦曾秘密开会。开会的时候互相不说话,以防泄露秘密。他们之间用一个小手牌来互相交谈,把各自的意见用西藏的竹笔写在手牌上,互相传看,看完之后抹掉再重写。就这样达成统一意见,做出决定,然后立刻开始下命令调兵遣将。驻扎在后藏一个营的五百士兵接到命令后秘密地开进拉萨的近郊。拉萨本来有两个营驻守,一个是招基代本,共有五百个士兵;另外在罗布林卡驻有一营五百士兵保护达赖喇嘛,此时加上从后藏调来的一营人使得拉萨的驻军达到了一千五百人。国民党派到西藏的情报人员实在是不中用,中统、军统等各部门的特工对如此重大的军事调动竟然一无所知,噶厦就这样神不知鬼不觉地完成了部署。

  噶厦的动作十分迅速。在向陈锡章发出驱逐令的同时,五十多个藏兵便占领了我们的电台,切断了我们与中央政府的联系。接着每个驻藏特务人员的家门口都出现了两个藏兵看守,可见这些特务的身份和住宅早已被西藏地方政府探听得一清二楚。而陈锡章住的公馆,则有四个藏兵严密地看管。只有我,因为有拉然巴格西的特殊身份,噶厦没有派兵来看管我家。陈锡章原本在外交部担任总会计师,以后他的上司沈宗濂被调到西藏任驻藏办事处处长,他也来到西藏担任沈宗濂的副手;沈宗濂离开拉萨回到南京后,由陈锡章一直担任代处长;在事变发生之前蒙藏委员会已经决定将他调回内地,由当时任蒙藏委员会藏事处处长熊耀文来代替他,调令已经发出,但由于内地形势的混乱,新的处长一直没有上任,使得陈锡章迟迟无法回到内地,拖到这次事件的发生,竟然成了被驱逐的对象。陈锡章的身体本来就不好,想到眼前这件事情的严重和危险,血压高的老毛病立刻犯了。

  讲完了事情的经过,陈锡章接着对我说,噶厦要我们必须在两个星期之内撤离西藏;如果超过两个星期的时间,他们就不客气了,你知道他们的手段是相当厉害的。我把事情的前后经过仔细想了一遍,直觉告诉我这次事件背景绝不单纯,一定又是英国人在背后搞鬼。大概就是印度驻西藏的商务代表黎吉生出的主意。多少年来他们一直在暗中挑拨西藏地方政府和中央的关系;如今眼看国民党政府即将垮台,于是去怂恿噶厦政府利用这个机会将汉人和中央政府的势力赶出西藏。陈锡章问我的意见如何。我对他说,目前的形势我们已经没有什么余地,国民党在战场上已是强弩之末;一旦国民党垮了台,我们在西藏工作的这些人的薪水都成了问题。没有接济怎么生存下去?既然早晚都要撤,我的意见还是接受噶厦的要求,迅速将人员撤出为上策,以保障大家的安全。陈锡章的主张和我相同,于是我们决定尽快将所有人员从西藏撤出。

驻藏人员中有一批强硬分子,尤其是一部分接受过特别训练的特工,对撤出的决定不服气,觉得堂堂的中华民国官员怎能如此被人欺负?他们主张把在拉萨的汉人武装起来,发给他们枪支,以武力和噶厦对抗。其中少数几个人平日对陈锡章不满,甚至打算借这个机会先把他干掉。我心知不妙,赶忙去奉劝他们,和他们仔细分析了当时的形势。我说噶厦政府在通知我们撤退的时候已布置好了军队,要和他们交火只能是自取灭亡;况且我们手里只有短武器,而且人少势弱,一旦打起来坚持不了多久,也不会有援兵,最后只能做无谓的牺牲。我劝这些人此时大敌当前,大家必须团结一致,切不可自相残杀。当年驻藏的清军就发生过内乱,结果被十三世达赖喇嘛扫荡干净。我们今天可不能再蹈清朝军队的覆辙。总算我平时与这些人关系相处得不错,一番苦口婆心的劝说,将一场可能发生的内乱平息了下来。

恐怖笼罩的城市

根据当时的《印度日报》所载中央社电，西藏当局向国民政府代总统李宗仁所提出的"驱汉"理由与噶厦政府对我们讲的基本相同，报载："蒙藏委员会顷接西藏当局七月九日自噶伦堡上李代总统电称：因为防范共产党侵入西藏，故请中央在拉萨电台、学校及中央各主管机关离开西藏，此项决议经西藏人民大会决定者云云。西藏当局未经呈准中央机关，其用意何在，恐有不可思议之处，此实乃违法背理，中央正在等待事态发展之原因明朗后，再做决定。"事件发生后，蒙藏委员会很迟才得到消息。这时国民党政府摇摇欲坠，各部门之间的联系已经十分混乱，事实上在七月八日事件发生的当晚，拉萨的特工人员曾架起了秘密电台和兰州通了话，但这一如此重要的消息却没有及时传到蒙藏委员会。

此时驻藏办事处的工作人员并不多，陈锡章的太太和女儿以及英文秘书柳升骐都已经到达了印度噶伦堡。处里有一位名叫刘毓洪的专员，加上藏文秘书李国霖，另外还有一个办事员密慧喇嘛，他本是一个汉僧，地位不低，但他没有去庙子里学经，却来到驻藏办事处帮忙。另一个是藏语翻译张旺，藏汉混血，虽然不识文字但藏语讲得很好，人也精明。其余的都是雇用的勤务人员，他们大多是当地汉人的后裔。事情一发生，刘老先生和李国霖都因为害怕而犯了心脏病，尤其是李国霖生在巴塘，在西藏居住了多年，想起西藏的历史以及当年十三世达赖驱除汉人时所使用的毒辣手段，便受了惊吓，以致卧病不起。于是整个办事处还能办事的人只剩下陈处长和我两人。我既是拉萨小学的校长又是蒙藏委员会的委员，和噶厦商谈撤退细节的只能由我来承担，我答应陈锡章亲自去找噶厦谈判。

我的格西身份和以往与西藏地方政府官员及贵族结下的交情，在这关键时刻派上了用场。噶厦知道我平时身上从不带枪,是在西藏办教育的,因此没有派兵来监视我,所有的汉人官员中只有我一个人还可以自由出入。我来到噶厦政府,对噶厦的人说,要我们走可以,但不能这样走,我们总还是中央政府的代表,大家好来好散。我向他们提出了几个要求:第一,我们可以选择经印度回国,但这样要为我们办理签证;其次,噶厦政府要给我们准备乌拉;再有就是要保证我们的安全,派藏兵把我们护送至边境。噶厦大约是巴不得我们早日离开,我提出的这些要求全部都答应了。接着他们派遣一个名叫江俄巴的贵族少爷负责给我们办理护照,他带来一位尼泊尔的摄影师到驻藏办事处给所有的人照护照照片,以便和印度的商务代表接洽。

护照照片刚照完,情况又有了变化。在我们做出了最终决定以后,中央驻藏人员准备撤离西藏的消息就不胫而走,这时我们驻印度的大使馆接到了消息,大使罗家伦立刻就我们借道印度撤出的事宜和印度总理尼赫鲁商议。印度政府表示对西藏问题非常关切,最后答应特许驻藏办事处人员不需签证经印度回国。接下来的几天,整个拉萨被一种恐怖气氛所笼罩。随着两周期限的逼近,被勒令驱逐的汉人官员人心惶惶,纷纷变卖家当,打点细软。有人被藏兵带去盘问,还有人家里被藏兵闯进去翻箱倒柜,局面一片混乱。尽管西藏地方政府同意给我们准备乌拉,但不少人已经在西藏安了家,有家眷和行李,因此自己也要准备骡马。我将全部家当变卖换了一千多卢比,买了两匹牲口,供我太太、刚出生不久的女儿和佣人使用。也有小部分人反而因祸得福,他们平时四处向人借钱,负债累累,正好借了这个机会一走了之,这时拉萨的藏民见了汉人躲避还唯恐不及,债主们此时哪里还敢上门追债,只能自认倒霉。

全部撤退人员共一百三十多人。最初的计划是所有的人员全部从西藏一起撤退到印度,但是后来有些人不愿意到印度,他们要求向东走进入西康，因为他们当中相当一部分人为西康巴塘人，包括江新西、江镇西、江太太及孩子、男佣人珠珠、刘步升、赵松南、冶生辉、贾噶扎西（康永吉）、太太扎桑及三个小孩、佣人裙达、春载阳、闵志成及太太，男仆阿多、白士桢、白士奇、马成文等，最后这批人没有随大队撤到印度，他们由噶厦提供乌拉，向东撤退，由昌都返回巴塘。

就在我们即将撤离拉萨的时候，忽然噶厦派人来邀请，说是专门为我们安排了告别宴会，请我们出席。到底去还是不去，办事处里意见不一。有人说宴无好宴，这必是鸿门宴无疑，千万不要上他们的当；而且在这个时候来请吃饭，岂不是存心要戏弄我们。我说如果西藏地方政府真的想要干掉我们，早已下手了，不需要设这圈套。我们现在还是中央政府的代表，不去让人觉得我们小气，还是应该大大方方地去。陈锡章采纳了我的意见，办事处的主要成员都出席了宴会。噶厦的宴会倒也办得很体面，酒席开始之前，噶伦先代表西藏地方政府分别赠送陈锡章五千卢比，李国霖秘书和我各一千卢比，作为路费。按照西藏人的习惯，这些钞票包在牦牛皮纸中，上面写着赠送者的名字。

临撤出的几天，我和陈处长忙着清理驻藏办事处和拉萨小学的财产。办事处的经费很富裕，每年有上百万，办事处的工作人员每月都有很高的薪水，另外这些经费中有部分用来布施和与西藏的上层贵族交际，比如向达赖喇嘛赠送礼品等等，有时也要宴请噶厦和贵族吃饭。我曾对前任处长沈宗濂说，西藏的贵族是很讲究阶级的，你把大小贵族一起请来吃饭，其结果是小贵族在大贵族的面前连话也不敢讲一句。做他们的工作要有针对性、有区别，这样才能达到团结他们的效果。

沈宗濂任处长时，曾从印度买回许多黄金，一块黄金重二十五盎司。撤退时陈锡章建议把黄金分配给几个人分别携带，万一在撤退的途中失去联络没有钱用时，可以把黄金变卖来维持生活。他将五块黄金分给了我，总共一百二十五盎司。我身上只带了一块，以防紧急时需要，其余的分别放进了米袋或糌粑口袋里，随它丢不丢我都不在乎，因为这个东西背在身上太重。到达印度后，我把这些资产归还给了公家，后来这些黄金都在印度市场上变卖了。此外，驻印度大使馆有一笔专门拨出来的外汇款子，用来接济由西藏和新疆撤退出来的人员。那时不仅西藏发生了驱汉事件，新疆也发生了变动。新疆一部分国民党人如陶峙岳率部向共产党投诚，而和国民党关系很深的一部分特务则向南逃窜到了巴基斯坦和印度。那时巴基斯坦和印度还没有分家，这笔款子也用来接济他们。到罗大使回国时，剩下来的钱交给了一个在印度经商的中国商人，由他来继续接济陆续逃到印度的国民党人员。

被西藏地方政府驱逐的只包括中央机关的官员和特务，在西藏寺庙中学经求法的汉僧并没有受到影响，他们全部留了下来。三大寺的事务一向只能由寺庙内部自行处理，西藏地方政府不能随便干预他们。当时在哲蚌寺学经的汉僧有十几二十位，色拉寺有一两位，他们当中有的后来自动离开了西藏，没有受到阻拦；也有的留了下来。除了汉僧，在拉萨经商的汉族商人也不在驱逐之列，他们可以继续留在西藏，经营他们的买卖。

撤出拉萨

经印度撤退的队伍共一百一十四人，分成三批撤离。噶厦政府派了一个营长率领七十个藏兵护送，第一批共三十九人，七月十四日离开拉萨；七月十七日第二批人出发，共有三十八人；第三批出发的时间是七月二十日，共三十七人。其中谭兴沛已经在印度，正要回来。此时西藏地方政府已经全面封锁了汉藏边界，汉人只许撤出，不准进入。在驱汉事件发生时蒙藏委员会正好派了一个叫米林浦的新任专员从青海到西藏来，他已经秘密到达那曲，但在潜入的过程中被西藏地方政府抓获。

米林浦幼年在西藏长大，会说一口流利的藏语，原是北京商人，也曾在拉萨小学服务过，这次赶上驱汉事件，也被纳入驱逐之列。另外驻藏办事处的李秘书身体不好，儿子准备到拉萨来照顾父亲，本来已从巴塘到达昌都，也被西藏地方政府挡在了昌都，不准入藏。噶厦政府的用意很明显，利用这次机会将汉人的势力清除，重演几十年前十三世达赖喇嘛的驱汉运动。

跟随我们撤到印度的人中有一批是服务人员，共二十三人，他们将我们送到印度后又回到了西藏。除去他们，撤到印度的中央派驻西藏的人员总数应是九十一人。

撤出的路线是：第一站是聂塘，从聂塘到秋水附近就要用牛皮船横渡雅鲁藏布江，本来在秋水有木船，我们用的是牛皮船。然后翻山到羊卓雍湖，沿着羊卓雍到拜地，再到扎那、那龙、康马、聂如堆、沙玛达、加那、多南、多清、康玛，然后到达帕里宗。拉萨小学派到后藏办学的胡继藻和康刚民从日喀则赶来这里和我们会合。队伍在亚东曾停留一天，和英国驻亚东商务官交涉。我们希望从锡金赶到噶伦堡，因为锡金的公路已经修到了喜马拉雅山边，从亚东到印度可以缩短不少行程。但亚东的商务官却无论如何也不答应，说是亚东的旅店容纳不下这么多人。于是我们只好选择另外一条路线，即从亚东到郎拉，郎拉到纳当，纳当到宗托巴，宗托巴到白洞，从白洞到噶伦堡。为了安全起见，我安排我太太带着女儿跟随第二批人撤退，我自己由于要处理各种善后事务，跟随最后一批人员撤出。

我的大女儿是在西藏出生的，出生才几个月就发生了驱汉事件。她出生的时候，我们本来想请英国商务处的医生来接生，结果在晚上我的太太就突然分娩，英国医生住的地方很远，根本来不及去叫，只能由我自己来接生。幸好我在印度时遇到一位在江苏医学院毕业的女士，她告诉我接生时需准备哪些东西，应该怎么操作，还帮我买了生产用的纱布等等。等到医生赶来的时候，孩子已经顺利地生下来了。撤退时怎样把她带着走成了个问题，是背着还是抱着走，我们一时拿不定主意。后来我的一位朋友，曾经做过帕里宗县长的崔柯（又名敦珠次仁）专门为我的女儿制造了一只木箱，箱子的上面用纱布盖住，再用皮条套起来，用人背着走。就这样我女儿被人背着翻过喜马拉雅山。不下雨还好，一旦下起雨时尽管打着伞，箱子里还是灌了水，几个月大的婴儿被泡在水里。每到一个驿站，即刻要把箱子解下来，用干布将她身子擦干净。幸好我女儿的身体很强壮，一直到印度都没有生病。女儿自小生命力很强，刚刚满月的时候，一晚她忽然不停地哭叫。我们跑到她的房间，看不出任何不妥，最后才发现在她的床头不远处有两只毒蝎子。把蝎子赶走后，她立刻安静了下来，我的心中暗暗地感激诸佛菩萨的加被，保护她不受到伤害。

我带领着最后一批驻藏人员从拉萨撤离，噶厦派来的藏兵沿途一直护送着我们。望着前方的喜马拉雅山，我想起了前后三次入藏的经过，心中不免升起一阵感慨。自己受恩师太虚大师的鼓励，将一生中的最好年华奉献给西藏，本来希望开拓边疆的教育事业，造福藏民，发展汉藏关系，但最后却是这样一个令人悲哀的结局。归根结底，国民党是个不争气的政府，腐败无能，对外和共产党斗争，内部自己人钩心斗角，这样的政府如何能统治国家，又怎么能不失败呢？

在西藏的八年里，我曾亲身体会到西藏的大部分人民对汉人和中央政府还是很有感情的，但多少年来国民党政府对于西藏的工作没有明确的方针，更谈不上一套连贯而有步骤的政策。派去西藏的官员多不通藏语，不了解西藏的文化背景和民情，更不懂得如何去团结西藏的上层社会和三大寺的僧侣，因此始终无法展开工作，开拓出局面来。

在驱汉事件发生后不久，《印度日报》发表了一篇文章，这篇题为"西藏问题"的文章探讨了国民党政府治藏的得与失，特别强调了文化与宗教因素在与西藏交往中的重要性，其中说道："其时能具远见而欲以中藏文化，以沟通中央与地方感情者，则为故佛教领袖太虚大师耳。渠创办汉藏教理院，并选派弟子赴西藏攻读，今日西藏人民之对祖国具有向心力者，皆太虚大师之力也。西藏离心力之发生，不自今日始，数年前早具迹象。惜中央缺乏远见之士，未能顾及耳。今日拉萨之有汉人所办学校一所，其所主持者，亦太虚法师弟子也，非国民党之官员也。人才外交何其重要乎？"

太虚大师当年支持我赴西藏办学，但又谆谆告诫我不要过多涉入官场，不要加入党派，可见他老人家早已预见到国民党政府的必然结局。

作为太虚大师的弟子，一个学佛多年的修行人，我对世间法上的得与失并无执着之心，世间万法无非是因缘的和合，缘聚而生，缘散而灭，自性本空，无一不是虚幻假有。修行人执着于世间法，便不能证道。当初入西藏时，我本是为了求学佛法而来，在这个外界称之为神秘的香格里拉，我学到了至高无上的密法，考取了拉然巴格西，拜访了一百多位西藏密教各派的大德，接受了六百多个传法灌顶，如此殊胜的因缘可遇不可求也，人能至此，夫复何憾？

到了喜马拉雅山的脚下，我们的队伍和护送的藏兵就此分手。我将佩带在身上的手枪解了下来，交给护送的藏兵军官，告诉他说，我已经不再需要这个东西了，请你把它带回去吧。接着，我转过身，口中再次诵起莲花生大师的心咒，最后一次翻上喜马拉雅山。

后记

❖

曲终人散以后

震惊世界的驱汉事件发生以后,我们这批国民政府的官员,包括蒙藏委员会驻藏办事处、交通部直属拉萨电台、教育部直属拉萨小学各机构一百多人被迫撤出了西藏。当时经印度撤出的这支队伍本来可以走岗拖,借道锡金,从那里乘吉普车沿着平坦的大道直达印度的噶伦堡。但印度的商务代表以岗拖没有足够的住宿条件为理由,拒绝了我们的要求。因此,我们这一批男女老少只能骑马翻越喜马拉雅山,经过几天艰苦的行程才抵达噶伦堡。在噶伦堡,我们受到了当地华侨团体的盛大欢迎,并为我们安排了舒适的住处。不久我们来到加尔各答,由当时中国驻印度大使罗家伦设法将我们从印度送回中国。

蒋介石此时已经撤退到了台湾,国民党政府名义上迁到了广州,由阎锡山主持内阁。这时逃亡到印度的国民党官员越来越多,由于在新疆的国军将领陶峙岳率部向解放军投诚,许多忠诚于国民党的官兵由南疆逃亡到了印度,他们长途跋涉,翻山越岭,历尽种种艰难,有的为了保存性命,甚至在荒山野岭上将亲生儿女丢弃,其境遇比我们这些从西藏撤出的人更为悲惨。为此，罗大使专程飞到广州，向阎内阁争取到了一笔经费以遣返滞留在印度的国民政府官员，并安排招商局派轮船将我们送回广州。但不久国民党军队在战场上继续溃败，阎锡山内阁又将政府从广州迁到了重庆，在大陆做最后的苟延残喘。

蒙藏委员会曾要求我返回广州。但为官几年，我对这个政府已经彻底失去了信心。我随即向国民政府递交了辞呈，辞去在政府中的所有职务。一九四八年赴南京参加边疆工作会议时，我曾途经香港，在那里遇到了许多虔诚的佛教徒，其中有太虚大师的弟子，也有的曾跟随贡噶活佛和诺那活佛学习密法，他们都热切希望我将来能到香港弘法。有此因缘，我于是决定移居香港。

一九五〇年一月三日我从印度飞抵香港，恰巧我的老同学张澄基居士与夫人于想想女士（国民党元老于右任之女）此时也在香港，张澄基逢人便说有一位真正懂得密宗的人到了，于是便不断有人找上门来向我请教密法。不久，我觉得因缘成熟，便开始讲经说法。我向那里的佛弟子们讲授宗喀巴大师的《菩提道次第广论》，由于没有汉译本，只能使用藏文原著，随讲随译，翻译出的经文分期登载在香港的佛学杂志上。遇到根器好的弟子，我也向他们传法灌顶，这些弟子中有大资本家、银行的经理，也有警察局的高级警司，甚至还有外国驻香港的领事。在我抵达香港后不久，驻藏办事处处长陈锡章也偕夫人来到了香港，他没有继续追随国民党政府，以后从香港回到了北京。

我在香港讲授藏传佛教的消息传到海外以后，一九五七年美国西雅图华盛顿大学东方语言学院院长卫达理博士（Dr. Turrell V. Mylie）亲自来到香港，邀请我赴华盛顿大学讲学。我接受了他的热情邀请，但表示要等我将宗喀巴大师的著作讲授圆满后才能动身。一九五九年二月十一日我来到美国，在旧金山受到当地华人学者及侨团的盛大欢迎，《金山日报》专门加以报道。

一九五二年在香港与弟子们合影

在我抵达美国后不久,西藏发生了叛乱,达赖喇嘛于三月十七日逃亡印度。消息传到西方国家,引起了很多人对西藏历史与文化的兴趣,美国的新闻媒体争相上门对我进行采访,又有不少大学和学术机构邀请我去主讲西藏佛教文化。此后,我以专家的身份参加美国联邦政府的工作,直至退休。

几十年来,我虽身在海外,但一直关注着有关国内,特别是西藏的形势和发展。一九五〇年,解放军向西藏进军,在昌都一带一举击溃了由噶伦阿沛·阿旺晋美率领的藏军。接着,中央政府与西藏地方政府的代表阿沛签订了和平解放西藏的十七条协议,并得到达赖喇嘛的拥护。由中央政府的代表张经武和张国华将军率领的解放军进驻了西藏,中央政府终于名正言顺地对西藏地区完全行使了应有的主权。这是自明朝以

一九六〇年代，邢肃芝（右一）与张澄基、于想想夫妇摄于美国

来各朝各代的中央政府想做而未能完全做到的事情。

一九八七年我应邀参加了在北京举行的第一届国际藏学研讨会。在大会上我发表了论文，并且见到了不少阔别多年的老朋友，其中包括阿沛·阿旺晋美。五十年前我在昌都与他初次见面时，他是驻昌都藏军的军粮官，如今已经成为国家领导人，我们相见甚欢。一九九七年，他再次在北京人民大会堂西藏厅接见了我。

老朋友告诉我，西藏解放后，当年"驱汉事件"中经西康撤出西藏的部分人员后来随着入藏的解放军又回到了西藏，他们当中不少人娶了藏族女子为妻，如曾在国防部二厅担任电报员的谭熹，听说他后来的生活很好，"文革"后他以修理自行车为业而成了万元户。曾在拉萨小学教书的汪藻被安排在北京佛学院工作，以后又被推荐到政协。我的好朋友，曾任帕里

一九五九年抵达旧金山时受到当地华侨社团的欢迎，左为侨领黄期田，右为林登博士

宗宗本的登珠次仁，解放后担任了拉萨市的市长，备受重用。西藏叛乱时曾任藏军司令的噶伦拉鲁，经过改过自新成为西藏自治区的政协副主席。一九三八年与我一同化装入西藏的国民党交通部拉萨电台的特工谭兴沛，则由于从事特务活动，在解放军进藏以后受到法办。

当年向我们下驱逐令的噶伦索康，参与了一九五九年的叛乱，以后跟随达赖喇嘛一起流亡到印度。索康靠着政治投机和行贿在官场上步步高升，担任噶伦以后主导了一系列与中央政府分裂、推动西藏独立的活动，包括成立"西藏外交局"以及"驱汉事件"等。流亡到印度后，他失去了达赖喇嘛的信任，不久他失去了权力，最后不得已跑到了台湾。一个曾在西藏大权在握作威作福的大贵族，晚年只能靠着国民党政府蒙藏委员会发给的补贴生活，最终默默无闻地客死他乡。

后记　曲终人散以后

一九八七年与老朋友、全国人大常委会副委员长阿沛·阿旺晋美在北京人民大会堂西藏厅再次相逢

我所认识的西藏大贵族中不少人参加了五九年的那场叛乱，失败后追随达赖喇嘛流亡到了海外。也有一部分贵族拒绝参与叛乱，选择支持中央政府，前辅政大臣尧西朗顿便是其中的一位。我于一九四四年赴杂日山朝圣的途中曾寄宿于他的庄园，得到他的热情接待，并提供了种种资助，这份情谊令我难以忘怀。身为十三世达赖喇嘛的侄子，朗顿曾是十三世达赖生前最为宠信的人，达赖喇嘛圆寂后他与摄政王热振活佛分享摄政大权，成为最有权势的人物之一，风光一时。不久他遭到摄政王和其他贵族的排挤，被剥夺了权力，也因此看透了政坛的险恶与残酷，于是举家迁出拉萨返回家乡，深居简出明哲保身，避过了西藏政坛一次次的腥风血雨。一九五九年叛乱发生时，他再次做出了明智的选择，站在了中央政府的一边。西藏自治区人民政府成立后，朗顿先生曾担任自治区政

府副主席，以后转任政协副主席，一九八〇年去世，享年七十六岁。

达赖喇嘛流亡印度后，他的一部分亲戚陆续移居到了美国，他自己也多次来过美国。最初的时候是以举办法会的名义，那时美国政府对于他在美国的活动采取诸多严格的限制。我曾经参加过他在美国举行的法会，传法的仪轨与我在西藏时所经历的相比已经大大地改样。过去在布达拉宫见到他时，他端坐在高大的法位上，前来拜见的人要双手捧着哈达低着头毕恭毕敬地走上前去，能够得到他的摸顶，便是极大的荣幸。十几年后在美国再见到他时，已经没有了那种排场，达赖喇嘛熟练地以现代人的礼仪接待来访者，每当访客到来便主动伸出手去握手寒暄，让人无法想象旧时达赖的那种威严与神秘。近年来，他开始积极地在世界各处奔走，从事政治活动超过了宗教活动，逐渐从一位宗教领袖变成了政治人物。据说第五世达赖喇嘛曾经有过预言，达赖的转世将延续到第十四世为止。如果按照这个预言，现在的达赖喇嘛应该是最后的一位。第五世达赖喇嘛被公认为历代达赖中最杰出的一位，他与顺治皇帝一起为汉藏民族之间的融合，确立中央政府与西藏地方政府的关系开创了历史性的局面。他不仅是英明的政治家，在佛法的修持上也是一位了不起的大德。我希望这一世的达赖喇嘛能够继承他前世的精神，为发展汉藏融合与维护国家统一而做出他的贡献。

在北京时，我遇到了许多当年拉萨小学的学生。我任校长时他们还是一批刚刚入学不久的小娃娃，如今已经成了西藏地区的重要干部。拉萨小学现在是西藏自治区首屈一指的重点学校，解放后它为西藏的发展培养了许多人才。五十多年前，我向蒋介石提出办教育为发展西藏服务的建议，并带着这一使命回到西藏主持发展这所学校，当年的理想终于被后人实现并发扬光大。我想，所有当初和我一同为了发展拉萨小学而排除万难、呕心沥血的拓荒者们，看到它今日的成果都一定会无比欣慰。

当年与我在汉藏教理院的同学和佛教界的同修与老朋友们不少已

观空法师，一九八七年摄于北京广济寺

经故去，还有一些如今分布在中国大陆、中国香港、中国台湾和海外各地。我的恩师法尊法师在"文革"中经受了种种磨难，一九八〇年被选为中国佛教协会副会长及中国佛学院院长，同年在翻译佛经时心脏病突发而圆寂。法尊法师一生行持严谨，献身译经大业，几十年中，将藏传佛经经典，尤其是黄教的许多重要法著译成汉文，功德巍巍。临终前他曾对弟子讲道："我今后将世世为人，翻译佛经。"如此菩提圣心与悲宏大愿，是当今后世所有佛弟子学习的楷模。

印顺法师解放后经香港去了台湾弘法，出版了许多著作，信徒众多，声誉盛隆，被台湾佛教界尊为导师。竹摩法师则远赴南洋，定居于马来西亚，他在佛学上造诣深厚，诗画俱佳，成为在当地备受尊重的一代名僧，圆寂后被马来西亚政府封为"拿督"。观空法师在一九四九年

北京广济寺方丈证果法师,他曾就读于汉藏教理院

驱汉事件时正在拉萨哲蚌寺学经,由于喇嘛的身份而不在噶厦政府驱逐之列,解放后他回到内地,翻译了许多藏传佛教的经典和法本。他一生修行刻苦,是位在显密经论上造诣不凡的法师。一九八七年我们在他寄居的北京广济寺再次相逢,他亲自赠送我一部他所译的《解深密经》的园测疏,请我指正,并与我合影留念。他为我引见了汉藏教理院后期的学生,当时任广济寺住持的证果法师,法师热情地接待了我,十分谦逊地以晚辈自称。几年后观空法师移居至宁波天童寺,不久在那里圆寂。他已修成正果,对于他的离去,我无须悲伤。

近年来,藏传佛教在世界各地引起了越来越多人的兴趣,各种介绍藏传佛教与密宗的书籍陆续出版并颇为流行。西藏的密宗确实为佛法中的瑰宝。行者如能依教奉行,皈依于真正具有证德证量的上师,得受灌

二〇〇〇年在美国洛杉矶举行的法会上

顶传法，如法起修，今生便能获得大成就。但修习密宗的人，首先必须具备慈悲心，建立为利有情愿成佛的大菩提心，正所谓"菩提心为因，大悲为根本，方便为究竟"，我当年在西藏所有的上师都是这样教导我的。如果不明了教义，不依教奉行，依法而修，只是片面追求神通功夫，非但无成就可得，反而极易走火入魔，害己害人。二〇〇〇年，我将自己在四十年前所翻译的宗喀巴大师的法著《菩提道次第广论》重新校订，交付出版社再版。这是一部很伟大的著作，宗喀巴大师在书中对于密宗行者的修行次第做出了详细的说明与指导。这部著作被藏传佛教的各派所推崇，我希望今天修习密宗的行者能够依照这部大论的指导而依法修行，得到真正的受用。

随着藏传佛教的流行，西藏文化、历史和民俗也不断引起海内外人们越来越大的兴趣，各类介绍西藏的书籍刊物也因此而流行于市。然而对于西藏的过去，人们所知甚少。历史上西藏一直与世隔绝，在语言隔阂、地处高原、交通不便的旧时代，像我这样的外人有缘深入这块神秘的高原，学习藏传密法，并亲身体验那里的生活与民俗的人少之又少。在当年入藏的途中，我曾将沿途的所见所闻做了详细的笔记，并在一九四五年回到重庆时将这些笔记整理成册，交付一家出版社。但出版社认为我的书稿中含有太多地理和民情的描述，唯恐为外人利用作为有关西藏的情报，建议我不要出版，如此一拖便是几十年。

一九九八年，我在洛杉矶与张健飞、杨念群两位年轻学者相逢，交谈之下，他们对我过往的经历产生了浓厚的兴趣，并愿将其撰写成书。有此因缘，我欣然允诺。他们二人对我进行了数十小时的录音采访，综合整理了我几十年前的笔记与照片，写成此书，较全面地记述了我前半生的主要经历，尤其是与西藏有关的这一段历史。三联书店承接了这本书的出版，总编辑董秀玉女士和编辑部主任孙晓林女士热心襄助，责任编辑郑勇先生为此书投入了大量精力，提供了许多宝贵意见，对于他们的热情与辛勤工作，我深表感谢。希望读者通过我个人的经历能多少了解一些西藏的过去和它的传统文化、藏传佛教的精深奥妙、汉藏民族关系的发展，以及中国近代佛教事业的兴衰起落。作为一个忠诚的佛弟子，从十三岁初入佛门起，七十余年里不论是化外为僧或入俗为官，自己始终以一颗惭愧之心依法修行，不敢有丝毫懈怠。我珍惜此生中所结遇的一切善缘，缅怀我所亲近过的所有大德与善知识，祝愿藏族人民能够将他们绚丽的文化和悠久的历史传统代代相传，祈祝藏传密教这一佛法中的无上珍宝能够弘扬四海，饶益一切有情众生。这便是我最大的心愿。

　　二〇〇二年三月二十五日，于美国洛杉矶寓所禅室

一九九八年与张健飞（右）、杨念群（左）合影于洛杉矶家中